22	Wo ist die nächste Tankstelle?	Unde este benzinăria următoare? [unde 'eßte bensinê'ria urmê'toare]
23	Wo ist das *deutsche/österreichische/Schweizer* Konsulat?	Unde este consulatul *german/austriac/elvețian*? ['unde 'eßte konßu'latul dscher'man/außtri'ak/elwezi'an]
24	Haben Sie noch ein Zimmer frei?	Aveți o cameră liberă? [a'wezi o 'kamerê 'liberê]
25	Lassen Sie mich in Ruhe!	Lăsați-mă în pace! [lê'ßazimê în 'patßche]
26	Ich habe mich verlaufen.	M-am rătăcit. [mam rêtê'tßchit]
27	Wie komme ich zum Bahnhof?	Cum ajung la gară? [kum a'schung la 'garê]
28	Hilfe!	Ajutor! [aschu'tor]
29	Bitte helfen Sie mir!	Vă rog, ajutați-mă! [wê rog aschu'tazimê]
30	Feuer!	Foc! ['fok]
31	Ich brauche einen Arzt!	Am nevoie de un medic! [am ne'woie de un 'medik]
32	Rufen Sie einen *Krankenwagen/die Polizei!*	Chemați *salvarea/poliția.* [ke'mazi ßal'warea/po'lizia]
33	Ich rufe gleich die Polizei!	Chem acum poliția! ['kem a'kum poli'zia]
34	Was?	Ce? [tßche]
35	Wer?	Cine? ['tßchine]
36	Wann?	Când? [kînd]
37	Wie?	Cum? [kum]
38	Warum?	De ce? [de 'tßche]
39	Wo?	Unde? ['unde]
40	Wessen?	Al cui? [al kui]

A41	Millimeter	milimetru [mili'metru]
A42	Zentimeter	centimetru [tßchenti'metru]
A43	Meter	metru ['metru]
A44	1, 92 m	un metru și nouăzeci și doi [un 'metru ßchi noụê'setßchi ßchi 'doị]
A45	Kilometer	kilometru [kilo'metru]
A46	50 Kilometer pro Stunde	50 de kilometri pe oră [tßchin'setßchi de kilo'metri pe 'orê]

A47	Gramm	gram ['gram]
A48	Pfund	500 de grame ['tßchintßchi 'ßute de 'grame]
A49	Kilogramm	kilogram [kilo'gram]
A50	1 Zentner (50 kg)	50 de kilograme [tßchin'setßchi de kilo'grame]
A51	Tonne	tonă ['tonê]
A52	Liter	litru ['litru]

Hueber Sprachführer

Juliane Forßmann / Katharina Palcu

Mit Rumänisch unterwegs

Hueber Verlag

Umschlagfotos: © Thinkstock/iStock/trekandshoot; © iStock/danleap; © iStock/rustycloud
Fotos Innenteil: S. 1: © Thinkstock/iStock/trekandshoot; © iStock/danleap; © iStock/rustycloud | S. 8: © Thinkstock/iStock/johny007pan | S. 12: © iStock/jocic | S. 19: © Thinkstock/iStock/johny007pan | S. 25: © iStock/Holger Mette | S. 28: © Thinkstock/iStock/Alexandru Nika | S. 31: © iStock/bizoo_n | S. 32: © fotolia/salajean | S. 35: © irisblende.de | S. 38: © fotolia/Zsolt Bota Finna | S. 39: © fotolia/Ilan Amith | S. 41: © Thinkstock/iStock/veger | S. 42: © iStock/1001nights | S. 51: © iStock/benedek | S. 58: oben © iStock/Alexnn; unten: © iStock/eclypse78 | S. 60: oben: © Thinkstock/iStock/sorincolac; unten: © fotolia/agneskantaruk | S. 62: © Glow Images/Alexander Pöschel | S. 70: © iStock/mchen007 | S. 71: © Thinkstock/iStock/photolog | S. 75: © iStock/Robert-Boss | S. 77: © Thinkstock/iStock/Andrei Radu | S. 78: © Thinkstock/iStock/Piotr Żurawski | S. 81: © Thinkstock/iStock/tupungato | S. 84: © Thinkstock/iStock/Lilyana Vynogradova | S. 88: © Thinkstock/iStock/Dar1930 | S. 90: © iStock/Ioan Florin Cnejevici | S. 92: © Glow Images/SuperStock | S. 95: © Thinkstock/Zoonar RF | S. 97: © Thinkstock/iStock/florin1961 | S. 98: © fotolia/Aleksandar Todorovic | S. 101: © iStock/Buburuza Productions | S. 105: © fotolia/Dragos Iliescu | S. 113: © Thinkstock/iStock/florin1961 | S. 115: © fotolia/Dragos Iliescu | S. 118: © Glow Images/SuperStock | S. 120: © Thinkstock/iStock/Stefan Ataman | S. 122: © iStock/coloroftime | S. 124: © Thinkstock/iStock/Ioana12 | S. 125: © fotolia/salajean | S. 128: © fotolia/Aleksandar Todorovic | S. 130: © Thinkstock/iStock/davidionut | S. 132: © Thinkstock/iStock/Domenico Pellegriti | S. 135: © mauritius images/Alamy | S. 145: © Thinkstock/iStock/beretal S. 174: © iStock/benedek

Ein kostenloser MP3-Download zum Buch ist unter www.hueber.de/audioservice erhältlich.

3. 2. 1. | Die letzten Ziffern
2019 18 17 16 15 | bezeichnen Zahl und Jahr des Druckes.
Alle Drucke dieser Auflage können, da unverändert, nebeneinander benutzt werden.
1. Auflage

Umschlaggestaltung: wentzlaff | pfaff | güldenpfennig kommunikation gmbh
Zeichnungen: Gisela Specht, Weßling
Redaktion: Juliane Forßmann und Elisa Klüber, Hueber Verlag, München
Layout: Holger Latzel und Sarah-Vanessa Schäfer, Hueber Verlag, München
Satz: Memminger MedienCentrum AG, Memmingen
Druck und Bindung: Kessler Druck + Medien GmbH & Co. KG, Bobingen
Printed in Germany
ISBN 978-3-19-009726-5
Art. 530_19404_001_01

Introducere
Einführung

Herzlich willkommen beim Hueber Sprachführer Rumänisch! Wenn Sie nach Rumänien reisen wollen, ist dieser Sprachführer das Richtige für Sie.

Das hier verwendete Rumänisch heißt limba română (rumänische Sprache) und entspricht der Standardsprache Rumäniens. Diese wird auch in Moldawien (Republik Moldau) als Amtssprache verwendet und in Teilen der Ukraine und Serbiens gesprochen. Insgesamt sprechen mehr als 28 Millionen Menschen Rumänisch als Muttersprache.

Rumänisch ist eine romanische Sprache und gehört zusammen mit dem Italienischen zum ostromanischen Zweig der romanischen Sprachfamilie. Das Rumänische weist zahlreiche Parallelen zum Spanischen und Portugiesischen auf und wurde in seiner historischen Entwicklung stark vom Französischen und später auch vom Englischen beeinflusst.

Meist wird man in Rumänien kurz nach dem Kennenlernen geduzt. Das ist nicht unhöflich gemeint, sondern signalisiert Aufgeschlossenheit und Jugendlichkeit bzw. zumindest eine jugendliche Einstellung. Ältere Menschen und sogenannte „Respektpersonen" wie Ärzte, Polizisten etc. sollte man jedoch siezen.

Der Sprachführer setzt sich aus vier hilfreichen Komponenten zusammen: Die kompakte Einführung in die Aussprache macht Sie mit der vereinfachten Lautschrift vertraut; mit deren Hilfe können Sie alle Wörter und Sätze problemlos aussprechen. Die darauffolgenden Kapitel bieten Ihnen nützliche Formulierungen für alle typischen Reisesituationen. In der Kurzgrammatik können Sie die Sprache besser kennenlernen, um Sie noch effizienter zu nutzen. Das Wörterbuch für Reisende, in dem Sie Wörter von A bis Z nachschlagen können, vervollständigt Ihre „Sprachausrüstung".

Aber es gibt noch mehr: Die zum Sprachführer passenden Audiodateien können Sie sich auf www.hueber.de/audioservice herunterladen und so Laute und Sätze anhören und üben. Alle Wörter und Sätze, die mit mit einer roten Trackmarkierung versehen sind, wurden für Sie vertont.

Folgende Symbole und Abkürzungen werden im Sprachführer verwendet, um Ihnen die Verwendung zu erleichtern:

f., ♀	feminin = weiblich
n., ○	neutral = sächlich
m., ♂	maskulin = männlich
Pl.	Plural = Mehrzahl
Sing.	Singular = Einzahl
C03	Tracknummer, mit der Sie eine bestimmte Aufnahme in den Audiodateien finden.
[f.]	Wenn Sie als Frau diesen Satz sagen möchten, wählen Sie diese Variante.
[m.]	Wenn Sie als Mann diesen Satz sagen möchten, wählen Sie diese Variante.
♀	Ist Ihre Gesprächspartnerin eine Frau oder handelt es sich um ein weibliches Adjektiv, wählen Sie diese Variante.
♂	Ist Ihr Gesprächspartner ein Mann oder handelt es sich um ein männliches Adjektiv, wählen Sie diese Variante.

?	Lücke, in die Sie die darunter folgenden Alternativen einsetzen können.
☑	Wort / Wörter, die Sie in den Lückensatz einsetzen können.

Nun wünschen wir Ihnen eine gute Reise mit Ihrem Hueber Sprachführer!

Pronunția corectă
Die richtige Aussprache

In den meisten Fällen wird das Rumänische so ausgesprochen, wie man es schreibt. Die Aussprache einiger Buchstaben und Buchstabenkombinationen unterscheidet sich jedoch vom Deutschen. Deshalb finden Sie nach jedem rumänischen Wort und Satz eine leicht ablesbare Umschreibung der Aussprache, die so weit wie möglich auf der deutschen Aussprache der Buchstaben beruht.

In Rumänischen unterscheidet man nicht zwischen langen und kurzen Vokalen. Alle Vokale werden kurz ausgesprochen.

Es gibt einige Sonderzeichen: Sprechen Sie **â** und **î** wie **ü** ohne Lippenrundung aus, so ähnlich wie **ü** in **Mütze**. **Â** mit dieser Lautgebung steht immer im Wort, so wie bei România (Rumänien). **Î** steht mit dieser Lautgebung immer am Wortanfang oder -ende, so wie in în (in). **Ă** wird wie **e** im deutschen Wort **haben** ausgesprochen. **Ş** klingt wie **sch** im Deutschen und **Ţ** wie **z**.

Gruppen von zwei Vokalen, die gemeinsam eine Silbe bilden, wie zum Beispiel ea und ia, werden in der Regel nahezu wie ein einziger, längerer Laut ausgesprochen. Diese Verschmelzung wird durch einen Bogen unter den beiden Buchstaben gekennzeichnet.

Andere Vokalabfolgen, die in der phonetischen Umschreibung nicht mit einem Bogen zusammengefasst sind, wie z. B. beim Wort eu (ich), werden fließend hintereinander gesprochen, verschmelzen aber nicht zu einem Laut.

In der folgenden Tabelle erklären wir Ihnen einige Symbole, die eine genauere vereinfachte Lautschrift ermöglichen und Laute, die im Deutschen teilweise nicht existieren, darstellen. Laden Sie sich auf unserer Webseite unter www.hueber.de/audioservice die zum Sprachführer passenden Audiodateien herunter; dann können Sie sich die Aussprache von phonetischen Beispielen und allen ins Rumänische übersetzten Wendungen auch anhören.

B01	'	steht immer vor der Wortsilbe, die betont wird	**casă** ['kaßê] Haus
B02	‿	verbindet Vokale, die hintereinander gesprochen werden und fast zu einem einzigen Laut verschmelzen	**școală** [ßcho͜alê] Schule
B03	a	wird kurz gesprochen wie **a** in **matt**	**sat** [ßat] Dorf
B04	au	wir nicht als ein Laut, sondern gleitend nacheinander gesprochen	**auzi** [au'si] hören
B05	a͜u	klingt wie **au** in **Laub**	**autobuz** [a͜uto'bus] Bus
B06	dsch	ist ein stimmhafter Laut wie **J** in **Jeans**	**gimnastică** [dschim'naßtikê] Turnen
B07	e	klingt wie **e** in **jedoch**	**verde** ['werde] grün
B08	ê	klingt ähnlich wie **e** in **haben**	**mamă** ['mamê] Mutter
B09	e͜a	klingt ähnlich wie **ja** in **Anja**	**bani gheață** ['bani 'ge͜azê] Bargeld
B10	ê͜i	klingt ähnlich wie die Verbindung **üj**, wobei **ü** nicht mit gerundeten, sondern mit gespreizten Lippen (wie bei einem leichten Lächeln) ausgesprochen wird	**căi ferate** ['kê͜i fe'rate] Bahn
B11	eu	wird ähnlich wie **eu** in **Museum** ausgesprochen	**european** [euro'pe͜an] Europäer
B12	i	ist kurz wie **i** in **Gewitter**	**pictură** [pik'turê] Bild
B13	î	wird wie ein kurzes **ü** ohne Lippenrundung ausgesprochen	**România** [romî'nia] Rumänien

B14	ie	spricht man ähnlich wie **ie** in **Requiem** aus	**profesie** [pro'feßie] Beruf
B15	ie̯	klingt ähnlich wie **ie** in **Lilie**	**baie** ['baie̯] Bad
B16	ii̯	wird ähnlich gesprochen wie ein **i**, das in ein **j** übergeht, ungefähr wie **ille** wie im Französischen **fille**	**copii** ['kopii̯] Kinder
B17	îu̯	klingt wie ein **i**, mit gespreizten Lippen (wie bei einem leichten Lächeln) ausgesprochen, dass in ein **u** übergeht	**râu** [rîu̯] Fluss
B18	o	ist kurz wie **o** in **fort**	**acoperiș** [akope'rißch] Dach
B19	o̯a	wird ähnlich gesprochen wie **wha** im englischen **what**	**floare** [flo̯are] Blume
B20	o̯i	wird ähnlich gesprochen wie **oj** in **Boje**	**joi** ['scho̯i] Donnerstag
B21	o̯u	wird ähnlich gesprochen wie **ow** im englischen **Show**	**cadou** [ka'do̯u] Geschenk
B22	s	spricht man stimmhaft wie **s** in **sollen**	**zi** [si] Tag
B23	sch	klingt weich wie **J** in **Journal**	**joc** [schock] Spiel
B24	ß	wird stimmlos wie **s** in **lustig** gesprochen	**turism** [tu'rißm] Tourismus
B25	ßch	wird stimmlos wie **sch** in **Schule** ausgesprochen	**școală** ['ßcho̯alê] Schule
B26	tßch	wird wie **tsch** in **tschüss** ausgesprochen	**duce** ['dutßche] bringen

Pregătiri de călătorie

Reisevorbereitungen

Eine Unterkunft buchen

Rezervarea unei camere

	Ich möchte gern ⍰ buchen.	Aş dori să rezerv ⍰. ['aßch do'ri ßê re'serw]
C01	☑ eine Übernachtung mit *Frühstück/ Halbpension/Vollpension*	☑ o noapte cu *mic dejun/demipensiune/pensiune completă* [o 'no̯apte ku 'mik de'schun/ demipenßi'une/penßi'une kom'pletê]
C02	☑ ein *Einzelzimmer/ Doppelzimmer*	☑ o *cameră de o persoană/cameră dublă* [o 'kamerê de o per'ßo̯anê/'kamerê 'dublê]
C03	☑ sieben Nächte *Halbpension/Vollpension*	☑ şapte nopţi cu *demipensiune/pensiune completă* ['ßchapte 'nopzi ku demipenßi'une/penßi'une kom'pletê]
C04	☑ eine Ferienwohnung für *zwei/drei/ vier* Personen	☑ un apartament de vacanţă pentru *două/ trei/patru* persoane [un aparta'ment de wa'kanzê 'pentru 'doue̯/'trei̯/'patru per'ßo̯ane]
C05	☑ ein Ferienhaus	☑ o casă de vacanţă [o 'kaßê de wa'kanzê]
C06	mit einem Kinderbett	cu un pat de copil [ku un pat de ko'pil]
C07	für zwei Erwachsene und *ein Kind/zwei Kinder*	pentru doi adulţi şi *un copil/doi copii* ['pentru doi̯ a'dulzi ßchi un ko'pil/'doi̯ ko'pii̯]
C08	mit *Toilette/Dusche/ Bad*	cu *toaletă/duş/baie* [ku toa'letê/'dußch/'baie̯]
C09	für *eine Woche/zwei Wochen*	pentru *o săpămână/două săptămâni* ['pentru o ßêptê'mînê/'doue̯ ßêptê'mîni]
	(für die Zeit) vom ... bis zum ...	de la ... până la ... [de la ... 'pînê la]
C10	in *ruhiger/zentraler* Lage	într-o zonă *liniştită/centrală* ['întro 'sonê linißch'titê/tßchen'tralê]
C11	in Strandnähe	lângă plajă ['lîngê 'plaschê]

C12	Sind Haustiere erlaubt?	Au voie animale? [au 'woie ani'male]
C13	Können wir unseren Hund mitbringen?	Putem să venim cu câinele? [pu'tem ßê we'nim ku kîinele]
C14	Müssen wir Bettzeug und Handtücher selbst mitbringen?	Trebuie să ne aducem lenjerie și prosoape? ['trebuie ßê ne a'dutßchem len'scherie ßchi pro'ßoape]
C15	Ich reise am ... um ca. ... Uhr an.	Plec ... pe la ora ... [plek ... pe la 'ora]
C16	Wir reisen am ... ab.	Plecăm ... [ple'kêm]

Ein Ticket buchen

Rezervarea unui bilet

	Ich möchte gern ⍰ buchen.	Aș dori să rezerv ⍰. [aßch do'ri ßê re'serw]
C17	☑ einen Flug	☑ un zbor [un sbor]
C18	☑ eine Fähre	☑ un bilet de feribot [un bi'let de feri'bot]
C19	☑ eine Reise	☑ o călătorie [o kêlêto'rie]
C20	☑ Hin- und Rückfahrt	☑ dus și întors [duß ßchi în'torß]
C21	Die *Hinreise/Rückreise* ist am ...	*Plecarea/Întoarcerea* este ... [ple'karea/ în'toartßcherea 'eßte]
C22	Ich würde gern *einen Sitzplatz/Sitzplätze* reservieren.	Aș dori să rezerv *un loc/locuri*. [aßch do'ri ßê re'serw un lok/'lokuri]
C23	Ich möchte erster Klasse reisen.	Aș dori să călătoresc la clasa întâi. [aßch do'ri ßê kêlêto'reßk la 'klaßa în'tîi]
	Um wie viel Uhr geht ⍰ nach ...?	La ce oră pleacă ⍰ ... la? [la 'tßche 'orê 'pleakê ... la]
C24	☑ die Fähre	☑ feribotul [feri'botul]
C25	☑ der nächste Flug	☑ zborul următor ['sborul urmê'tor]

C26	☑ der nächste Zug	☑ trenul următor ['trenul urmê'tor]
C27	Wann kommt der Zug an?	Când sosește trenul? [kînd ßo'ßeßchte 'trenul]
C28	Wann fährt der Bus ab?	Când pleacă autobuzul? [kînd 'pleakê auto'busul]
C29	Wie viel kostet das Ticket?	Cât costă biletul? [kît 'koßtê bi'letul]
C30	Bitte bestätigen Sie mir die Buchung schriftlich.	Vă rog să-mi confirmați rezervarea în scris. [wê rog 'ßêmi konfir'mazi reser'warea în ßkriß]
C31	Ich möchte die Reservierung stornieren.	Aș dori să anulez rezervarea. [aßch do'ri ßê anu'les reser'warea]

Am Telefon

La telefon

Klingelt in Rumänien das Telefon und nimmt man den Hörer ab, meldet man sich nicht mit seinem Namen, sondern fragt alo? ['alo] oder da? [da], was sich ungefähr mit *hallo?* bzw. *ja, bitte?* übersetzen lässt.
In Firmen und Institutionen nennt man normalerweise zuerst den Namen des Unternehmens oder der Abteilung und sagt anschließend poftiți? [pof'tizi], was so viel wie *bitte?* bedeutet.

Sunt ... Cu ce pot să vă ajut? [ßunt ... ku 'tßche pot ßê wê a'schut]	... am Apparat. Wie kann ich Ihnen helfen?

C32	Bin ich hier richtig beim ... Hotel?	Sunteți hotelul ... ? [ßun'tezi ho'telul]

C33	Ich würde gern mit ... sprechen.	Aş dori să vorbesc cu ... [aßch do'ri ßê wor'beßk ku]

Din păcate, *domnul/doamna* nu este aici. [din pê'kate 'domnul/'doamna nu 'eßte a'itßchi]	*Er/Sie* ist leider nicht da.
Doriţi să lăsaţi un mesaj? [do'rizi ßê lê'ßazi un me'ßasch]	Möchten Sie eine Nachricht hinterlassen?

C34	Könnten Sie ihm/ihr ausrichten, dass ...?	Puteţi să-i spuneţi că ...? [pu'tezi ßêi ß'punezi kê]
C35	Könnte *er/sie* mich zurückrufen?	Poate *domnul/doamna* să mă sune înapoi? ['poate 'domnul/'doamna ßê mê 'ßune îna'poi]
C36	Meine Nummer ist ...	Numărul meu este ... [numê'rul meu 'eßte]

Un moment, vă rog. [un mo'ment wê rog]	Einen Moment, bitte.
Vă fac legătura cu ... [wê fak legê'tura ku]	Ich verbinde Sie mit ...

C37	Könnten Sie mir die Nummer von ... geben?	Puteţi să-mi daţi numărul domnului *m.*/doamnei *f.* ...? [pu'tezi 'ßêmi 'dazi 'numêrul 'domnului/'doamnei]

Numărul este ... ['numêrul 'eßte]	Die Nummer ist ...

C38	Auf Wiederhören!	La revedere! [la rewe'dere]

Per E-Mail, Fax oder Brief

Per email, fax sau ca scrisoare

Sehr *geehrter Herr/ geehrte Frau* ...,	*Mult stimate domnule/mult stimată doamnă* ..., ['mult ßti'mate 'domnule/mult ßti'matê 'doamnê]

Sehr geehrte Damen und Herren,	Stimate doamnelor și domnilor, [ßti'mate 'doamnelor ßchi 'domnilor]
Können Sie mir sagen, ☐.	Vă rog să-mi comunicați ☐. [wê rog 'ßêmi komuni'kazi]
☑ ob die Unterkunft noch frei ist	☑ dacă camera mai este disponibilă ['dakê 'kamera mai 'eßte dißpo'nibilê]
☑ wie viel das kostet und was der Preis mit einschließt	☑ cât costă și ce mai este inclus în preț [kît 'koßtê ßchi tßche 'mai 'eßte in'kluß în prez]
☑ ob eine Anzahlung erforderlich ist	☑ dacă trebuie plătit un avans ['dakê 'trebuie plê'tit un a'wans]
Mit freundlichen Grüßen	Cu stimă [ku 'ßtimê]

Angaben zur Person machen

Date personale

Care este ☐? ['kare 'eßte]	Wie lautet ☐?
☑ prenumele dumneavoastră [pre'numele dumnea'woaßtrê]	☑ Ihr Vorname
☑ numele dumneavoastră ['numele dumnea'woaßtrê]	☑ Ihr Nachname
☑ adresa dumneavoastră [a'dreßa dumnea'woaßtrê]	☑ Ihre Adresse
☑ numărul dumneavoastră de telefon ['numêrul dumnea'woaßtrê de tele'fon]	☑ Ihre Telefonnummer
☑ adresa dumneavoastră de email [a'dreßa dumnea'woaßtrê de 'imeil]	☑ Ihre E-Mail-Adresse

C39	Ich heiße ...	Mă numesc ... [mê nu'meßk]
C40	Meine Telefonnummer ist ...	Numărul meu de telefon este ... ['numêrul 'meu de tele'fon 'eßte]

C41	Meine Handynummer ist ...	Numărul meu de mobil este ... ['numêrul 'meu de mo'bil 'eßte]
C42	Meine E-Mail-Adresse lautet ...	Adresa mea de email este ... [a'dreßa 'mea de 'imeil 'eßte]

Wenn Sie Ihre E-Mail-Adresse angeben, sagen Sie arondă [a'rondê] für @. Für **.de**, **.at** oder **.ch** sagen Sie punct de [punkt de e], punct at [punkt a te] oder punct ch [punkt tßche ha]. Wenn man Internetseiten angibt, ist es üblich, auch www [we we we] zu nennen. Manchmal sagt man stattdessen auch dublu v dublu v dublu v ['dublu we 'dublu we 'dublu we].

Ce naționalitate aveți? [tßche nazionali'tate a'wezi]	Welche Nationalität haben Sie?

C43	Ich bin *Deutscher/Österreicher/Schweizer.*	Sunt *german/austriac/elvețian.* [ßunt dscher'man/außtri'ak/elwe'zian]
C44	Ich bin *Deutsche/Österreicherin/Schweizerin.*	Sunt *germană/austriacă/elvețiană.* [ßunt dscher'manê/außtri'akê/elwe'zianê]

La drum
Auf der Reise

An der Grenze

La graniță

Pașapoartele, vă rog. [paßcha'poartele wê rog]	Die Pässe, bitte!
Vă rugăm să vă pregătiți pașapoartele. [wê ru'gêm ßê wê pregê'tizi paßcha'poartele]	Bitte halten Sie die Pässe bereit!

D01	Bitte sehr.	Poftiți, vă rog. [pof'tizi wê rog]
D02	Ich kann meinen Pass nicht finden.	Nu îmi găsesc pașaportul. [nu îmi gê'ßeßk paßcha'portul]

Vă rog să ieșiți din rând. [wê 'rog ßê ie'ßchizi din 'rînd]	Bitte treten Sie an die Seite.

Wo geht's lang?

Încotro?

D03	Ich habe mich verfahren/verlaufen.	M-am rătăcit. [mam rêtê'tßchit]
	Wie komme ich ☐?	Cum ajung ☐? [kum a'schung]
D04	☑ zum Flughafen	☑ la aeroport [la aero'port]
D05	☑ zum Bahnhof	☑ la gară [la 'garê]
D06	☑ zum Fährhafen	☑ în portul de feriboturi [în 'portul de feri'boturi]
D07	☑ zur Autobahn	☑ la autostradă [la auto'ßtradê]

Mergeți mai departe până ☐. ['merdschezi mai de'parte 'pînê]	Fahren Sie weiter bis ☐.
☑ la semaforul următor [la ßema'forul urmê'tor]	☑ zur nächsten Ampel
☑ ajungeți a capătul străzii [a'schundschezi la 'kapêtul 'ßtrêzii]	☑ Sie zum Ende der Straße kommen

☑ la al doilea sens giratoriu [la al 'doilea 'ßens dschira'toriu]	☑ zum zweiten Kreisverkehr
☑ în centrul orașului [în 'tßchentrul o'raßchului]	☑ ins Stadtzentrum
Luați-o la *stânga/dreapta*. [lu'azio la 'ßtînga/'dreapta]	Biegen Sie *links/rechts* ab.
Luați-o pe a doua stradă la *stânga/dreapta*. [lu'azio pe a 'doua 'ßtradê la 'ßtînga/'dreapta]	Nehmen Sie die zweite Straße *links/rechts*.
Întoarceți-vă. [în'toartßcheziwê]	Drehen Sie um.
Mergeți drept înainte. ['merdschezi drept îna'inte]	Fahren Sie immer geradeaus.

D08	Wie weit ist es noch bis ...?	Cât mai este până la ...? [kît 'mai 'eßte 'pînê la]
D09	Wie viele Kilometer ...?	Câți kilometri ...? ['kîzi kilo'metri]

Strada este închisă. ['ßtrada 'eßte în'kisê]	Die Straße ist gesperrt.
Luați-o pe deviație. [lu'azio pe dewi'azie]	Nehmen Sie die Umleitung.

D10	Gibt es eine alternative Route?	Este vreo alternativă? ['eßte 'wreo alterna'tiwê]
D11	Darf ich hier parken?	Pot parca aici? [pot par'ka a'itßchi]

Tanken und Rasten

Un popas la benzinărie

	Wo ist ☐?	Unde este ☐? ['unde 'eßte]
D12	☑ die nächste Tankstelle	☑ următoarea benzinărie [urmê'toarea bensinê'rie]

D13	☑ die nächste Raststätte	☑ următorul han [urmê'torul han]
	Wo gibt es ☐?	Unde este ☐? ['unde 'eßte]
D14	☑ eine Werkstatt	☑ un service [un 'ßerwiß]
D15	☑ eine *VW®-/BMW®*-Vertragswerkstatt	☑ un service pentru *VW™/BMW™* [un 'ßerwiß 'pentru 'folkswagen/be|em'we]
D16	Bitte volltanken.	Plinul, vă rog. ['plinul wê rog]
D17	Ich tanke *Diesel/Benzin.*	Alimentez cu *diesel/benzină*. [alimen'tes ku 'disel/en'sinê]

Achtung: In ganz Rumänien gibt es nur etwa 100 Tankstellen, an denen man Autogas (LPG) tanken kann. Erdgas (CNG) gibt es so gut wie nie.

	Könnten Sie bitte ☐?	Puteți, vă rog să ☐? [pu'tezi wê rog ßê]
D18	☑ das *Öl/Wasser* nachsehen	☑ controlați *uleiul/apa* [kontro'lazi u'leiul/'apa]
D19	☑ Öl nachfüllen	☑ completați uleiul [komple'tazi u'leiul]
D20	☑ den Reifendruck prüfen	☑ verificați presiunea la roți [werifi'kazi preßi'unea la 'rozi]
D21	Ich habe aus Versehen *Diesel/Benzin* getankt!	Am alimentat *diesel/benzină* din greșeală! [am alimen'tat 'disel/ben'sinê din gre'ßchealê]

Panne und Unfall

Pană și accident

D22	Ich habe einen Platten.	Am o pană. [am o 'panê]
D23	Könnten Sie bitte den Reifen wechseln?	Puteți să-mi schimbați cauciucul? [pu'tezi 'ßêmi ßkim'bazi kau'tßchiukul]

D24	Ich brauche einen Abschleppdienst.	Am nevoie de un serviciu de tractare. [am ne'woie de un ßer'witßchiu de trak'tare]
D25	Bitte schleppen Sie den Wagen bis zur nächsten Werkstatt.	Vă rog să-mi tractați mașina până la următorul service. [wê rog 'ßêmi trak'tazi ma'ßchina 'pînê la urmê'torul 'ßerwiß]
D26	Der Motor springt nicht an.	Motorul nu pornește. [mo'torul nu por'neßchte]
D27	Die Kupplung ist kaputt.	Ambreajul s-a stricat. [ambre'aschul ßa ßtri'kat]
D28	Der Tank ist leer.	Rezervorul e gol. [reser'worul e 'gol]
D29	Bis wann können Sie es reparieren?	Cât durează reparația? [kît du'rease repa'razia]
D30	Es gab einen Unfall.	A fost un accident. [a foßt un aktßchi'dent]
D31	Bitte geben Sie mir die Anschrift Ihrer Versicherung.	Vă rog, să-mi dați adresa asigurării dumneavoastră. [wê rog 'ßêmi 'dazi a'dreßa aßigu'rêrii dumnea'woaßtrê]
D32	Rufen Sie bitte *die Polizei/einen Krankenwagen*!	Chemați, vă rog, *poliția/o ambulanță*! [ke'mazi wê rog po'lizia/o ambu'lanzê]
D33	... Personen sind (schwer) verletzt.	... persoane sunt (grav) rănite. [per'ßoane ßunt (graw) rê'nite]
D34	Haben Sie den Unfall gesehen?	Ați văzut accidentul? ['azi wê'sut aktßchi'dentul]
D35	Bitte geben Sie mir Ihre Anschrift.	Dați-mi adresa, vă rog. ['dazimi a'dreßa wê rog]

Verkehrskontrolle

Control rutier

Pot să văd *carnetul dumneavoastră de conducere/contractul dumneavoastră de închiriere a mașinii*? ['pot ßê wêd kar'netul dumnea'woaßtrê de kon'dutßchere/kon'traktul dumnea'woaßtrê de înkiri'ere a ma'ßchinii]	Kann ich bitte *Ihren Führerschein/Ihren Mietwagenvertrag* sehen?

D36	Bitte sehr.	Poftiţi. [pof'tizi]

Mulţumesc. [mulzu'meßk]	Vielen Dank.

D37	Es tut mir sehr leid – ich habe meine Papiere nicht dabei.	Îmi pare rău – nu am documentele la mine. ['îmi 'pare rêu nu – am doku'mentele la 'mine]

Vă rog să coborâţi. [wê rog ßê kobo'rîzi]	Bitte steigen Sie aus.
Deschideţi portbagajul, vă rog. [deß'kidezi portba'gaschul wê rog]	Öffnen Sie bitte den Kofferraum.
Trebuie să vă amendez pentru depăşire de viteză. [tre'buie ßê wê amen'des 'pentru depê'ßchire de wi'tesê]	Ich muss Sie für Geschwindigkeitsübertretung mit einem Bußgeld belangen.

In geschlossenen Ortschaften, wenn nicht anders angezeigt, dürfen Autos und Motorräder in Rumänien bis zu 50 km/h fahren. Auf Landstraßen gilt normalerweise eine Geschwindigkeitsbeschränkung von 90 km/h. Auf Bundestraßen (drum naţional [drum nazio'nal]) beträgt die reguläre Höchstgeschwindigkeit 100 km/h. Auf der Autobahn (autostradă [auto'ßtradê]) darf man 130 km/h nicht überschreiten. Es gibt allerdings nur kurze Autobahnstrecken in Rumänien, denn das Autobahnnetz befindet sich noch im Aufbau. Für die vorhandenen Strecken benötigen Sie eine Vignette (rovinietă [rowi'nietê]).

D38	Ich möchte das Bußgeld gleich zahlen.	Aş dori să plătesc amenda pe loc. [aßch do'ri ßê plê'teßk a'menda pe lok]
D39	Ich habe nicht genug Bargeld dabei.	Nu am bani gheaţă suficienţi asupra mea. [nu am 'bani 'geazê ßufi'tßchienzi a'ßupra 'mea]
D40	Ich habe kein Bargeld dabei.	Nu am bani gheaţă la mine. [nu am 'bani 'geazê la 'mine]

Unterwegs mit Bus, U-Bahn und Zug

La drum cu autobuzul, metroul și trenul

D41	Ich möchte nach … fahren.	Aș dori să merg la … [aßch do'ri ßê merg la]
D42	Welche Linie fährt nach/zu …?	Care linie merge la …? ['kare 'linie 'merdsche la]
D43	Fährt dieser Bus nach …?	Autobuzul merge la …? [auto'busul 'merdsche la]
D44	An welcher Haltestelle muss ich aussteigen?	La care stație trebuie să cobor? [la 'kare 'ßtazie 'trebuie ßê ko'bor]
D45	Können Sie mir Bescheid sagen, wenn ich aussteigen muss?	Puteți să-mi spuneți când trebuie să cobor? [pu'tezi 'ßêmi 'ßpunezi kînd 'trebuie ßê ko'bor]

D46	Muss ich hier umsteigen?	Trebuie să schimb aici? ['trebui̯e ßê 'ßkimb a'itßchi]
D47	Wann kommt *der nächste Bus/die nächste U-Bahn/der nächste Zug* nach ...?	Când vine *autobuzul următor/metroul următor/trenul următor* pentru ...? [kînd 'wine a̯uto'busul urmê'tor/'me'troul urmê'tor/'trenul urmê'tor 'pentru]

In Rumänien stehen Ihnen verschiedene Möglichkeiten zur Verfügung, mit dem Zug zu reisen: Es gibt Personenzüge (trenuri personale ['trenuri perßo'nale]), die langsamer sind und in jedem Dorf halten. Mit dem Eilzug (tren accelerat ['tren aktßchele'rat]) kommt man schneller ans Ziel, man muss aber etwas tiefer in die Tasche greifen. Am schnellsten fährt man mit dem *Blauen Pfeil* (săgeata albastră [ßê'dsche̯ata al'baßtrê]), dem rumänischen IC, der Bukarest mit vielen großen Städten Rumäniens verbindet. Allgemein ist das Eisenbahnnetz nicht so gut ausgebaut, wie Sie es vielleicht gewohnt sind und Verspätungen sind keine Seltenheit.

D48	Eine einfache Fahrt nach ...	Un bilet dus la ... [un bi'let 'duß la]
D49	Hin- und Rückfahrt nach ...	Dus și întors la ... [duß 'ßchi în'torß la]
D50	eine Tageskarte	un bilet pe toată ziua [un bi'let pe 'to̯atê 'siu̯a]
D51	Gilt diese Karte auch für ...?	Biletul e valabil și pentru ...? ['biletul 'e wa'labil 'ßchi 'pentru]
	Wo ist ⍰?	Unde este ⍰? ['unde 'eßte]
D52	☑ die nächste *U-Bahnhaltestelle/Bushaltestelle*	☑ următoarea *stație de metrou/stație de autobuz* [urmê'to̯area 'ßtazie de 'metro̯u/'ßtazie de a̯uto'bus]
D53	☑ der Busbahnhof	☑ autogara [a̯uto'gara]

D54	☑ der Bahnhof	☑ gara ['gara]
D55	Von welchem Gleis geht der Zug nach ...?	De la care peron pleacă trenul la ...? [de la ka're pe'ron pleakê 'trenul la]

Rund ums Gepäck

La capitolul bagaje

Aveți bagaje de predat? [a'wezi ba'gasche de pre'dat]	Haben Sie Gepäck zum Einchecken?
Bagajul dumneavoastră depășește limita de greutate. [ba'gaschul dumnea'woastrê depê'ßcheßchte 'limita de greu'tate]	Ihr Gepäck hat Übergewicht.

D56	Ich möchte mein Gepäck aufgeben.	Aș dori să-mi predau bagajul. [aßch do'ri 'ßêmi pre'dau ba'gaschul]
D57	Ich habe nur Handgepäck.	Nu am decât bagaj de mână. [nu am 'dekît ba'gasch de 'mînê]
D58	Wo kann ich mein Gepäck abholen?	Unde pot să-mi ridic bagajul? ['unde 'pot ßêmi 'ridik ba'gaschul]
D59	Dieses Gepäckstück muss als Sperrgepäck aufgegeben werden.	Acest bagaj trebuie depus la bagaje voluminoase. [a'tßcheßt ba'gasch 'trebuie de'puß la ba'gasche wolumi'noaße]
	Mein Gepäck ☐.	Bagajul meu ☐. [ba'gaschul 'meu]
D60	☑ ist nicht angekommen	☑ nu a sosit [nu a ßo'ßit]
D61	☑ ist beschädigt	☑ s-a deteriorat [ßa deterio'rat]
D62	Mein Gepäck ist nicht vollständig.	Bagajul meu nu este complet. [ba'gaschul 'meu nu 'eßte kom'plet]
D63	Wo gibt es hier Schließfächer?	Unde sunt seifuri? ['unde ßunt 'ßeifuri]

Am Flughafen

La aeroport

D64	Wie komme ich zu Terminal *eins/zwei*?	Cum ajung la terminalul *unu/doi*? [kum a'schung la termi'nalul 'unu/'doi̯]
	Wo finde ich ⍰?	Unde găsesc ⍰? ['unde gê'ßeßk]
D65	☑ einen Informationsstand der Lufthansa®	☑ un ghișeu de informații al companiei Lufthansa® [un gi'ßcheu de infor'mazii̯ al kom'paniei̯ luf'thansa]
D66	☑ einen Schalter der Tarom®	☑ un ghișeu al companiei Tarom® [un gi'ßcheu al kom'paniei̯ ta'rom]
D67	Wann geht der nächste Flug nach ...?	Când e următorul zbor la ...? [kînd e urmê'torul sbor la]
D68	Den nehme ich.	Îl iau pe acesta. [îl 'iau̯ pe a'tßcheßta]
	Ich möchte ⍰.	Aș dori ⍰. ['aßch do'ri]

D69	☑ *Economy Class/ Business Class/erster Klasse* fliegen	☑ să zbor *economy/business/clasa întâi* [ßê sbor i'konomi/'bißniß/'klaßa întîi]
D70	☑ *am Fenster/am Gang* sitzen	☑ să stau *la geam/la interval* [ßê ßtau la 'dscheam/la inter'wal]
D71	☑ meinen Flug umbuchen	☑ să-mi schimb zborul ['ßêmi ßkimb 'sborul]
D72	☑ meinen Flug stornieren	☑ să-mi anulez zborul ['ßêmi anu'les 'sborul]
D73	Warum hat die Maschine Verspätung?	De ce întârzie avionul? [de 'tßche în'tîrsie awi'onul]
D74	Wie viel Verspätung hat die Maschine?	Ce întârziere are avionul? [tßche întîrsi'ere 'are awi'onul]

Zborul numărul ... e anulat. ['sborul 'numêrul e anu'lat]	Der Flug Nummer ... ist annulliert.

Mit dem Schiff

Cu vaporul

D75	Wann läuft *das Schiff/die Fähre* aus?	Când pleacă *vaporul/feribotul*? ['kînd 'pleakê wa'porul/feri'botul]
	Wo finde ich ☑?	Unde e ☑? ['unde e]
D76	☑ die Kabine Nr. ...	☑ cabina nr. ... [ka'bina 'numêrul]
D77	☑ das Bordrestaurant	☑ restaurantul de la bord [reßtau'rantul de la bord]
D78	Mir ist übel.	Mi-e rău. ['mie rêu]
D79	Ich muss mich übergeben.	Îmi vine să vomit. ['îmi 'wine ßê wo'mit]
D80	Ich brauche einen Brechbeutel.	Am nevoie de o pungă de vomitat. [am ne'woie de o 'pungê de womi'tat]

Ein Fahrzeug mieten

Mașină de închiriat

	Ich möchte ☐ mieten.	Aș dori să închiriez ☐. ['aßch do'ri ßê înkiri'es]
D81	☑ ein Auto	☑ o mașină [o ma'ßchinê]
D82	☑ einen Automatikwagen	☑ o mașină cu automatic [o ma'ßchinê ku auto'matik]
D83	☑ ein Auto mit Allradantrieb	☑ o mașină cu tracțiune pe patru roți [o ma'ßchinê ku trakzi'une pe 'patru 'rozi]
D84	☑ ein Cabrio	☑ o mașină decapotabilă [o ma'ßchinê dekapo'tabilê]
D85	☑ ein Motorrad	☑ o motocicletă [o mototßchi'kletê]
D86	mit Klimaanlage	cu aer condiționat [ku 'aer kondizio'nat]
D87	mit Navigator	cu sistem de navigație [ku ßiß'tem de nawi'gazie]
D88	Wie viel kostet das *pro Tag/pro Woche*?	Cât costă *pe zi/pe săptămână*? [kît 'koßtê pe si/pe ßêptê'mînê]
D89	Ist der Preis inklusive *Versicherung/Vollkasko*?	Prețul include *asigurarea/asigurarea Casco completă*? ['prezul in'klude aßigu'rarea/ aßigu'rarea 'kaßko kom'pletê]
D90	Wann muss ich das Fahrzeug zurückbringen?	Când trebuie să returnez vehicolul? [kînd 'trebuie ßê retur'nes we'hikolul]
D91	Wo *sind die Fahrzeugpapiere/ist der Mietvertrag*?	Unde *sunt documentele mașinii/e contractul de închiriere*? ['unde ßunt doku'mentele ma'ßchinii/e kon'traktul de înkiri'ere]

Ein Taxi nehmen

Cu taxiul

D92	Bitte fahren Sie mich nach/zu ...!	La ..., vă rog! [la ... wê rog]

D93	Könnten Sie *schneller/langsamer* fahren?	Puteţi să conduceţi *mai repede/mai încet*? [pu'tezi ßê kon'dutßchezi mai 'repede/mai în'tßchet]
D94	Wie viel kostet die Fahrt nach ...?	Cât costă până la ...? [kît 'koßtê 'pînê la]
D95	Bitte halten Sie dort!	Vă rog să opriţi acolo! [wê rog ßê o'prizi a'kolo]
D96	Ich hätte gern ein Taxi zum Flughafen.	Aş dori un taxi pentru aeroport. [aßch do'ri un ta'ksi 'pentru aero'port]

Taxifahren in Rumänien ist im Vergleich zu Deutschland sehr günstig. Alle Taxis sind mit einem Taxameter ausgerüstet. Man sollte unbedingt darauf achten, dass dieses auch eingeschaltet ist. Es ist vorteilhaft, Kleingeld für die Fahrtkosten aber auch für das übliche kleine Trinkgeld dabei zu haben.

În sfârșit am sosit: Cazarea

Endlich da: die Unterkunft

Beim Ankommen

La sosire

	Wo ist ⍰?	Unde este ⍰? ['unde 'eßte]
E01	☑ die Rezeption	☑ recepția [re'tßchepzia]
E02	☑ Zimmer Nr. ...	☑ camera nr. ... ['kamera 'numêrul]
E03	☑ unser Zeltplatz	☑ locul nostru de cort ['lokul 'noßtru de kort]
E04	Wir haben reserviert.	Am făcut o rezervare. [am fê'kut o reser'ware]
E05	Die Zimmerschlüssel, bitte.	Cheia de la cameră, vă rog. ['keia de la 'kamerê wê rog]

Sich nach dem Wichtigsten erkundigen

Informații importante

Es gibt in Rumänien zahlreiche Unterkunftmöglichkeiten, von Pensionen bis zu Fünf-Sterne Hotels (wobei man nicht den Komfort eines deutschen Sterne-Hotels mit der gleichen Auszeichnung erwarten sollte). Pensionen sind das gängige Angebot in Kleinstädten. Sie sind kleiner und schlichter eingerichtet als Hotels, zeichnen sich jedoch oft durch Gemütlichkeit und einen gastfreundlichen Empfang aus. Hier bekommt man in der Regel traditionelles Essen, gute Reisetipps und einen Einblick in die rumänische Lebensart.

	Wo gibt es hier ⍰?	Unde este aici ⍰? ['unde 'eßte a'itßchi]
E06	☑ ein *einfaches/gutes* Hotel	☑ un hotel *simplu/bun* [un ho'tel 'ßimplu/'bun]
E07	☑ eine Pension	☑ o pensiune [o penßi'une]
E08	☑ eine Jugendherberge	☑ un hostel de tineret [un 'hostel de tine'ret]

E09	☑ einen Campingplatz	☑ un camping [un 'kamping]
	Wo ist ☐?	Unde este? ☐? ['unde 'eßte]
E10	☑ die Bar	☑ un bar [un bar]
E11	☑ der Speisesaal	☑ sala de mese ['ßala de 'meße]
	Gibt es ☐?	Aveţi ☐? [a'wezi]
E12	☑ einen Fernseher	☑ televizor [telewi'sor]
E13	☑ eine Waschmaschine	☑ o maşină de spălat [o ma'ßinê de ßpê'lat]

Um etwas bitten

O rugăminte

	Ich möchte ☐.	Aş dori ☐. [aßch do'ri]
E14	☑ ein *anderes Zimmer/ruhiges Zimmer*	☑ o *altă cameră/cameră liniştită* [o 'altê 'kamerê/'kamerê linißch'titê]
E15	☑ ein Nichtraucherzimmer	☑ o cameră de nefumători [o 'kamerê de nefumê'tori]
E16	☑ eine zusätzliche Decke	☑ încă o pătură ['înkê o 'pêturê]
E17	☑ noch ein Kissen	☑ încă o pernă ['înkê o 'pernê]

Sich beschweren

Reclamaţii

E18	*Das Licht/Die Dusche* geht nicht.	*Lumina/Duşul* nu funcţionează. [lu'mina/'dußchul nu funkzio'neasê]
E19	Das Bettzeug ist schmutzig.	Lenjeria de pat e murdară. [lensche'ria de 'pat e mur'darê]
E20	Es gibt kein warmes Wasser.	Nu e apă caldă. [nu e 'apê 'kaldê]

La drum cu copiii

Mit Kindern reisen

Ganz allgemein

Generalități

Călătoriți cu copii? [kêlêto'rizi ku ko'pii]	Reisen Sie mit Kindern?

F01	Ja, wir sind mit *Kind/ Kindern* unterwegs.	Da, suntem la drum cu *un copil/copii.* [da ßun'tem la 'drum ku un ko'pil/ko'pii]

Câți ani *are copilul dumneavoastră/au copiii dumneavoastră?* ['kîzi 'ani 'are ko'pilul dumnea'woaßtrê/ko'piii dumnea'woaßtrê]	Wie alt *ist Ihr Kind/ sind Ihre Kinder?*

F02	*Er/Sie* ist ... Jahre alt.	*Are/Au* ... ani. ['are/au ... 'ani]
F03	Ist das für Kinder geeignet?	E potrivit pentru copii? [e potri'wit 'pentru kopii]
F04	Gibt es eine Kinderermäßigung?	Aveți reducere pentru copii? [a'wezi re'dutßchere 'pentru kopii]

Sicherheit

Siguranță

F05	Ist das auch ungefährlich für Kinder?	E nepericulos pentru copii? [e 'neperiku'loß 'pentru ko'pii]
	Wir brauchen ⍰.	Avem nevoie de ⍰. [a'wem ne'woie de]
F06	☑ einen Kindersitz für das Auto	☑ un scaun de copii la mașină [un ßkaun de ko'pii la ma'ßchinê]
F07	☑ einen Kindersitz für das Fahrrad	☑ un scaun de copii la bicicletă [un ßkaun de ko'pii la bitßchi'kletê]
F08	☑ einen Gurt, um das Kind anzuschnallen	☑ o centură de siguranță pentru copil [o tßschen'turê de ßigu'ranzê 'pentru ko'pil]

Unterhaltung

Distracții

	Gibt es hier ☐?	Există aici ☐? [e'ksißtê a'itßchi]
F09	☑ einen Spielplatz	☑ un loc de joacă [un lok de 'schoakê]
F10	☑ ein Planschbecken	☑ o piscină pentru copii [o piß'tßchinê pentru ko'pii]
F11	☑ ein Spielwarengeschäft	☑ un magazin de jucării [un maga'sin de schukê'rii]
F12	☑ einen Freizeitpark	☑ un parc de distracții [un park de dißtrak'zii]
F13	Gibt es ein Programm mit Kinderunterhaltung?	Aveți program pentru copii? [a'wezi pro'gram 'pentru ko'pii]
F14	Wir brauchen einen Babysitter/eine Babysitterin.	Avem nevoie de cineva să stea cu copilul. [a'wem ne'woie de tßchine'wa ßê ßtea ku ko'pilul]

Beim Essen

La masă

	Haben Sie ☐?	Aveți ☐? [a'wezi]
F15	☑ einen Hochstuhl	☑ un scaun pentru copii [un 'ßkaun 'pentru ko'pii]
F16	☑ ein Lätzchen	☑ o babețică [o babe'zikê]
F17	☑ eine Schnabeltasse	☑ o cană cu bot de rață pentru copii [o 'kanê ku bot de ra'zê 'pentru ko'pii]
F18	☑ einen Stillraum	☑ o cameră pentru alăptat [o 'kamerê 'pentru alêp'tat]
F19	☑ eine Wickelmöglichkeit	☑ un loc pentru înfășat bebeluși [un lok 'pentru înfê'ßchat bebe'lußchi]
F20	☑ ein Kindermenü	☑ meniu pentru copii [me'niu 'pentru ko'pii]

F21	Gibt es auch Kinderportionen?	Aveţi porţii pentru copii? [a'wezi 'porzi̯i̯ 'pentru ko'pi̯i̯]
F22	Könnten Sie das Fläschchen/Gläschen aufwärmen?	Aţi putea încălzi sticluţă? ['azi pu'te̯a înkêl'si stik'luzê]

Cerințe speciale
Besondere Bedürfnisse

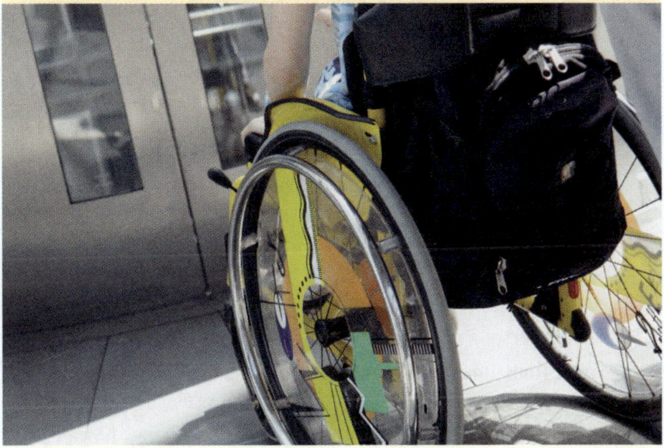

Nützliches für behinderte Reisende

Informații pentru călători handicapați

	Ich bin ☐.	Sunt ☐. [ßunt]
F23	☑ behindert	☑ (m.) handicapat/(f.) handicapată [handika'pat/handika'patê]
F24	☑ blind	☑ (m.) nevăzător/(f.) nevăzătoare [newêsê'tor/newêsê'toare]
F25	☑ taub	☑ (m.) surd/(f.) surdă [ßurd/'ßurdê]
F26	Ich bin sehbehindert.	Văd rău. [wêd rêu]
F27	Ich bin schwerhörig.	Aud rău. [aud rêu]
F28	Könnten Sie bitte etwas lauter sprechen?	Puteți vorbi puțin mai tare? [pu'tezi wor'bi pu'zin 'mai 'tare]
F29	Würden Sie das bitte für mich aufschreiben?	Puteți să scrieți dumneavoastră în locul meu? [pu'tezi ßê 'ßkriezi dumnea'woastrê în 'lokul 'meu]
	Gibt es ☐?	Aveți ☐? [a'wezi]
F30	☑ Parkplätze für Behinderte	☑ locuri de parcare pentru handicapați ['lokuri de par'kare 'pentru handika'pazi]
F31	☑ eine Rollstuhlauffahrt	☑ rampă pentru scaun cu rotile ['rampê 'pentru ßkaun ku ro'tile]
F32	☑ einen Behindertenzugang	☑ intrare pentru handicapați [in'trare'pentru handika'pazi]
F33	☑ eine Behindertentoilette	☑ toaletă pentru handicapați [toa'letê 'pentru handika'pazi]
F34	Ich bräuchte einen Rollstuhl.	Aș avea nevoie de un scaun cu rotile. [aßch a'wea ne'woie de un ßkaun ku ro'tile]
F35	Ich hätte gern den Schlüssel für die Behindertentoilette.	Aș dori cheia de la toaleta pentru handicapați. [aßch do'ri 'keia de la toa'leta 'pentru handika'pazi]

	Könnten Sie ⍰?	Aţi putea să ⍰? ['azi pu'tea ßê]
F36	☑ mir helfen	☑ îmi ajutaţi ['îmi aschu'tazi]
F37	☑ mir über die Straße helfen	☑ îmi ajutaţi să trec strada ['îmi aschu'tazi ßê trek 'ßtrada]
F38	☑ mir die Tür aufhalten	☑ îmi ţineţi uşa ['îmi 'zinezi 'ußcha]
F39	Kann ich meinen Blindenhund mitnehmen?	Pot să-mi iau câinele pentru nevăzători? [pot 'ßêmi 'iau 'kîinele 'pentru newêsê'tori]
F40	Ist das für Behinderte geeignet?	E potrivit pentru handicapaţi? [e potri'wit 'pentru handika'pazi]

Conversații
Miteinander sprechen

Bitten und danken

Rugăminţi şi mulţimiri

G01	Danke (sehr).	Mulţumesc (mult). [mulzu'meßk (mult)]
G02	Bitte sehr!	Cu plăcere. [ku plê'tßchere]
G03	Gern geschehen.	Pentru puţin. ['pentru pu'zin]
G04	Nein, danke.	Nu, mulţumesc. [nu mulzu'meßk]
G05	Herzlichen Dank!	Mulţumesc din suflet! [mulzu'meßk din 'ßuflet]

Begrüßung und Verabschiedung

Formule de salut

In Rumänien ist es üblich, sich bei der Begrüßung unter Freunden und Bekannten Wangenküsse zu geben – meistens zwei – denn man hat doch zwei Wangen, nicht wahr? Auch mit dem persönlichen Raum sieht man es nicht so eng, oder besser gesagt nicht so weit. Eine halbe Armlänge reicht völlig aus!

G06	Guten Morgen!	Bună dimineaţa! ['bunê dimi'neaza]
G07	Hallo!	Bună! ['bunê]
G08	Guten Tag!	Bună ziua! ['bunê 'siua]
G09	Guten Abend!	Bună seara! ['bunê 'ßeara]
G10	Gute Nacht!	Noapte bună! ['noapte 'bunê]
G11	Auf Wiedersehen!	La revedere! [la rewe'dere]
G12	Tschüss!	La revedere! [la rewe'dere]
G13	Bis später!	Pe mai târziu! ['pe 'mai tîr'siu]

In Rumänien wird zur lässigen Begrüßung wie auch zum Abschied auch das italienische ciao verwendet. Umgangssprachlich wird auch ne vedem [ne we'dem] *(wir sehen uns)* oder mai vorbim [mai wor'bim] *(wir reden noch)* benutzt, um sich zu verabschieden.

Sich vorstellen und von sich erzählen

Câte ceva despre noi înșine

G14	Ich heiße ...	Mă numesc ... [mê nu'meßk]
G15	Ich bin aus *Deutschland/Österreich/der Schweiz*.	Sunt din *Germania/Austria/Elveţia*. [ßunt din dscher'mania/a'ußtria/el'wezia]
G16	Ich bin ... Jahre alt.	Am ... ani. [am ... 'ani]
G17	Ich bin verheiratet.	Sunt (m.) căsătorit/(f.) căsătorită. [ßunt kêßêto'rit/kêßêto'ritê]
G18	Ich bin geschieden.	Sunt (m.) divorţat/(f.) divorţată. [ßunt diwor'zat/diwor'zatê]
G19	Ich bin ledig.	Sunt (m.) necăsătorit/(f.) necăsătorită. [ßunt 'nekêßêtorit/'nekêßêtoritê]
G20	Ich mache hier Urlaub.	Sunt în concediu aici. [ßunt în kon'tßschediu a'itßchi]
G21	Ich wohne im ... Hotel.	Stau la hotelul ... [ßtau la ho'telul]
G22	Ich bleibe noch ... *Tage/Wochen*.	Mai stau ... *zile/săptămâni*. ['mai 'ßtau ... 'sile/ßêptê'mîni]
G23	Ich bin ... (von Beruf).	Sunt ... [ßunt]
G24	Ich bin selbstständig.	Lucrez pe cont propriu. [lu'kers pe kont 'propriu]
G25	Ich bin *Student/Studentin*.	Sunt *student/studentă*. [ßunt ßtu'dent/ßtu'dentê]

G26	Ich gehe noch zur Schule.	**Încă mai merg la şcoală.** ['înkê mai merg la 'ßchoalê]
G27	Ich habe *Kinder/einen Sohn/eine Tochter.*	**Am *copii/un fiu/o fiică.*** [am ko'pii/un 'fiu/o 'fiikê]
G28	Das ist mein Mann.	**Acesta e soţul meu.** [a'tßcheßta e 'ßozul 'meu]
G29	Das ist meine Frau.	**Aceasta e soţia mea.** [a'tßcheaßta e ßo'zia mea]
G30	Das ist mein Lebensgefährte.	**Acesta e partenerul meu.** [a'tßcheßta e parte'nerul 'meu]
G31	Das ist meine Lebensgefährtin.	**Aceasta e partenera mea.** [a'tßcheaßta e parte'nera mea]
G32	Das ist mein Freund.	**Acesta e prietenul meu.** [a'tßcheßta e 'prietenul meu]
G33	Das ist meine Freundin.	**Aceasta e prietena mea.** [a'tßcheaßta e 'prietena mea]
G34	Das ist ein Freund.	**Acesta e un prieten.** [a'tßcheßta e un 'prieten]
G35	Das ist eine Freundin.	**Aceasta e o prietenă.** [a'tßcheaßta e o 'prietenê]

Etwas über den anderen herausfinden

Întrebări despre alţii

G36	Wie *heißen Sie/heißt du*?	**Cum *vă cheamă/te cheamă*?** [kum wê 'keamê/te 'keamê]
G37	Wie geht es *Ihnen/dir*?	**Cum *vă/îţi* merge?** [kum wê/îzi 'merdsche]
G38	Danke, gut.	**Bine, mulţumesc.** ['bine mulzu'meßk]
G39	Gefällt es *Ihnen/dir* hier?	***Vă/Îţi* place aici?** [wê/'îzi 'platßche a'itßchi]
G40	Sehr gut.	**Foarte mult.** ['foarte mult]
G41	Geht schon.	**Merge.** ['merdsche]

G42	Wie alt *sind Sie/bist du*?	Câţi ani *aveţi/ai*? ['kîzi 'ani a'wezi/ai]
G43	Woher *kommen Sie/ kommst Du*?	De unde *sunteţi/eşti*? [de 'unde ßun'tezi/ 'eßchti]
G44	*Sind Sie/Bist du* verheiratet?	*Sunteţi/Eşti* ♂ căsătorit/♀ căsătorită? [ßun'tezi/'eßchti kêßêto'rit/kêßêto'ritê]
G45	Was *machen Sie/ machst du* beruflich?	Cu ce *vă ocupaţi/te ocupi*? ['ku tßche 'wê oku'pazi/te o'kupi]
G46	*Machen Sie/Machst du* Urlaub hier?	*Faceţi/Faci* concediu aici? ['fatßchezi/'fatßchi kon'tßchediu a'itßchi]
G47	Wie lange *bleiben Sie/bleibst du* noch?	Cât mai *rămâneţi/rămâi*? ['kît 'mai rê'mînezi/ rê'mîi]
G48	Wo *wohnen Sie/ wohnst du*?	Unde *locuiţi/locuieşti*? ['unde loku'izi/ loku'ießchti]

Sich verabreden und jemanden einladen

Întâlniri şi invitaţii

G49	Darf ich *Sie/dich* zu einem Getränk einladen?	*Pot să vă/te* invit la o băutură? [pot sê wê/ te in'wit la o bêu'turê]
G50	Sollen wir etwas essen gehen?	Mergem să mâncăm ceva? ['merdschem sê mîn'kêm tßche'wa]
G51	*Hätten Sie/Hättest du* Lust, heute Abend etwas zu unternehmen?	*Aveţi/Ai* chef să facem ceva astă seară? [a'wezi/ai kef ßê fa'tßchem tßche'wa 'aßtê 'ßearê]
	Wir treffen uns ⍰.	Ne întâlnim ⍰. [ne întîl'nim]
G52	☑ um *ein/zwei* Uhr	☑ la ora *unu/două* [la 'ora 'unu/'douê]
G53	☑ *in einer Stunde/in zwei Stunden*	☑ *într-o oră/în două ore* ['întro 'orê/în 'douê 'ore]

G54	Wir treffen uns *im Hotel/an der Bar/am Eingang*.	Ne întâlnim *la hotel/la bar/la intrare*. [ne întîl'nim la ho'tel/la bar/la in'trare]

Wenn man zu einer Party oder Verabredung 15 Minuten später kommt, ist das kein Problem. In Rumänien ist *das akademische Viertel* gang und gäbe! Das gilt auch bei Einladungen zum Essen. Rechtzeitig zu erscheinen wird fast als unhöflich empfunden. Wahrscheinlich hat sich so die ausgeprägte Vorspeisenkultur entwickelt.
Dem Gastgeber einer Party bringt man meistens eine Flasche Wein oder einen Blumenstrauß mit. Auf den Dank der Gastgeber reagiert man z. B. mit E doar o nimica toată! [e 'doar o ni'mika 'toatê] *(Es ist nur eine Kleinigkeit!)* oder Sper că-ţi place vinul! [ßper 'kêzi 'platßche 'winul] *(Ich hoffe der Wein gefällt dir!)*.
Betritt man das Zuhause des Gastgebers, ist es üblich, die Schuhe anzubehalten. Die Schuhe auszuziehen wird als unelegant empfunden.

G55	Ich begleite *Sie/dich* noch nach Hause.	*Vă/Te* conduc acasă. [wê/te kon'duk a'kasê]
G56	Kann ich Sie irgendwo *hinfahren/absetzen*?	Pot să vă *conduc/las* undeva? [pot ßê wê kon'duk/laß unde'wa]
G57	Ich hole *Sie/dich* ab.	Vin să *vă/te* iau. [win ßê wê/te jau]
G58	Nein danke. Das ist nicht notwendig.	Nu, mulţumesc. Nu e nevoie. [nu mulzu'meßk nu e ne'woie]
G59	Ja bitte. Das ist sehr nett von Ihnen.	Da, mulţumesc. E foarte amabil din partea dumneavoastră. [da mulzu'meßk e 'foarte a'mabil din 'partea dumnea'woaßtrê]
G60	Danke für die Einladung.	Mulţumesc pentru invitaţie. [mulzu'meßk 'pentru inwi'tazie]

G61	Kann ich *Sie/dich* wiedersehen?	**Pot să *vă/te* mai revăd?** [pot ßê wê/te mai revêd]
G62	Ich habe leider keine Zeit.	**Nu am timp, din păcate.** [nu am timp din pê'kate]
G63	Nein danke!	**Nu, mulţumesc!** [nu mulzu'meßk]

Komplimente und wie man darauf reagiert

Complimente şi răspunsuri la complimente

G64	*Sie sehen/Du siehst* toll aus!	***Arătaţi/Arăţi* grozav!** [arê'tazi/a'rêzi gro'saw]
G65	*Sie haben/Du hast* ein nettes Lächeln.	***Aveţi/Ai* un zâmbet drăguţ.** [a'wezi/'ai 'un 'sîmbet drê'guz]
G66	*Sie haben/Du hast* wunderschöne Augen.	***Aveţi/Ai* ochi foarte frumoşi.** [a'wezi/'ai 'oki 'foarte fru'moßchi]
G67	*Sie sind/Du bist* wunderschön.	***Sunteţi/Eşti* foarte ♂ frumos/♀ frumoasă.** [ßun'tezi/'eßchti 'foarte fru'moß/fru'moaßê]
G68	Danke für das Kompliment.	**Mulţumesc pentru compliment.** [mulzu'meßk 'pentru kompli'ment]
G69	Das war ein sehr schöner Abend.	**A fost o seară foarte frumoasă.** [a foßt o 'ßearê 'foarte fru'moaßê]
G70	*Mit Ihnen/Mit dir* kann man sich gut unterhalten.	***Cu dumneavoastră/Cu tine*, se poate vorbi.** [ku dumnea'woaßtrê/ku 'tine ße 'poate wor'bi]
G71	*Übertreiben Sie/Übertreib nicht*!	***Nu exageraţi/exagera!*.** [nu eksadsche'razi/eksadsche'ra]
G72	Hör bloß auf!	**Da de unde!** [da de 'unde]
G73	Du gefällst mir sehr.	**Îmi placi mult.** ['îmi 'platßchi mult]
G74	Ich bin leider schon vergeben.	**Din păcate, am pe cineva.** [din pê'kate am pe tßchine'wa]
G75	Tut mir leid, du bist nicht mein Typ!	**Îmi pare rău, dar nu eşti genul meu!** ['îmi 'pare rêu dar nu 'eßchti 'dschenul 'meu]

Zustimmen und ablehnen

Exprimarea acordului și a refuzului

G76	Das ist in Ordnung.	De acord. [de a'kord]
G77	Ja, bitte.	Da, vă rog. [da wê rog]
G78	Damit bin ich einverstanden.	Sunt de acord. [ßunt de a'kord]
G79	Das gefällt mir.	Îmi place. ['îmi 'platßche]
G80	Das möchte ich gern tun.	Mi-ar place să fac acest lucru. ['miar 'platßche ßê fak a'tßchest 'lukru]
G81	Das ist sehr gut.	E foarte bine. [e 'foarte 'bine]
G82	Das ist super!	Fantastic! [fan'taßtik]
G83	Nein, danke!	Nu, mulțumesc! [nu mulzu'meßk]
G84	Das gefällt mir nicht.	Nu îmi place. [nu 'îmi 'platßche]
G85	Das möchte ich nicht tun.	Nu vreau să fac acest lucru. [nu wre'au ßê 'fak a'tßchest 'lukru]
G86	Das sehe ich anders.	Eu văd altfel lucrurile. [eu wêd 'altfel 'lukrurile]
G87	Das ist schlecht.	E rău. [e rêu]
G88	Das ist furchtbar.	E oribil. [e o'ribil]
G89	Das kommt gar nicht in Frage!	Sub nicio formă! [ßub 'nitßcho 'formê]
G90	Auf keinen Fall!	În niciun caz! [în 'nitßchun kas]

Bedauern ausdrücken und sich entschuldigen

Exprimarea regretului și cum ne cerem scuze

G91	Tut mir leid.	Îmi pare rău. ['îmi 'pare rêu]
G92	Das tut mir sehr leid.	Îmi pare foarte rău. ['îmi 'pare 'foarte rêu]

G93	Entschuldigung. Das war keine Absicht.	Mă scuzați. Nu a fost cu intenție. [mê ßku'sazi nu a foßt ku in'tenzie]
G94	Das soll nicht mehr vorkommen.	Nu se va mai întâmpla. [nu ße wa 'mai întîm'pla]
G95	Da habe ich *Sie/dich* falsch verstanden.	*V-am/Te-am* înțeles greșit. [wam/team înze'leß gre'ßchit]
G96	Das war nicht böse gemeint.	Nu a fost cu intenție. [nu a foßt ku in'tenzie]
G97	Das war ein Missverständnis.	A fost o neînțelegere. [a foßt o neînze'ledschere]
G98	Das war meine Schuld.	Eu sunt de vină. [eu ßunt de 'winê]
G99	Das macht doch nichts!	Nu face nimic! [nu 'fatßche 'nimik]
G100	Kein Problem.	Nicio problemă. ['nitßcho pro'blemê]

Exprimarea timpului
Rund um die Zeit

Die Uhrzeit

Ora

Der Zeitunterschied zwischen Deutschland und Rumänien beträgt eine Stunde. Wenn man in Rumänien ankommt, muss man die Uhr eine Stunde vorstellen.

H01	Wie spät ist es?	Cât e ceasul? ['kît e 'tßcheaßul]
H02	Es ist ein Uhr.	E ora unu. [e 'ora 'unu]
	Es ist ☐.	E ☐. [e]
H03	☑ *zwei/drei* Uhr	☑ Ora *două/trei* ['ora 'douê/trei]
H04	☑ *sechs/sieben/acht* Uhr morgens	☑ ora *şase/şapte/opt* dimineaţa ['ora 'ßchaße/'ßchapte/'opt dimi'neaza]
H05	☑ *sechs/sieben/acht* Uhr abends	☑ *şase/şapte/opt* seara ['ßchaße/'ßchapte/ 'opt 'ßeara]
H06	☑ *drei/vier* Uhr nachmittags	☑ *trei/patru* dupămasa ['trei/'patru dupê'maßa]
H07	☑ *achtzehn/ neunzehn/zwanzig* Uhr	☑ ora *optsprezece/nouăsprezece/douăzeci* ['ora 'optßpresetßche/'nouêßpresetßche/ douê'setßchi]
H08	☑ halb zehn	☑ nouă şi jumătate ['nouê ßchi schumê'tate]
H09	☑ Viertel vor fünf	☑ cinci fără un sfert ['tßchintßchi 'fêrê un ßfert]
H10	☑ viertel nach vier	☑ patru şi un sfert ['patru ßchi un ßfert]
H11	☑ zwei Minuten vor sechs	☑ şase fără două minute ['ßschaße 'fêrê 'douê mi'nute]
H12	☑ fünf nach sieben	☑ şapte şi cinci ['ßchapte ßchi 'tßchintßchi]
H13	zu früh	prea devreme ['prea de'wreme]
H14	zu spät	prea târziu ['prea tîr'siu]

Um die Uhrzeit auf Rumänisch anzugeben, muss man Folgendes berücksichtigen: *Es ist ein Uhr* heißt E ora unu. Für die zweite Stunde muss man die weibliche Form verwenden: *Es ist zwei Uhr.* – E ora două.
Von der vollen Stunde bis zur ersten halben Stunde zählt man immer die Minuten hinzu. *14.10 Uhr* ist also Ora două și zece (wörtlich: *Es ist zwei Uhr und zehn*). Nach der ersten halben Stunde werden die Minuten von der nächsten vollen Stunde abgezogen. *Es ist 14.35 Uhr* heißt auf Rumänisch also E ora trei fără douăzeci și cinci. (wörtlich: *Es ist drei Uhr minus 25*.).

H15	Wann treffen wir uns?	Când ne întâlnim? [kînd ne întîl'nim]
H16	Um wie viel Uhr?	La ce oră? [la tßche 'orê]
H17	um 12 Uhr mittags	la 12 la prânz [la 'doißpresetßche la prîns]
H18	um Mitternacht	la miezul nopții [la 'miesul 'nopzii]
H19	in einer Stunde	într-o oră ['întro 'orê]
H20	in einer halben Stunde	într-o jumătate de oră ['întro schumê'tate de 'orê]
H21	in einer viertel Stunde	într-un sfert de oră ['întrun ßfert de 'orê]
H22	in *fünf/zehn* Minuten	în *cinci/zece* minute [în 'ßchintßchi/'setßche mi'nute]
H23	Bis später/dann.	Pe mai târziu. [pe 'mai tîr'siu]

Tageszeiten

Momentele zilei

H24	am Morgen/Vormittag	dimineața [dimi'neaza]
H25	am Nachmittag/am frühen Abend	dupămasa/seara devreme [dupê'maßa/'ßeara de'wreme]

H26	am (späten) Abend/in der Nacht	seara (tîrziu)/noaptea ['ßeara (tîr'siu)/ 'noaptea]
H27	heute Morgen/Vormittag	astăzi dimineață ['aßtêsi dimi'neazê]
H28	heute *Nachmittag/ Abend*	astăzi *dupămasa/seara* ['aßtêsi dupê'maßa/ 'ßeara]
H29	heute Mittag	astăzi la prânz ['aßtêsi la prîns]
H30	heute Nacht	la noapte [la 'noapte]
H31	morgen früh/Vormittag	mâine dimineață ['mîine dimi'neazê]
H32	morgen Mittag	mâine la prânz ['mîine la prîns]
H33	morgen *Abend/Nacht*	mâine *seara/noaptea* ['mîine 'ßeara/'noaptea]
H34	morgens/vormittags	dimineața [dimi'neaza]
H35	nachmittags/abends	dupămasa/seara [dupê'maßa/'ßeara]
H36	nachts	noaptea ['noaptea]

Seară verwendet man abends mit Einbruch der Dämmerung. Im Sommer sagt man seară erst ab ca. 19:00 Uhr. In Winter hingegen verwendet man es schon ab 17:30 bis 18:00 Uhr, weil es früher dunkel wird. Noapte bezieht sich auf die Zeit, wenn man ins Bett geht, ab ca. 22:00 Uhr. Die Zeit zwischen seară und noapte nennt man seara târziu ['ßeara tîr'siu] (spät am Abend).

H37	tagsüber	în timpul zilei [în 'timpul 'silei]
H38	vorgestern	alaltăieri [a'laltêieri]
H39	gestern	ieri ['ieri]
H40	heute	azi ['asi]
H41	morgen	mâine ['mîine]
H42	übermorgen	poimâine [poi'mîine]

Die Woche

Săptămâna

H43	in einer Woche	într-o săptămână ['întro ßêptê'mînê]
H44	in zwei Wochen	în două săptămâni [în 'doue ßêptê'mîni]
H45	Montag	luni f. ['luni]
H46	Dienstag	marţi f. ['marzi]
H47	Mittwoch	miercuri f. ['mierkuri]
H48	Donnerstag	joi f. [schoi]
H49	Freitag	vineri f. ['wineri]
H50	Samstag	sâmbătă f. ['ßîmbêtê]
H51	Sonntag	duminică f. [du'minikê]
H52	montags	lunea ['lunea]
H53	am Dienstag	marţi ['marzi]
H54	jeden Mittwoch	în fiecare miercuri [în fie'kare 'mierkuri]
H55	bis Donnerstag	până joi ['pînê schoi]
H56	Freitagabend	vineri seara ['wineri 'ßeara]
H57	nächsten Samstag	sâmbăta viitoare ['ßîmbêta wii'toare]
H58	seit Sonntag	de duminică [de du'minikê]
H59	seit zwei Tagen	de două zile [de 'douê 'sile]

Die Monate

Lunile anului

H60	In welchem Monat ...?	În ce lună ...? [în 'tßche 'lunê]
H61	im Januar	în ianuarie [în ianu'arie]
H62	Januar	ianuarie m. [ianu'arie]
H63	Februar	februarie m. [fe'bruarie]
H64	März	martie m. ['martie]

H65	April	aprilie m. [a'prilie]
H66	Mai	mai m. [mai]
H67	Juni	iunie m. ['iunie]
H68	Juli	iulie m. ['iulie]
H69	August	august m. ['augußt]
H70	September	septembrie m. [ßep'tembrie]
H71	Oktober	octombrie m. [ok'tombrie]
H72	November	noiembrie m. [no'iembrie]
H73	Dezember	decembrie m. [de'tßchembrie]

Die Jahreszeiten

Anotimpurile

H74	im Frühling	primăvara ['primêwara]
H75	Frühling	primăvară f. ['primêwarê]
H76	Sommer	vară f. ['warê]
H77	Herbst	toamnă f. ['toamnê]
H78	Winter	iarnă f. ['iarnê]
H79	das ganze Jahr über	tot anul [tot 'anul]

Das Datum

Data

H80	Der Wievielte ist heute?	Ce zi e astăzi? [tßche si e 'aßtêsi]
H81	Heute ist der *Erste/ Zweite/Dritte*.	Astăzi e *întâi/doi/trei*. ['aßtêsi e în'tîi/doi/trei]
H82	Heute ist der vierte Januar.	Astăzi e patru ianuarie. ['aßtêsi e 'patru ianu'arie]

H83	am fünften Februar	pe cinci februarie [pe 'tßchintßchi febru'arie]
H84	bis zum sechsten März	până pe șase martie ['pînê pe 'ßchaße 'martie]
	Berlin, 7. April 2011 *(in Schriftstücken)*	Berlin, 7 aprilie 2011 [ber'lin 'ßchapte a'prilie 'douê 'mii 'unßpresetßche]

Feiertage

Sărbători

An Feiertagen sind in Rumänien die Geldinstitute und die meisten Firmen geschlossen. Doch in Supermärkten, größeren Einzelhandelsketten und einigen anderen Geschäften können Sie häufig auch dann einkaufen. Museen und Ausstellungen schließen über die Weihnachtsfeiertage und Ostern, haben aber an anderen Feiertagen meist geöffnet. Dennoch sind die Öffnungszeiten von Ort zu Ort unterschiedlich. Am besten erkundigen Sie sich in Ihrem Hotel oder Ihrer Pension.
Die kirchlichen Feiertage werden gemäß der orthodoxen Kirche gefeiert, deswegen fallen sie fast alle auf ein anderes Datum als in Deutschland, in Österreich oder in der Schweiz.

H85	Heute ist ein Feiertag.	Astăzi e sărbătoare. ['aßtêsi e ßêrbê'toare]

Anul nou m. ['anul nou]	Neujahr (1. Januar)
Trei Crai m. Pl. ['trei 'krai]	Heilige Drei Könige (6. Januar)
Vinerea Mare f. ['winerea 'mare]	Karfreitag
Paștele n. ['paßchtele]	Ostern

Mărţişor n. [mêrzi'ßchor]	Frühlingsfest (1. März)

Am ersten März heißt man in Rumänien den Frühling willkommen. Als Symbol dafür und als Glücksbringer für das ganze Jahr schenken die Männer, egal ob jung oder alt, den Frauen die sogenannten *Märzchen* (mărţişoare [mêrzi'ßchoare]). Das mărţişor besteht aus einer rotweißen Schnur mit einem kleinen Anhänger in Form eines Kleeblatts, Hufeisens oder eines Schornsteinfegers. Mit Stolz tragen die Frauen alle mărţişoare, die ihnen verehrt wurden, für ein oder zwei Wochen.

Ziua Municii f. ['siua 'muntßchii]	Tag der Arbeit (1. Mai)
Înălțarea Domnului f. [înêl'zarea 'domnului]	Christi Himmelfahrt
Rusalii f. Pl. [ru'ßalii]	Pfingsten
Corpus Christi m. ['korpuß 'krißti]	Fronleichnam
Adormirea Maicii Domnului f. [ador'mirea 'maitßchii 'domnului]	Mariä Himmelfahrt (15. August)
Duminica Tuturor Sfinților f. Pl. [du'minika 'tuturor' ßfinzilor]	Allerheiligen (erster Sonntag nach Pfingsten)
Ziua națională a României ['siua nazio'nalê a romêniei]	Rumänischer Nationalfeiertag (1. Dezember)

Am 1. Dezember 1918 wurden Transsilvanien und Rumänien vereinigt. Nach dem Sturz und der Hinrichtung (1989) des Diktators Nicolae Ceaușescu wurde dieser Tag zum neuen Nationalfeiertag bestimmt.

Ajunul Crăciunului n. [a'schunul krê'tßchiunului]	Heiligabend (24. Dezember)
Crăciun f. [krê'tßchiun]	Erster Weihnachtsfeiertag (25. Dezember)
a doua zi de Crăciun [a 'doua si de krê'tßchiun]	Zweiter Weihnachtsfeiertag (26. Dezember)

In Rumänien ist es üblich, Geschenke nicht am 24. Dezember, sondern erst am 25. Dezember in der Früh zu überreichen. Nach der Bescherung gibt es ein leckeres Frühstück mit cozonac [koso'nak] (Weihnachtskuchen). Anschließend geht die ganze Familie in die Kirche und singt colinde de Crăciun [ko'linde de krê'tßchiun] (Weihnachtslieder). Vor Weihnachten wird in vielen Familien zunächst gefastet. Am Heiligenabend kommt die ganze Familie nach der Messe zu einem einfachen, meist kalten Abendessen zusammen. Das richtige Weihnachtsfestessen ist das Mittagsessen am 25. Dezember mit Bergen von Kohlrouladen (sarmale [ßar'male]) und Braten (friptură [frip'turê]). Mehrere Sorten Kuchen und Torten dürfen nicht fehlen.

revelion n. [reweli'on]	Silvester (31. Dezember)

H86	Frohe Ostern!	Paşte fericit! ['paßchte feri'tßchit]
H87	Frohe Weihnachten!	Crăciun fericit! [krê'tßchi̯un feri'tßchit]
H88	Frohes neues Jahr!	An nou fericit! [an no̯u feri'tßchit]

Auch in Rumänien begrüßt man das neue Jahr um Mitternacht mit Feuerwerk und stößt mit einem Glas Sekt an. Man feiert Silvesterpartys im Freundeskreis.
Auf dem Dorf verabschiedet man das Jahr noch häufig mit traditionellen Maskentänzen und Gesängen, zum Beipspiel mit dem Tanz der capra ['kapra] (= Ziege), bei dem die Tänzer als Ziegen maskiert sind.

Gastronomie și artă culinară

Gastronomisches und Kulinarisches

Rumänisches Frühstück: schnell und leicht

Dimineața la o cafea

Für Rumänen nimmt das Frühstück keinen wichtigen Stellenwert ein. Man trinkt meistens einen Kaffee oder Tee und isst eventuell ein Toastbrot mit Butter und Marmelade. Am Sonntag lässt man sich beim Familienfrühstück eventuell noch ein Omelett oder Spiegeleier dazu schmecken. Ernährungsbewusste Familien frühstücken immer häufiger auch frisches Obst oder trinken frischgepresste Säfte.

101	Kann man hier frühstücken?	Putem lua aici micul dejun? [pu'tem lu'a a'itßchi 'mikul de'schun]
102	Wann gibt es Frühstück?	La ce oră e micul dejun? [la tßche 'orê e 'mikul de'schun]

Mic dejun e de la ora 8 la ora 9.30. [mik de'schun e de la 'ora opt la 'ora 'noȗê trei̯'setßchi]	Frühstück gibt es von 8 Uhr bis 9.30 Uhr.

	Ich nehme ⍰.	Aş dori ⍰. [aßch do'ri]
103	☑ (koffeinfreien) Kaffee	☑ cafea (decofeinizată) [ka'fea̯ (dekofeini'satê)]
104	☑ Tee	☑ ceai ['tßchea̯i]
105	☑ heiße Schokolade	☑ cacao cu lapte [ka'kao ku 'lapte]
106	*mit/ohne* Zucker	*cu/fără* zahăr [ku/fêrê 'sahêr]
107	*mit/ohne* Milch	*cu/fără* lapte [ku/fêrê 'lapte]
108	mit einem Löffel Zucker	cu o linguriță de zahăr [ku o lingu'rizê de 'sahêr]
109	mit *zwei/drei* Löffeln Zucker	cu *două/trei* lingurițe de zahăr [ku 'doȗê/'trei lingu'rize de 'sahêr]

I10	☑ frisch gepressten Orangensaft	☑ suc de portocale proaspăt stors [ßuk de porto'kale 'proaßpêt ßtorß]
I11	☑ Grapefruitsaft	☑ suc de grapefruit [ßuk de 'grepfruit]
I12	☑ *warme/kalte* Milch	☑ lapte *cald/rece* ['lapte kald/'retßche]
	Ich hätte gern ⍰ zum Frühstück.	Aş dori ⍰ la micul dejun. [aßch do'ri ... la 'mikul de'schun]
I13	☑ ein weich gekochtes Ei	☑ un ou fiert moale [un ou 'fiert 'moale]
I14	☑ ein hart gekochtes Ei	☑ un ou fiert tare [un ou fiert 'tare]
I15	☑ ein pochiertes Ei	☑ un ou la capac [un ou la ka'pak]
I16	☑ Rührei mit Speck	☑ jumări de ou cu şuncă [schu'mêri de ou ku 'ßchunkê]
I17	☑ Honig	☑ miere ['miere]
I18	☑ Erdbeermarmelade	☑ gem de căpşuni [dschem de kêp'ßchuni]
I19	☑ Himbeermarmelade	☑ gem de zmeură [dschem de 'smeurê]
I20	☑ Orangenmarmelade	☑ gem de portocale [dschem de porto'kale]
I21	☑ ein Croissant	☑ un croissant [un kroa'ßant]
I22	☑ ein Brötchen	☑ o pâinică [o pîi'nikê]
I23	☑ Grapefruit	☑ grapefruit ['grepfruit]
I24	☑ Joghurt mit frischen Früchten	☑ iaurt cu fructe proaspete [ia'urt ku 'frukte 'proaßpete]
I25	☑ eine Schale Müsli	☑ un bol de cereale [un bol de tßchere'ale]
I26	☑ Haferflocken	☑ fulgi de ovăz ['fuldschi de o'wês]
I27	☑ Cornflakes	☑ cereale [tßchere'ale]
	Könnte ich/Könnten wir ⍰ bekommen?	*Aş/Am putea* să *primesc/primim* ⍰? [aßch/am pu'tea ßê pri'meßk/pri'mim]
I28	☑ noch etwas Brot	☑ încă puţină pâine ['înkê pu'zinê 'pîine]
I29	☑ noch etwas Toast	☑ încă puţină pâine prăjită ['înkê pu'zinê 'pîine prê'schitê]

30	Gibt es auch ungesalzene *Butter/Margarine*?	**Aveţi *unt/margarină* fără sare?** [a'wezi 'unt/marga'rinê 'fêrê 'ßare]

Zum Essen ausgehen

O ieşire la restaurant

Wie hierzulande überreicht man das Trinkgeld in Restaurants wenn man die Rechnung bezahlt. Meistens sagt man: **Păstraţi restul.** [pêß'trazi 'reßtul] – *Behalten Sie den Rest.*
In Restaurants ist es nicht üblich, den Tisch mit Unbekannten zu teilen. In einer Bar oder einem Café, wo das Publikum eher jung ist, kann man aber durchaus einaml fragen: **E liber?** [e 'liber] – *Ist noch frei?*

131	Gibt es ein gutes Restaurant in der Nähe?	**E vreun restaurant bun în apropiere?** [e 'wreun reßtau'rant bun în apropi'ere]
	Können Sie mir ⍰ empfehlen?	**Puteţi să-mi recomandaţi ⍰?** [putezi 'ßêmi rekoman'dazi]
132	☑ ein *rumänisches/chinesisches/italienisches* Restaurant	☑ **un restaurant *românesc/chinezesc/italian*** [un reßtau'rant romî'neßk/kine'seßk/itali'an]
133	☑ eine Pizzeria	☑ **o pizzerie** [o pize'rie]
134	☑ eine Kneipe	☑ **o cârciumă** [o 'kîrtßchiumê]
135	☑ eine Bar	☑ **un bar** [un bar]
136	☑ ein Café	☑ **o cafenea** [o kafe'nea]

Reservieren

O rezervare

137	Ich möchte für *neunzehn/zwanzig* Uhr einen Tisch reservieren.	Aş dori să rezerv o masă pentru ora *nouăsprezece/douăzeci*. [aßch do'ri ßê re'serw o 'maßê 'pentru 'ora nouêßpre'setßche/ doue'setßchi]

Essenszeiten in Rumänien unterscheiden sich nicht sehr von denen in Zentraleuropa. Die Hauptmahlzeit wird in Rumänien meistens zwischen 13.00 und 14.00 Uhr eingenommen. Bis zum Abend kann man noch eine kleine Mahlzeit (o gustare [o guß'tare]) bekommen oder etwas Süßes bestellen. Das Abendessen wird meist vor 20.00 Uhr oder spätestens 20.30 Uhr eingenommen. In manchen Restaurants gibt es schon ab 11:00 mâncare caldă [mîn'kare 'kaldê] (warmes Essen).

138	Einen Tisch für *eine Person/fünf Personen*, bitte!	O masă pentru *o persoană/cinci persoane*, vă rog. [o ma'ßê pentru o per'ßoanê/ 'tßchintßchi per'ßoane wê rog]
139	Könnten wir einen anderen Tisch haben?	Am putea primi o altă masă? [am pu'tea pri'mi o 'altê 'maßê]
140	Einen Tisch am Fenster, bitte.	O masă la fereastră, vă rog. [o ma'ßê la fe'reaßtrê wê rog]
141	Wir nehmen diesen da.	O luăm pe aceasta. [o lu'êm pe a'tßcheaßta]
142	Haben Sie einen Hochstuhl?	Aveţi un scaun înalt? [a'wezi un 'ßkaun î'nalt]
143	Brauchen Sie diesen Stuhl?	Vă trebuie scaunul acesta? [wê 'trebuie 'ßkaunul a'tßcheßta]
144	Ist dieser Tisch noch frei?	Mai e liberă masa? ['mai e 'liberê 'maßa]

Bestellen

Comanda

Doriţi să comandaţi? [do'rizi ßê koman'dazi]	Möchten Sie schon bestellen?
Ce aţi dori? [tßche 'azi do'ri]	Was hätten Sie gern?
Ce pot să vă aduc? [tßche pot ßê wê a'duk]	Was darf ich Ihnen bringen?

	Könnten wir/Könnte ich bitte ⍰ bekommen?	*Am putea/Aş putea* vă rog, *primin/să primesc* ⍰? [am pu'te͜a/'aßch pu'te͜a wê rog pri'mim/ßê pri'meßk]
145	☑ die Speisekarte	☑ meniul [me'niul]
146	☑ die Kinderkarte	☑ meniul pentru copii [me'niul 'pentru ko'pi͜i]
147	☑ die Dessertkarte	☑ meniul pentru deserturi [me'niul 'pentru de'ßerturi]
148	☑ die Getränkekarte	☑ cartea de băuturi ['karte͜a de bêu'turi]
149	☑ die Weinkarte	☑ cartea de vinuri ['karte͜a de 'winuri]
150	*Wir möchten/Ich möchte* bestellen.	*Am dori/Aş dori* să *comandăm/comand.* [am do'ri/'aßch do'ri ßê koman'dêm/ßê ko'mand]
	Ich hätte gern ⍰.	Aş dori ⍰. [aßch do'ri]
	Ich nehme ⍰.	Iau ⍰. [jau]
151	☑ ein Glas ...	☑ un pahar de ... [un pa'har de]
152	☑ eine Tasse ...	☑ o ceaşcă de ... [o 'tßche͜aßchê de]
	Wir hätten gern ⍰.	Am dori ⍰. [am do'ri]
	Wir nehmen ⍰.	Luăm ⍰. [lu'êm]
153	☑ eine Flasche ...	☑ o sticlă de ... [o 'ßtiklê de]
154	☑ eine Kanne ...	☑ o cană de ... [o 'kanê de]

Băuturi
Getränke

băuturi nealcoolice m. Pl. [bêu'turi nealko'olitßche]	alkoholfreie Getränke
apă minerală cu gaz/plată f. [apê mine'ralê ku gas/'platê]	Mineralwasser mit/ohne Kohlensäure
milkshake n. [milk'scheik]	Milchshake
Coca Cola® f. ['kola]	Cola
limonadă f. [limo'nadê]	Limonade
apă tonică f. ['apê 'tonikê]	Tonicwater
suc n. [ßuk]	Saft
suc de mere n. [ßuk de 'mere]	Apfelsaft
suc de portocale n. [ßuk de porto'kale]	Orangensaft
suc de struguri n. [ßuk de 'ßtruguri]	Traubensaft
băuturi calde f. Pl. [bêu'turi 'kalde]	Heißgetränke
cafea (decofeinizată) f. [ka'fea (dekofeini'satê)]	(koffeinfreier) Kaffee
cafea neagră f. [ka'fea neagrê]	schwarzer Kaffee
cafea cu lapte f. [ka'fea ku 'lapte]	Milchkaffee
espresso cu puțin lapte n. [eß'preßo ku pu'zin 'lapte]	Espresso mit ein wenig Milch
cacao cu lapte f. [ka'kao ku 'lapte]	heiße Schokolade
ceai de plante n. ['tßcheai de 'plante]	Kräutertee
ceai de mentă n. ['tßcheai de 'mentê]	Pfefferminztee
ceai negru n. ['tßcheai 'negru]	schwarzer Tee
ceai verde n. ['tßcheai 'werde]	grüner Tee
ceai de tei n. ['tßcheai de 'tei]	Lindenblütentee
băuturi alcoolice f. Pl. [bêu'turi alko'olitßche]	alkoholische Getränke

bere (de la butoi) f. ['bere (de la bu'toi)]	Bier (vom Fass)
halbă de bere de la butoi f. ['halbê de 'bere de la bu'toi]	Fassbier im Krug
cidru sec/dulce n. ['tßchidru ßek/'dultßche]	trockener/lieblicher Apfelwein
șpriț n. [ßchpriz]	Weinschorle
vin sec/demisec/dulce n. [win 'ßek/ 'demi'ßek/'dultßche]	trockener/halbtrockener/ lieblicher Wein
vin alb n. [win alb]	Weißwein
vin rosé n. [win ro'sé]	Rosé
vin roșu n. [win 'roßchu]	Rotwein
busuioacă f. [bußu'ioakê]	Wein aus der Region Iaschi, unweit von Bukowina

Einige der ältesten Weinbaugebiete Europas liegen in Rumänien. Von den Weinbergen von Murfatlar in Dobrogea (Dobrudscha) stammen die weißen Muskat-Ottonel-Weine, mit ihrer feinen Muskatnote und ihrer goldenen Farbe. Im Osten, in Moldova, wachsen die bekanntesten Rebstöcke Rumäniens: Die Perle Moldovas, ein vollmundiger Dessertwein von Cotnari, gewann schon 1889 den Großen Preis auf der Pariser Weltausstellung. Einige sehr edle Rebsorten haben ihren Ursprung in Rumänien, darunter die weiße Fetească aus Transsilvanien oder die Crâncușa, ein trockener Weiswein aus Cotnari. Rumänische Rotweine sind kräftige, schwere Weine. Die wahrscheinlich bekanntesten Rotweine sind Feteasca Neagră aus Muntenia, eine Weinbergregion südlich der Karpaten und die Băbeasca Neagră aus der Region Odobești.

vin de Murfatlar n. [win de murfat'lar]	Wein aus der Gegend von Murfatlar, einer Stadt im Südosten Rumäniens
vin de Cotnari n. [win de kot'nari]	Wein aus der Gegend von Cotnari, einer Stadt im Nordosten Rumäniens
vin de Bordeaux n. [win de bor'do]	Bordeaux(wein)
vin spumos n. [win ßpu'moß]	Sekt
șampanie f. [ßcham'panie]	Champagner
liqueur n. [li'kör]	Likör
țuică f. ['zuikê]	Schnaps
vinars n. [wi'narß]	Branntwein
cognac n. [ko'niak]	Kognak
gin n. [dschin]	Gin
rom n. [rom]	Rum

Zeit zum Essen

Ora mesei

155	Ist die warme Küche noch offen?	Mai e deschisă bucătăria? [mai e deß'kisê bukêtê'ria]
156	Ich will nur etwas Leichtes essen.	Vreau să mănânc doar ceva uşor. [wre'au ßê mê'nînk doar tßche'wa u'ßchor]
157	Geben Sie mir zwei Minuten, bitte.	Daţi-mi vă rog două minute. ['dazimi wê 'rog 'douê mi'nute]
158	Was empfehlen Sie mir?	Ce (îmi) recomandaţi? [tßsche 'îmi rekoman'dazi]
159	Als *Vorspeise/Hauptgericht/Nachspeise* nehme ich ...	Ca *aperitiv/fel principal/desert* iau ... [ka aperi'tiw/fel printßchi'pal/de'ßert jau]
160	Könnte ich anstelle von A bitte B bekommen?	Aş putea lua în loc de A, B, vă rog? [aßch pu'tea lu'a în lok de a b wê rog]

161	Könnte ich noch etwas ... haben?	Aş putea primi încă puţin m./puţină f. ...? ['aßch putea pri'mi 'înkê pu'zin/pu'zinê]
162	Könnte ich noch einen/eine/ein ... haben?	Aş putea primi încă ♂ un/♀ o ...? [aßch putea pri'mi 'înkê un/o]
163	Ist das *scharf/mild/sauer/süß*?	E *iute/neiute/acru/dulce*? ['iute/'neiute/'akru/'dultßche]
164	Würden Sie mir bitte *ein Messer/eine Gabel* bringen?	Aţi putea să-mi aduceţi *un cuţit/o furculiţă*, vă rog? ['azi pu'tea 'ßêmi adu'tßchezi un ku'zit/o furku'lizê wê rog]
165	Würden Sie mir bitte *einen Löffel/eine Serviette* bringen?	Aţi putea să-mi aduceţi *o lingură/un şervețel*, vă rog? ['azi pu'tea 'ßêmi adu'tßchezi o 'lingurê/un ßcherwe'zel wê rog]
166	Bitte bringen Sie uns ...	Vă rog să ne aduceţi ... [wê rog ßê ne a'dutßchezi]
167	... zum Mitnehmen	... la pachet [la pa'ket]
168	Guten Appetit!	Poftă bună! ['poftê 'bunê]

Vă place mâncarea? [wê 'platßche mîn'karea]	Schmeckt es Ihnen?

169	Danke, es schmeckt ausgezeichnet!	Mulţumesc, e foarte gustoasă! [mulzu'meßk e foarte guß'taßê]

Meniul
Die Speisekarte

Aperitive — *Vorspeisen*

Wer Diät halten will, hat es schwer in Rumänien. Das Essen ist heilig und trotz der Einflüsse des westlichen Fastfoods, kehren immer mehr Familien zu der guten alten Tradition zurück. Auch wenn man unter der Woche wenig Zeit hat, sich lange mit dem Essen zu beschäftigen, kommt die Familie trotzdem beim Abendessen zusammen. Es gibt eine kalte Vorspeise, einen Aperitiv, o gustare [o gußtare] – meist ein Gläschen Obstbrand. Dann folgt eine warme Hauptspeise, ein Fleisch- und Gemüseeintopf. Vegetarisches gibt es selten, Gemüse ist in der Regel mit Fleisch kombiniert. Für Vegetarier gibt es Salate und Brotaufstriche wie zacuscă oder salată de vinete oder vielleicht mal einen Gemüseeintopf – ghiveci [gi'wetßchi]. Dessert wird am Sonntag oder an Feiertagen serviert, oft in Form eines leckeren, sehr süßen Kuchens.

frigărui de legume f. Pl. [frigê'rui de le'gume]	kleine Gemüsespieße
pastă de peşte f. ['paßtê de 'peßchte]	Fischaufstrich
cârnăciori prăjiţi m. Pl. [kîrnê'tßchiori prê'schizi]	Bratwürstchen
ciuperci umplute f. Pl. [tßchiu'pertßchi um'plute]	gefüllte Pilze (z. B. mit Schinken, Käse oder Knoblauch)
coctail de crabi m. [kok'täil de 'krabi]	Krabbencocktail
crochete de şuncă f. Pl. [kro'kete de 'ßchunkê]	Schinkenkroketten

plăcintă cu carne/telemea f. [plê'tßchintê ku 'karne/tele'mea]	mit Fleisch/Schafkäse gefüllter Blätterteig
clătite cu spanac f. Pl. [klê'tite ku ßpa'nak]	Spinatpfannkuchen
mici m. Pl. ['mitßchi]	gegrillte Fleischklößchen
pepene cu şuncă m. ['pepene ku 'ßchunkê]	Melone mit Schinken
jumări de ou cu ciuperci f. Pl. [ju'mêri de ou ku tßchiu'pertßchi]	Rührei mit Pilzen
somon afumat m. [ßo'mon afu'mat]	Räucherlachs
salată de fructe de mare f. [ßa'latê de 'frukte de 'mare]	Meeresfrüchtesalat
platou cu salamuri n. [pla'tou ku ßa'lamuri]	Wurstplatte
platou cu brânzeturi n. [pla'tou ku brîn'seturi]	Käseplatte

Salate | Salate

salată à la ruse f. [ßa'latê a la 'rüße]	Salat aus gekochten Kartoffeln, Eiern, Karotten, Thunfisch, Erbsen, Spargel und Mayonnaise
salată verde/mixtă f. [ßa'latê 'werde/'mikstê]	grüner/gemischter Salat
fetică f. [fe'tikê]	Feldsalat
salată de rucola f. [ßa'latê de 'rukola]	Rucolasalat
salată de roşii f. [ßa'latê de 'roßchii]	Tomatensalat
dressing cu balsamico şi ulei de măsline n. ['dreßing ku bal'ßamiko ßchi u'lei de mêß'line]	Dressing mit Balsamicoessig und Olivenöl
dressing cu oţet şi ulei n. ['dreßing ku o'zet ßchi u'lei]	Essig-und-Öl-Dressing
maioneză f. [maio'nesê]	Mayonnaise

Supe | Suppen

supă de legume f. ['ßupê de le'gume]	Gemüsesuppe
supă cremă de sparanghel f. ['ßupê 'kremê de ßpa'rangel]	Spargelcremesuppe
supă cremă de roșii f. ['ßupê 'kremê de 'roßchii]	Tomatencremesuppe
supă de linte f. ['ßupê de 'linte]	Linsensuppe
supă de usturoi f. ['ßupê de ußtu'roi]	Knoblauchsuppe
supă cu tăiței f. ['ßupê ku têi'zei]	Nudelsuppe
supă de fasole cu afumătură f. ['ßupê de fa'ßole ku afumê'turê]	Bohnensuppe mit geräuchertem Speck
ciorbă de burtă f. ['tßchiorbê de 'burtê]	Kuttelsuppe

Gustări — Kleine Mahlzeiten

hambuger cu cartofi prăjiți și ketchup *m.* ['hamburger ku kar'tofi prê'schizi ßchi 'ketßchap]	Hamburger mit Pommes frites und Ketchup
pâine cu untură *f.* ['pîi̯ne ku un'turê]	Schmalzbrot
platou mixt *n.* [pla'toṷ 'mikst]	verschiedene Gerichte, die auf einem einzigen Teller serviert werden

Als kalte Vorspeise findet man auf dem gemischten Vorspeisenteller scharfe Würste mit viel Knoblauch und hausgemachter Paprika, Speck und Schinken, dazu sauer eingelegte Gurken. Oft gibt es auch noch icre ['ikre], Karpfenrogen, der mit Öl und klein gehackten Zwiebeln angerührt wird und ardei copți [ar'dei̯ 'kopzi] – gebackene Paprikaschoten in Vinaigrette.
Die Vorspeise wird, anders als in der westeuropäischen Tradition, von țuică begleitet. Țuica ist ein scharfer Obstschnaps, oft doppelt gebrannt und hausgemacht, der wie ein Aperitif vor dem Essen getrunken wird. Besonders ist der aus Apuseni, einer Region in den Westkarpaten.
Und Vorsicht: Beim Schnapstrinken sollte man vermeiden, *Prost!* zu sagen, denn das bedeutet auf Rumänisch *dumm*. Noroc [no'rok] *(Glück)* klingt besser!

hotdog *m.* ['hotdog]	Hotdog
sandwich vegetal *n.* ['ßandwitßchi wedsche'tal]	Sandwich mit Auberginen, Tomaten und Paprika
sandwich cu brânză și șuncă *n.* ['ßandwitßchi ku 'brînsê ßchi 'ßchunkê]	Käse-Schinken-Sandwich
omletă cu ceapă *f.* [om'letê ku 'tßche̯apê]	Omelett mit Zwiebeln

ouă ochiuri n. Pl. ['ou̯ê 'oki̯uri]	Spiegelei
zacuscă f. [sa'kußkê]	Brotaufstrich aus Paprika, Tomaten und Auberginen

Salata de vinete

ist ein Brotaufstrich aus Auberginen mit Öl, Knoblauch und Zwiebeln. Die Auberginen werden auf einem Blech gebraten und dann sorgfältig enthäutet. Anschließend werden sie fein gehackt und mit Öl und Salz gemischt. Knoblauch und Zwiebeln werden je nach Geschmack hinzugefügt oder können auch ganz weggelassen werden. Statt Öl kann die salata de vinete [ßa'lata de winete] mit Mayonnaise vorbereitet werden. Im Sommer wird die salata de vinete zusammen mit einem Tomatensalat in jedem rumänischen Haushalt gern und oft gegessen. Am besten schmeckt sie kalt aus dem Kühlschrank.

Carne	Fleisch
purcel m. [pur'tßchel]	Schwein
porc de lapte m. [pork de 'lapte]	Ferkel
vită f. ['witê]	Rind
vițel m. [wi'zel]	Kalb
berbec m. [ber'bek]	Hammel
miel (de lapte) m. ['mi̯el (de 'lapte)]	(Milch)lamm
capră f. ['kaprê]	Ziege
ied m. [i̯ed]	Zicklein

vânat n. [wî'nat]	Wild
cerb m. [tßcherb]	Hirsch
mistreț m. [miß'trez]	Wildschwein
căprioară f. [kêpri'oarê]	Reh
iepure de casă m. ['iepure de 'kasê]	Kaninchen
iepure sălbatic m. ['iepure ßêl'batik]	Hase
măruntaie f. Pl. [mêrun'taie]	Innereien
creier m. ['kreier]	Hirn
burtă f. ['burtê]	Kutteln
ficat m. [fi'kat]	Leber
limbă f. ['limbê]	Zunge
momițe f. Pl. [mo'mize]	Bries
rinichi m. [ri'niki]	Niere
chiftele f. Pl. [kif'tele]	Fleischklöße
carne tocată f. ['karne to'katê]	Hackfleisch

cotlet de ... n. [kot'let de]	...kotelett
coaste f. Pl. ['koaßte]	Rippchen
escalop de ... n. [eßka'lop de]	...schnitzel
filé de ... n. [fi'le de]	...filet
mușchiuleț m. [mußchiu'lez]	Lende
pulpă f. ['pulpê]	Keule
cârnat m. [kîr'nat]	Würste
bine făcut ['bine fê'kut]	gut durch(gebraten)
mediu (roz) ['mediu (ros)]	medium (rosa)
în sânge ['în 'ßîndsche]	englisch (blutig)
piept n. [piept]	Brust

Păsări — Geflügel

găină f. ['gêinê]	Huhn
pui m. [pui]	Hähnchen
gâscă f. ['gîßkê]	Gans
rață f. ['razê]	Ente
curcan m. [kur'kan]	Truthahn, Pute
prepeliță f. ['prepelizê]	Wachtel
fazan m. [fa'san]	Fasan
potârniche f. [potîr'nike]	Rebhuhn
porumbel m. [porum'bel]	Taube
pulpă f. ['pulpê]	Keule
piept n. [piept]	Brust

Pește și fructe de mare — Fisch und Meeresfrüchte

anșoa m. [an'ßchoa]	Anchovis
biban m. [bi'ban]	Barsch

biban de mare m. [bi'ban de 'mare]	Seebarsch
calcan m. [kal'kan]	Steinbutt
cambulă f. [kam'bulê]	Scholle
cod m. [kod]	Kabeljau
crap m. [krap]	Karpfen
crap auriu m. [krap au'ri͜u]	Goldbrasse
drac de mare m. [drak de 'mare]	Seeteufel
hering m. [he'ring]	Hering
limbă de mare f. ['limbê de 'mare]	Seezunge
macrou n. [ma'kro͜u]	Makrele
merluciu m. [mer'lutßchi͜u]	Seehecht
mreană f. ['mre͜anê]	Meerbarbe
păstrăv m. ['pêßtrêw]	Forelle
pește spadă m. ['peßchte 'ßpadê]	Schwertfisch
pisică de mare f. [pi'ßikê de 'mare]	Rochen
plătică f. [plê'tikê]	Brasse
somon m. [ßo'mon]	Lachs
țipar m. [zi'par]	Glasaal
țipar de mare m. [zi'par de mare]	Meeraal
sardea f. [ßar'de͜a]	Sardelle
sardea mare f. [ßar'de͜a 'mare]	Sardine
ton m. [ton]	Thunfisch
crab m. [krab]	Krebs
crevete m. [kre'wete]	Garnele
homar m. [ho'mar]	Hummer
homar regal m. [ho'mar re'gal]	Kronenhummer
langustă f. [lan'gußtê]	Languste
păianjen de mare m. [pê'i͜anschen de 'mare]	Seespinne

shrimp m. [ßchrimp]	Shrimp
calamar m. [kala'mar]	Tintenfisch
caracatiță f. [kara'katizê]	Krake
scoici f. Pl. ['ßkoitßchi]	Muscheln
midii f. Pl. ['midii]	Miesmuscheln
stridii f. Pl. ['ßtridii]	Austern

Gemüse und Pilze — Legume și ciuperci

avocado m. [awo'kado]	Avokado
andivă f. [an'diwê]	Endivie
anghinare f. [angi'nare]	Artischoke
ardei iuți m. Pl. [ar'dei 'iuzi]	Peperoni
ardei m. [ar'dei]	Paprikaschote
brocoli m. ['brokoli]	Brokkoli

căpățână de salată f. [kêpê'zînê de ßa'latê]	Kopfsalat
cartof m. [kar'tof]	Kartoffel
castravete m. [kaßtra'wete]	Gurke
ceapă f. ['tßcheapê]	Zwiebel
conopidă f. [kono'pidê]	Blumenkohl
dovleac m. [do'wleak]	Kürbis
fasole albă f. [fa'ßole al'bê]	weiße Bohne
fasole uriașă f. [fa'ßole uri'aßchê]	Prunkbohne
fasole verde f. [fa'ßole 'werde]	grüne Bohnen
fetică f. [fe'tikê]	Feldsalat
gălbioare f. Pl. [gêlbi'oare]	Pfifferlinge
mangold n. ['mangold]	Mangold
mazăre verde f. ['masêre 'werde]	Erbse
morcov m. ['morkow]	Karotten, Möhren
mugure de andivă m. ['mugure de an'diwê]	Chicorée
năsturel m. [nêßtu'rel]	Kresse
năut m. [nê'ut]	Kichererbsen
linte f. Pl. ['linte]	Linsen
porumb m. [po'rumb]	Mais
praz n. ['pras]	Lauch
ridiche f. [ri'dike]	Rettich
roșie f. ['roßchie]	Tomate
salată chinezească f. [ßa'latê kine'seaßkê]	Chinakohl
spanac m. [ßpa'nak]	Spinat
sparangel n. [ßpa'rangel]	Spargel
țelină (tulpină) f. ['zelinê (tul'pinê)]	(Stauden)sellerie
vânătă f. ['wînêtê]	Aubergine
varză f. ['warsê]	Weißkohl

varză de Bruxelles f. ['warsê de brü'ßel]	Rosenkohl
varză roșie f. ['warsê 'roßchie]	Rotkohl
varză verde f. ['warsê 'werde]	Grünkohl
zucchini m. [zu'kini]	Zucchini

Pilze	ciuperci f. Pl. [tßchiu'pertßchi]
Pfifferlinge	gălbioare f. Pl. [gêlbi'oare]

champignons n. Pl. ['ßchampinions]	Champignons
ciuperci pleurotus f. Pl. [tßchiu'pertßchi pleu'rotuß]	Austernpilze

Moduri de preparare — Zubereitungsarten

afumat [afu'mat]	geräuchert
fiert [fiert]	gekocht
frigare m. [fri'gare]	Spieß
frigăruie f. [frigê'ruie]	kleiner Spieß
fript [fript]	frittiert
pane [pa'ne]	paniert
înăbușit [înêbu'ßchit]	geschmort
în saramură [în ßara'murê]	in Salzlake eingelegt
în sos [în ßoß]	in Soße
la abur [la 'abur]	gedämpft
la cuptor [la kup'tor]	geröstet, im Ofen gebraten
la grătar [la grê'tar]	gegrillt
la tigaie [la ti'gaie]	mit wenig Fett in der Pfanne gebraten
marinat [mari'nat]	mariniert
opărit [opê'rit]	blanchiert
prăjit [prê'schit]	gebraten

sărat [ßê'rat]	gesalzen
tocană *m.* [to'kanê]	Eintopf
soufflé *m.* [ßu'fle]	Soufflé

Garnituri — Beilagen

cartofi la cuptor *m. Pl.* [kar'tofi la kup'tor]	Ofenkartoffeln
cartofi fierți cu sare *m. Pl.* [kar'tofi 'fiertzi ku 'ßare]	Salzkartoffeln
cartofi prăjiți *m. Pl.* [kar'tofi prê'schizi]	Pommes frites
cartofi piure *m. Pl.* [kar'tofi piure]	Kartoffelbrei
mămăligă *f.* [mêmê'ligê]	Polenta
orez (natur) *n.* [o'res (na'tur)]	(Natur)reis
paste *f. Pl.* ['paßte]	Nudeln

Verdețuri și condimente	Kräuter und Gewürze
anason n. [ana'ßon]	Fenchel
arpagic m. [arpa'dschik]	Schnittlauch
boia f. [bo'ia]	Paprikapulver
busuioc n. [bußu'iok]	Basilikum
chimion m. [kimi'on]	Kümmel
cimbru m. ['tßchimbru]	Thymian
coriandru m. [kori'andru]	Koriander
cuișor n. [kui'ßchor]	Gewürznelke
dafin m. ['dafin]	Lorbeer
ghimbir m. [gim'bir]	Ingwer
măghiran m. [mêgi'ran]	Majoran
mentă f. ['mentê]	Minze
muscat m. [muß'kat]	Muskatnuss
muștar n. [mußch'tar]	Senf
pătrunjel m. [pêtrun'schel]	Petersilie
pipier negru/verde/alb n. [piper 'negru/ 'werde/alb]	schwarzer/grüner/weißer Pfeffer
hrean m. ['hrean]	Meerrettich
rozmarin m. [rosma'rin]	Rosmarin
sare f. ['ßare]	Salz
salvie f. ['ßalwie]	Salbei
scorțișoară f. [ßkorzi'ßchoarê]	Zimt
șofran m. [ßcho'fran]	Safran
teacă de ardei iute f. ['teakê de ar'dei 'iute]	Chilischote
usturoi m. [ußtu'roi]	Knoblauch

Deserturi — Nachspeisen

168 Wir möchten eine Nachspeise bestellen. — *Am dori să comandăm un desert.* [am do'ri ßê koman'dêm un de'ßert]

cremă de vanilie cu ou f. ['kremê de wa'nilie ku ou]	Eier-Vanille-Creme
cremă de zahăr ars f. ['kremê de 'sahêr arß]	fester Karamellpudding
budincă de vanilie f. [bu'dinkê de wa'nilie]	cremiger Vanillepudding
căpşuni proaspete cu frişcă f. Pl. ['kêp'ßchuni 'proaßpete ku 'frißchkê]	frische Erdbeeren mit Sahne
îngheţată de vanilie/ciocolată/căpşuni f. [înge'zatê de wa'nilie/tßchioko'latê/kêp'ßchuni]	Vanille-/Schokoladen-/Erdbeereis
îngheţată de lămâie f. [înge'zatê de lê'mîie]	Zitronensorbet
salată de fructe f. [ßa'latê de 'frukte]	Obstsalat
frişcă f. ['frißchkê]	Schlagsahne
profiterol n. [profite'rol]	Profiterole: kleine, mit Sahne gefüllte Windbeutel mit Schokoladensoße
prăjitură de ciocolată f. [prêschi'turê de tßchioko'latê]	Schokoladenkuchen
plăcintă cu brânză dulce f. [plê'tßchintê ku 'brînsê 'dultßche]	Käsekuchen (mit Frischkäse zubereitet)
tartă cu mere f. ['tartê ku 'mere]	ungedeckter Apfelkuchen
tort doboş n. ['tort 'dobotßch]	Prinzregenten-Torte

Brânzeturi — Käsesorten

brânză de capră f. ['brînsê de 'kaprê]	Ziegenkäse
brânză cu mucegai f. ['brînsê ku mutßche'gai]	Blauschimmelkäse

brânză proaspătă f. ['brînsê 'proaßpêtê]	Frischkäse
telemea de vacă f. [tele'mea de 'wakê]	Salzlakenkäse aus Kuhmilch
telemea de capră f. [tele'mea de 'kaprê]	Salzlakenkäse aus Ziegenmilch
parmesan n. [parme'san]	Parmesan
brânză de vaci f. ['brînsê de 'watßchi]	≈ Quark

Specialități românești / Rumänische Spezialitäten

ouă umplute f. ['ouê um'plute]	gefüllte Eier
ardei copți m. Pl. [ar'dei 'kopzi]	geröstete und gehäutete rote Paprika
ciorbă f. ['tßchiorbê]	saure Suppe mit Fleisch und Gemüse
borș n. [borsch]	mit fermentiertem Weizenkleietrunk gesäuerte Suppe mit Fleisch und Gemüse
salată de cartofi f. [ßa'latê de kar'tofi]	Kartoffelsalat mit Mayonnaise
salată de vinete f. [ßa'latê de 'winete]	Auberginensalat
zacuscă f. [sa'kußkê]	Brotaufstrich mit Gemüse und Zwiebeln

Zacuscă ist ein Brotaufstrich aus Tomaten, Auberginen, Paprika, Zwiebeln und anderem Gemüse. Man lässt die Gemüse sechs Stunden lang zusammen köcheln. Zacuscă schmeckt frisch köstlich, hält sich aber auch monatelang gut im Glas.

ardei umpluți *m. Pl.* [ar'dei um'pluzi]	gefüllte Paprika
sarmale *f. Pl.* [ßar'male]	Krautwickel
ciorbă de pește *f.* ['tßchiorbê de 'peßchte]	Fischeintopf
miel la cuptor *m.* [miel la kup'tor]	im Ofen gebratenes Milchlamm
purcel la cuptor *m.* [pur'tßchel la kup'tor]	im Ofen gebratenes Ferkel

Sonderwünsche

Dorințe speciale

J01	Ich esse kein *Fleisch/ Schweinefleisch*.	Nu mănânc *carne/carne de porc*. [nu mê'nînk 'karne/'karne de pork]
J02	Haben Sie auch etwas Vegetarisches?	Aveți ceva vegetarian? [a'wezi tßche'wa wedschetari'an]
J03	Ich trinke keinen Alkohol.	Nu beau alcool. [nu 'bea͜u al'kol]
	Ich habe eine Allergie gegen ⍰.	Am alergie la ⍰. [am aler'dschie la]
J04	☑ Ei	☑ ouă ['ou͜ê]
J05	☑ Kuhmilch	☑ lapte de vacă ['lapte de 'wakê]
J06	☑ Erdnüsse	☑ arahide [ara'hide]
J07	☑ Glutamat	☑ glutamat [gluta'mat]
J08	☑ Gluten	☑ gluten [glu'ten]
J09	☑ Tomaten	☑ roșii ['roßchi͜i]
J10	☑ Weizen	☑ grâu [grîu]
J11	Sind da Erdnüsse drin?	Conține arahide? [kon'zine ara'hide]
J12	Ist das *koscher/halal*?	E *cosher/halal*? [e 'koßcher/ha'lal]
J13	für Diabetiker geeignet	pentru diabetici ['pentru dia'betitßchi]

Beanstanden und loben

Reclamații și aprecieri pozitive

J14	Wir warten schon länger.	Așteptăm cam de mult. [aßchtep'têm kam de mult]
	Es fehlt noch ⍰.	Lipsește ⍰. [lip'ßeßchte]
J15	☑ eine Gabel	☑ o furculiță [o furku'lizê]

J16	☑ ein Messer	☑ un cuţit [un ku'zit]
J17	☑ ein Löffel	☑ o lingură [o 'lingurê]
J18	☑ eine Serviette	☑ un şerveţel [un ßcherwe'zel]
J19	Das habe ich nicht bestellt.	Nu am comandat aşa ceva. [nu am koman'dat a'ßcha tßche'wa]
J20	Das schmeckt mir nicht.	Nu îmi place. [nu îmi 'platßche]
J21	Das möchte ich zurückgehen lassen.	Aş dori să dau mâncarea înapoi. [aßch do'ri ßê 'dau mên'karea îna'poi]
J22	Kann ich bitte etwas anderes haben?	Aş putea lua altceva? [aßch pu'tea lu'a 'altßchewa]
J23	... ist *versalzen/angebrannt/kalt/nicht richtig gar.*	... e *sărat/ars/rece/crud.* [e ßê'rat/'arß/'retßche/'krud]
J24	... ist nicht frisch.	... nu e proaspăt. [nu e 'proaßpêt]
J25	... ist zu *trocken/hart/zäh.*	... e prea *uscat/tare/aţos.* [e 'prea uß'kat/'tare/a'zoß]
J26	Es hat *gut/hervorragend* geschmeckt.	A fost *bun/fantastic.* [a 'foßt 'bun/ fan'taßtik]

J27	Das ist sehr lecker!	E foarte gustos! [e 'foarte guß'toß]

Bezahlen

Plata

J28	Die Rechnung, bitte!	Plata, vă rog! ['plata wê rog]
J29	Da ist ein Fehler auf der Rechnung.	E o greşeală pe bonul de plată. [e o gre'ßchealê pe 'bonul de 'platê]
J30	Kann ich mit Kreditkarte zahlen?	Pot plăti cu carte de credit? [pot plê'ti ku 'karte de 'kredit]
J31	Ich zahle *in bar/mit Karte.*	Plătesc *cu bani gheaţă/cu cartea de credit.* [plê'teßk ku 'bani dsche'atê/ku 'kartea de 'kredit]
J32	Kann ich bitte einen Beleg haben?	Pot primi un bon de plată? [pot pri'mi un bon de 'platê]
J33	Der Rest ist für Sie.	Păstraţi restul. [pêß'trazi 'reßtul]
J34	Ich bekomme noch Wechselgeld.	Mai primesc restul. [mai pri'meßk 'reßtul]

In Rumänien wird die Rechnung meistens als Ganzes abkassiert, getrennt gezahlt wird selten. Wenn sich die Gäste die Rechnung teilen möchten, legen sie das Geld zusammen. Für die Höhe des Trinkgelds gibt es keine festen Regeln, jeder entscheidet für sich, wie viel Trinkgeld er der Bedienung geben möchte. Kein Trinkgeld zu geben ist absolut unüblich und gilt als Beleidigung. Meistens wird die Summe auf den nächsten Lei aufgerundet.

E timpul pentru cumpărături

Zeit für den Einkauf

Was man bei jedem Einkauf braucht

Ce ne trebuie la cumpărături

In großen Städten haben Einkaufszentren und kleine Läden an Sonn- und Feiertagen nur vormittags geöffnet.
Die Post, Banken und Ämter haben meist nur werktags bis 16:00 oder 17:00 Uhr geöffnet.

K01	Wann macht das Geschäft auf?	Când se deschide magazinul? [kînd ße deß'kide maga'sinul]
K02	Wann *öffnen/schließen* die Geschäfte?	Când *se deschid/se închid* magazinele? [kînd ße deß'kid/ße înkid maga'sinele]
	Gibt es ⍰ in der Nähe?	E ⍰ în apropiere? [e ... în apropi'ere]
K03	☑ eine Bäckerei	☑ un magazin de pâine [un maga'sin de 'pîine]
K04	☑ ein Fischgeschäft	☑ un magazin de peşte [un maga'sin de 'peßchte]
K05	☑ ein Obst- und Gemüsegeschäft	☑ un magazin de legume-fructe [un maga'sin de le'gume 'frukte]
K06	☑ eine Metzgerei	☑ un magazin de carne [un maga'sin de 'karne]
K07	☑ eine Konditorei	☑ o cofetărie [o kofetê'rie]
K08	☑ einen Baumarkt	☑ un magazin cu materiale de construcţie [un maga'sin ku materi'ale de kon'strukzie]
K09	☑ ein Geschäft, das Campingzubehör verkauft,	☑ un magazin cu produse de camping [un maga'sin ku pro'duße de 'kemping]
K10	☑ einen Flohmarkt	☑ un talcioc [un tal'tßchiok]
K11	☑ ein Juweliergeschäft	☑ un magazin de bijuterii [un maga'sin de bischute'rii]

K12	☑ ein Kaufhaus	☑ un magazin universal [un maga'sin uniwer'ßal]
K13	☑ einen Markt	☑ o piață [o pi'azê]
K14	☑ ein Spielzeuggeschäft	☑ un magazin de jucării [un maga'sin de schukê'rii]
K15	☑ ein Sportgeschäft	☑ un magazin cu articole de sport [un maga'sin ku ar'tikole de 'ßport]
K16	☑ eine Apotheke	☑ o farmacie [o farma'tßchie]
K17	☑ einen Supermarkt	☑ un supermarkt [un ßuper'markt]
K18	☑ eine Reinigung	☑ o curățătorie [o kurêzêto'rie]
K19	☑ einen Zeitungshändler	☑ un chioșc de ziare [un 'kioßchk de si'are]
K20	☑ ein Blumengeschäft	☑ o florărie [o florê'rie]
K21	☑ eine Buchhandlung	☑ o librărie [o librê'rie]

Pot să vă ajut? [pot ßê wê a'schut]	Kann ich Ihnen behilflich sein?
Ce doriți? [tßche do'rizi]	Sie wünschen?
Căutați ceva anume? [kêu'tazi tßche'wa a'nume]	Suchen Sie etwas Bestimmtes?

K22	Ich suche ...	Caut ... [kaut]
K23	Ich hätte gern ...	Aș dori ... [aßch do'ri]
K24	Wo finde ich ...?	Unde pot găsi ...? ['unde pot gê'ßi]
K25	Verkaufen Sie ...?	Vindeți ...? ['windezi]
K26	Ich nehme diesen/diese/dieses.	Îl/O iau pe ♂ acesta/♀ aceasta. [îl/o iau pe a'tßcheßta/a'ßcheaßta]
K27	Diesen/diese/dieses hier.	♂ Acesta/♀ Aceasta de aici. [a'tßcheßta/a'ßcheasta de a'itßchi]
K28	Diesen/diese/dieses dort, bitte.	♂ Acesta/♀ Aceasta de acolo, vă rog. [a'tßcheßta/a'tßcheaßta de a'kolo wê rog]

Mai doriţi ceva? [mai do'rizi 'tßchewa]	Darf es noch etwas sein?

K29	Nein danke, das wäre alles.	Nu, mulţumesc, asta e tot. [nu mulzu'meßk 'aßta e tot]
K30	Könnte ich eine Tüte bekommen?	Aş putea primi o plasă? [aßch pu'tea pri'mi o 'plaßê]
K31	Könnten Sie mir das als Geschenk einpacken?	Puteţi să-mi faceţi un ambalaj de cadou? [pu'tezi 'ßêmi 'fatßchezi un amêba'lasch de 'kadou]

Lebensmittel
Alimente

Milchprodukte	produse lactate n. Pl. [pro'duße lak'tate]
Vollmilch	lapte complet n. ['lapte kom'plet]
fettarme Milch	lapte semi-degresat n. ['lapte 'ßemidegreßat]
Magermilch	lapte slab n. ['lapte ßlab]
Joghurt	iaurt n. [ia'urt]
Hüttenkäse	brânză de vaci f. ['brînsê de 'watßchi]
Butter	unt n. [unt]
Margarine	margarină f. [marga'rinê]
Käseaufschnitt	brânză feliată f. ['brînsê feli'atê]
Schlagsahne (flüssig)	frișcă (lichidă) f. [frißchkê (li'kidê)]
Schlagsahne	frișcă bătută f. ['frißchkê bê'tutê]
Schmalz	untură f. [un'turê]
Olivenöl	ulei de măsline n. ['ulei de mêß'line]
Sonnenblumenöl	ulei de floarea soarelui n. [u'lei de 'floarea 'ßoarelui]
Wurstaufschnitt	salam feliat n. [ßa'lam feli'at]
Leberwurst	leber n. ['lebêr]
geräucherter Schinken	șuncă afumată f. ['ßchunkê afu'matê]
gekochter Schinken	șuncă m. ['ßchunkê]
Grieben	jumări f. Pl. [schu'mêri]
Saumagen	tobă f. [tobê]

cârnăciori afumați m. Pl. [kîrnê'tßchori afu'mazi] — geräucherte Würstchen vom Schwein mit Knoblauch und Paprika gewürzt

Es gibt in Rumänien eine Vielfalt von Wurstprodukten. Geräuchert, getrocknet und mit viel Knoblauch und Paprika gewürzt, werden Speck, Salami und Wurst in allen Metzgereien angeboten. Gerade vor Weihnachten bereiten viele rumänische Familien immer noch ihre eigene Wurst mit ihrer ganz speziellen Gewürzmischung zu. Nutzen Sie jede Gelegenheit, so eine hausgemachte Wurst zu probieren.

Brot	**pâine** f. ['pîi̯ne]
Weizenbrot	**pâine de grâu** f. ['pîi̯ne de 'grîu̯]
Vollkornbrot	**pâine integrală** f. ['pîi̯ne inte'gralê]

pâine în țest f. ['pîi̯ne în 'zest] — rumänisches Hausbrot (rundes Weißmehlbrot)

Toastbrot	pâine feliată f. ['pîi̯ne feli'atê]
Baguette	franzelă f. [fran'selê]
Brezel	covrig m. [ko'wrig]

Covrigării [kowrigê'rii̯] sind traditionelle Stände oder kleine Geschäfte, wo covrigi gebacken und verkauft werden. Covrigi sind die rumänische Variante der deutschen Brezel. Es gibt sie gesalzen mit Mohn und Sesam und süß mit Marmelade, Schokolade oder Vanille. Sie werden ofenwarm verkauft. Mit einem Jogurt oder einem Glas Kefir sind sie eine leckere Zwischenmahlzeit.

Kuchen	prăjitură f. [prêschi'turê]
Feingebäck	patiserie f. [patiße'ri̯e]
Blätterteig	foietaj n. [fo̯ie'tasch]
Blätterteigteilchen	prăjitură cu foietaj f. [prêschi'turê ku foi̯e'tasch]
Biskuit	Keks m. [bißku'it]
Croissant	croissant n. [kro̯a'ßan]
Obst	fruct n. ['frukt]
Apfel	măr n. ['mêr]
Apfelsine	portocală f. [porto'kalê]
Ananas	ananas m. [ana'naß]
Banane	banană f. [ba'nanê]
Birne	pară f. ['parê]
Brombeeren	mure f. Pl. ['mure]
Erdbeeren	căpșuni f. Pl. [kêp'ßchuni]

Feigen	*smochine* f. Pl. [ßmo'kine]
Granatapfel	*rodie* f. ['rodie]
Grapefruit	*grapefruit* n. ['grepfru̯it]
Heidelbeeren	*afine* f. Pl. [a'fine]
Himbeeren	*zmeură* f. Pl. ['smeurê]
Kirschen	*cireșe* f. Pl. [tßchi'reßche]
Kiwi	*kiwi* n. ['kiwi]
Mandarine	*mandarină* f. [manda'rinê]
Mango	*mango* n. ['mango]
Melone	*pepene galben* m. ['pepene 'galben]
Nektarine	*nectarină* f. [nekta'rinê]
Pfirsich	*piersică* f. ['pi̯erßikê]
Pflaume	*prună* f. ['prunê]
Trauben	*struguri* m. Pl. ['ßtruguri]
Wassermelone	*pepene roșu* m. ['pepene 'roßchu]

Eine umfassende Auflistung von Gemüsesorten, Kräutern, Käse-, Fisch- und Fleischsorten sowie Getränken finden Sie im Kapitel *Gastronomisches und Kulinarisches*.

Fertiggerichte	*produse semipreparate* n. Pl. [pro'duße ßemiprepa'rate]
Gefrierkost	*produse congelate* n. Pl. [pro'duße kondsche'late]

Wo im Supermarkt ...?

Unde în supermarket ...?

K32	Wo finde ich ...?	Unde găsesc ...? ['unde gê'ßeßk]

în dulapul congelator [în du'lapul kondschela'tor]	in der Kühltruhe
la raionul de brânzeturi [la ra'ionul de brîn'seturi]	an der Käsetheke
la raionul de carne [la ra'ionul de 'karne]	an der Fleischtheke
în *al doilea/ultimul* rând [în al 'doilea/'ultimul 'rînd]	im *zweiten/letzten* Gang
sus/jos de tot pe raft [ßuß/schoß de tot pe 'raft]	ganz *oben/unten* im Regal

K33	Könnten Sie mir bitte zeigen, wo?	Puteți să-mi arătați unde? [pu'tezi 'ßêmi arê'tazi 'unde]

Wie viel darf es sein?

Cât vă pun?

Auf dem Markt gilt eine goldene Regel: Fragen Sie immer Unde e rândul? ['unde e 'rîndul], was so viel wie *Wo ist die Schlange?* bedeutet. Dann weiß man gleich, wo man sich anstellen muss und erspart sich mögliche Konflikte mit den anderen Kunden.

	Ich hätte gern ⍰.	Aș dori ⍰. [aßch do'ri]
K34	☑ ein Kilo ...	☑ un kilogram de ... [un 'kilogram de]
K35	☑ ein Pfund ...	☑ o jumătate de kilogram de ... [o schumê'tate de kilo'gram de]

K36	☑ hundert Gramm ...	☑ o sută de grame de ... [o 'ßutê de 'grame de]
K37	☑ fünf Scheiben ...	☑ cinci felii de ... ['tßchintßchi fe'lii de]
K38	☑ ein *kleines/großes* Stück ...	☑ o bucată *mică/mare* de ... [o bu'katê 'mikê/'mare de]
K39	Noch etwas mehr, bitte.	Încă puțin, vă rog. ['înkê pu'zin wê rog]
K40	Das reicht.	E suficient. [e ßufi'tßchient]

In der Drogerie und der Apotheke

La drogherie și la farmacie

	Wo ist eine ⍰?	Unde este o ⍰? ['unde 'eßte o]
K41	Apotheke	farmacie [far'matßchie]
K42	Drogerie	drogherie [droge'rie]
	Ich bräuchte ⍰.	Aș dori ⍰, vă rog. [aßch do'ri ... wê rog]

K43	☑ Zahnpflegeprodukte	☑ produse pentru igienă orală [pro'duße 'pentru i'dschi̯enê o'ralê]
K44	☑ eine *weiche/mittelharte/harte* Zahnbürste	☑ o perie de dinți *moale/semidură/dură* [o 'perie de 'dinzi 'mo̯ale/'semidurê/'durê]
K45	☑ Zahnpasta	☑ pastă de dinți ['paßtê de 'dinzi]
K46	☑ Mundwasser	☑ apă de gură ['apê de 'gurê]
K47	☑ Zahnseide	☑ ață dentară ['azê den'tarê]
K48	☑ Papiertaschentücher	☑ batiste de hârtie [ba'tißte de hîr'tie]
K49	☑ Haarpflegeprodukte	☑ produse pentru îngrijirea părului [pro'duße 'pentru îngri'schire̯a 'pêrului̯]
K50	☑ Shampoo für *fettiges/trockenes* Haar	☑ șampon pentru păr *gras/uscat* [ßcham'pon 'pentru pêr graß/uß'kat]
K51	☑ eine Pflegespülung	☑ un balsam pentru păr [un bal'ßam 'pentru pêr]
K52	☑ einen Kamm	☑ un pieptene [un 'pi̯eptene]
K53	☑ eine Haarbürste	☑ o perie de păr [o 'perie de pêr]
K54	☑ Haargummis	☑ elastic de păr ['elaßtik de pêr]
K55	☑ Haarnadeln	☑ agrafe [a'grafe]
K56	☑ Haarspray	☑ fixativ [fiksa'tiw]
K57	☑ Haargel	☑ gel de păr [dschel de pêr]
K58	☑ Hautpflegeprodukte	☑ produse pentru îngrijirea pielii [pro'duße 'pentru îngri'schire̯a 'pi̯elii̯]
K59	☑ eine Körperlotion	☑ o loțiune de corp [o lozi'une de korp]
K60	☑ eine Gesichtscreme	☑ o cremă de față [o 'kremê de 'fazê]
K61	☑ einen Lippenschutzstift	☑ un balsam de buze [un bal'ßam de 'buse]
K62	☑ Rasierschaum	☑ spumă de ras ['ßpumê de raß]
K63	☑ Rasierwasser	☑ aftershave [after'ßche̯iw]

K64	☑ einen Einwegrasierer	☑ un aparat de ras de unică folosință [un apa'rat de raß de 'unikê folo'ßinzê]
K65	☑ eine Sonnenschutzcreme	☑ o cremă de protecție solară [o 'kremê de pro'tekzie ßo'larê]
K66	☑ eine Seife	☑ un săpun [un ßê'pun]
K67	☑ Duschgel	☑ săpun de corp lichid [ßê'pun de 'korp li'kid]
K68	☑ ein Deodorant	☑ un deodorant [un deo'dorant]
K69	☑ einen Nagelknipser	☑ o unghieră [o ungi'erê]
K70	☑ eine Schere	☑ o foarfecă [o 'foarfekê]
K71	☑ einen Spiegel	☑ o oglindă [o o'glindê]
K72	☑ eine Pinzette	☑ o pensetă [o pen'ßetê]
K73	☑ eine Nagelfeile	☑ o pilă de unghii [o 'pilê de 'ungii]
K74	☑ Nagellack	☑ ojă de unghii ['oschê de ungii]
K75	☑ Kosmetik *(zum Schminken)*	☑ cosmetice pentru machiaj [koß'metitßche 'pentru ma'kiasch]
K76	☑ einen Lippenstift	☑ un ruj [un rusch]
K77	☑ Wimperntusche	☑ rimel [ri'mel]
K78	☑ Make-up	☑ fond de ten [fond de ten]
K79	☑ Rouge	☑ fard de obraji [fard de o'braschi]
	Verkaufen Sie ⍰?	Vindeți ⍰? ['windezi]
K80	☑ Schmerzmittel	☑ analgetice [anal'dschetitßsche]
K81	☑ Aspirin®	☑ aspirină® [aßpi'rinê]
K82	☑ Ibuprofen®	☑ ibuprofen® [ibupro'fen]
K83	☑ Paracetamol®	☑ paracetamol® [paratßcheta'mol]
K84	☑ Pflaster	☑ leucoplast® [leuko'plaßt]
K85	☑ Kondome	☑ prezervative [preserwa'tiwe]
K86	☑ Damenbinden	☑ absorbante igienice [abßor'bante i'dschienitßche]
K87	☑ Tampons	☑ tampoane [tam'poane]

K88	☑ Ohrenstöpsel	☑ tampoane pentru urechi [tam'po̯ane 'pentru u'reki]

Beim Optiker

La optician

L01	Können Sie das reparieren?	Se poate repara? [ße 'po̯ate repa'ra]
	Ich brauche ⍰.	Am nevoie de ⍰. [am ne'woi̯e de]
L02	☑ eine Brille (zum Lesen)	☑ o pereche de ochelari (de citit) [o pe'reke de oke'lari (de tßchi'tit)]
L03	☑ eine Sonnenbrille	☑ o pereche de ochelari de soare [o pe'reke de oke'lari de 'ßo̯are]
L04	☑ *weiche/harte* Kontaktlinsen	☑ lentile de contact *moi/rigide* [len'tile de kon'takt moi̯/ri'dschide]
L05	☑ Einweglinsen	☑ lentile de contact de unică folosință [len'tile de kon'takt de 'unikê folo'ßinzê]
L06	☑ Kontaktlinsenlösung	☑ soluție pentru lentile de contact [ßo'luzi̯e 'pentru len'tile de kon'takt]
L07	☑ Augentropfen	☑ picături de ochi [pikê'turi de 'oki]
L08	Ich bin kurzsichtig/weitsichtig.	Sunt miop/Am hipermetropie. ['ßunt mi'op/am hipermetro'pi̯e]
L09	Ich möchte einen Sehtest machen.	Aș dori să fac un test de vedere. [aßch do'ri ßê fak un teßt de we'dere]

Kleidung und Mode

Îmbrăcăminte și modă

L10	Darf ich das anprobieren?	Pot să încerc? [pot ßê în'tßcherk]
L11	Wo sind die Umkleidekabinen?	Unde sunt cabinele de probă? ['unde ßunt ka'binele de 'probê]

E bun/bună? [e 'bun/'bunê]	Passt er/sie/es?

	Er/Sie/Es ist zu ☐.	E prea ☐. [e 'prea]
L12	☑ *klein*	☑ mic m./mică f. [mik/'mikê]
L13	☑ *groß*	☑ mare ['mare]
L14	☑ *eng*	☑ strâmt m./strâmtă f. [ßtrîmt/'ßtrîmtê]
L15	☑ *weit*	☑ larg m./largă f. [larg/'largê]
L16	☑ *kurz*	☑ scurt m./scurtă f. [ßkurt/'ßkurtê]
L17	☑ *lang*	☑ lung m./lungă f. [lung/'lungê]
L18	Er/Sie/Es passt sehr gut.	E foarte bun m./bună f. [e 'foarte bun/'bunê]
L19	Ich nehme *ihn/sie/es*.	*Îl/O* iau. [îl/o iau]
L20	Leider passt er/sie/es nicht.	Din păcate, nu e bun m./bună f. [din pê'kate nu e 'bun/'bunê]

L21	Ich möchte einen anderen/eine andere/ein anderes anprobieren.	Aş dori să încerc alt m./altă f. ['aßch do'ri ßê în'tßcherk alt/altê]
L22	Der Schnitt gefällt mir nicht so gut.	Croiala nu-mi prea place. [kro'iala 'numi prea 'platßche]
L23	Ich suche etwas *Elegantes/Schickes/Modernes*.	Caut ceva *elegant/chic/modern*. [kaut 'tßchewa ele'gant/ßchik/mo'dern]
L24	Haben Sie das in einer anderen Farbe?	O f./Îl m. aveţi în altă culoare? [o/îl a'wezi în 'altê ku'loare]
L25	Haben Sie das mit einem anderen Muster?	O f./Îl m. aveţi cu alt model? [o/îl a'wezi ku alt mo'del]
L26	Ich überlege es mir noch.	Mă mai gândesc. [mê mai gîn'deßk]

Ce mărime aveţi? [tßche mê'rime a'wezi]	Welche Größe haben Sie?

L27	Ich habe Größe ...	Am mărimea ... [am mê'rimea]
L28	Haben Sie das in Größe ...?	Aveţi mărimea ...? [a'wezi mê'rimea]
	Ich brauche ⍰.	Am nevoie de ⍰. [am ne'woie de]
L29	☑ einen Mantel	☑ un palton [un pal'ton]
L30	☑ eine Jacke	☑ o jachetă [o scha'ketê]
L31	☑ ein Sakko	☑ un sacou [un ßa'kou]
L32	☑ eine Regenjacke	☑ un impermeabil [un imperme'abil]
L33	☑ eine Strickjacke	☑ un jerseu [un scher'ßeu]
L34	☑ ein Kleid	☑ o rochie [o 'rokie]
L35	☑ ein Paar Hosen	☑ o pereche de pantaloni [o pe'reke de panta'loni]

L36	☑ ein Paar Jeans	☑ **o pereche de jeanși** [o pe'reke de 'dschinßchi]
L37	☑ einen Pullover	☑ **un pulovăr** [un pu'lowêr]
L38	☑ ein Sweatshirt	☑ **un tricou** [un tri'kou]
L39	☑ einen Rock	☑ **o fustă** [o 'fußtê]
L40	☑ ein T-Shirt	☑ **un T-shirt** [un 'tißchêrt]
L41	☑ Unterwäsche	☑ **lenjerie de corp** [lensche'rie de korp]
L42	☑ einen BH	☑ **un sutien** [un ßu'tien]
L43	☑ Unterhosen	☑ **un chilot** [un ki'lot]
L44	☑ einen Badeanzug	☑ **un costum de baie** [un koß'tum de 'baie]
L45	☑ eine Badehose	☑ **un slip** [un ßlip]
L46	☑ einen Bademantel	☑ **un halat de baie** [un ha'lat de 'baie]
L47	☑ einen (Sonnen)hut	☑ **o pălărie (de soare)** [o pêlê'rie (de 'ßoare)]
L48	☑ eine (Woll)mütze	☑ **o căciulă (de lână)** [o kê'tßchulê (de 'lînê)]
L49	☑ einen Schal	☑ **un șal** [un ßchal]
L50	☑ Handschuhe	☑ **mănuși** [mê'nußchi]
L51	☑ Socken	☑ **șosete** [ßcho'ßete]
L52	☑ Kniestrümpfe	☑ **ciorapi trei sferturi** [tßchio'rapi trei 'ßferturi]
L53	☑ Nylonstrumpfhosen	☑ **ciorapi de nailon** [tßchio'rapi de 'nailon]
L54	☑ Baumwollstrumpf-hosen	☑ **șosete de bumbac** [ßcho'ßete de bum'bak]
L55	☑ ein Paar Stiefel	☑ **o pereche de cizme** [o pe'reke de 'tßchisme]
L56	☑ Sportschuhe	☑ **pantofi de sport** [pan'tofi de 'ßport]
L57	☑ Wanderschuhe	☑ **pantofi de drumeție** [pan'tofi de drume'zie]
L58	☑ Sandalen	☑ **sandale** [ßan'dale]
L59	☑ hochhackige Pumps	☑ **pantofi cu toc înalt** [pan'tofi ku tok (î'nalt)]
L60	☑ Hausschuhe	☑ **papuci de casă** [pa'putßchi de 'kasê]

L61	Aus welchem Material ist ...?	Din ce material e ...? [din 'tßche materi'al e]

E ⍰. [e]	Das ist ⍰.
☑ *bumbac/lână* sută la sută [bum'bak/'lînê 'ßutê la 'ßutê]	☑ reine *Baumwolle/Wolle*
☑ mătase sută la sută [mê'taße 'ßutê la 'ßutê]	☑ reine Seide
☑ fibre sintetice ['fibre ßin'tetitßche]	☑ Kunstfaser
☑ in [in]	☑ Leinen

In der Reinigung

La curățătorie

L62	Ich möchte das reinigen lassen.	Aș dori să las această haină la curățat. [aßch do'ri ßê laß a'tßcheaßtê 'hainê la kurê'zat]
L63	Bekommen Sie diese Flecken heraus?	Reușiți să scoateți petele acestea? [reu'ßchizi ßê 'ßkoatezi 'petele a'tßcheßtea]
L64	Reinigen Sie auch Leder?	Curățați și piele? [kurê'zazi ßchi 'piele]
L65	Das ist nicht sauber genug geworden.	Nu e destul de curat/curată. [nu e deß'tul de ku'rat/kur'atê]
L66	Der Fleck ist nicht herausgegangen.	Pata nu a ieșit. ['pata nu a ie'ßchit]

Beim Friseur

La coafor

	Ich hätte gern ⍰.	Aș dori ⍰. [aßch do'ri]
M01	☑ die Haare geschnitten	☑ o tunsoare [o tun'ßoare]

M02	☑ eine neue Frisur	☑ o nouă pieptănătură [o 'noyê pieptênê'turê]
M03	☑ einen Kurzhaar-schnitt	☑ o tunsoare scurtă [o tun'ßoare 'ßkurtê]
M04	☑ eine Dauerwelle	☑ un permanent [un perma'nent]
M05	☑ helle Strähnchen	☑ şuviţe deschise [ßchu'wize deß'kiße]
M06	☑ dunkle Strähnchen	☑ şuviţe închise [ßchu'wize în'kiße]
M07	☑ die Spitzen geschnitten	☑ vârfurile tăiate ['wîrfurile tê'iate]
M08	☑ eine Maniküre	☑ o manichiură [o mani'kiurê]
M09	☑ eine Pediküre	☑ o pedichiură [o pedi'kiurê]
M10	☑ die *Wimpern/Augenbrauen* gefärbt	☑ *genele/sprâncenele* vopsite ['dschenele/ßprîn'tßchenele wop'ßite]
M11	Bitte etwas kürzer.	Puţin mai scurt, vă rog. [pu'zin mai ßkurt wê rog]
M12	Bitte nicht ganz so kurz.	Nu chiar aşa de scurt, vă rog. [nu kiar a'ßcha de ßkurt wê rog]
M13	die Ohren frei	cu urechile libere [ku u'rekile 'libere]
M14	Ich habe Spliss.	Am vârfurile despicate. [am 'wîrfurile deßpi'kate]
M15	mit Waschen und Föhnen	cu spălat şi uscat [ku ßpê'lat ßchi uß'kat]
M16	Tönen/Färben	nuanţare/vopsire [nuan'zare/wop'ßire]
M17	Stufen	în trepte [în 'trepte]
M18	Locken	bucle ['bukle]
M19	Pony	breton [bre'ton]
M20	Scheitel	cărare [kê'rare]
M21	Schuppen	mătreaţă [mê'treazê]

Im Fotogeschäft

La fotograf

M22	Ich möchte diese Aufnahmen entwickeln lassen.	Aş dori să-mi developaţi aceste poze. [aßch do'ri 'ßêmi dewelo'pazi a'tßcheßte 'pose]
M23	in matter Qualität	mat [mat]
M24	in Hochglanzqualität	lucios [lu'tßchios]
M25	Könnten Sie diese Bilder ausdrucken?	Puteţi să printaţi aceste poze? [pu'tezi ßê prin'tazi a'tßcheßte 'pose]
M26	in Größe ... mal ...	în mărimea ... pe ... [în mê'rimea ... pe]
	Ich möchte ☑ kaufen.	Aş dori să cumpăr ☑. [aßch do'ri ßê 'kumpêr]
M27	☑ einen Akku	☑ o baterie reşarjabilă [o bate'rie reßchar'schabilê]
M28	☑ eine Batterie	☑ o baterie [o bate'rie]
M29	☑ eine Speicherkarte	☑ o carte de memorie [o 'karte de me'morie]
M30	☑ ein Ladegerät	☑ un încărcător [un înkêrkê'tor]
M31	☑ ein USB-Kabel	☑ un cablu de USB [un 'kablu de ueß'be]
M32	☑ eine Digitalkamera	☑ un aparat de fotografiat digital [un apa'rat de fotografi'at didschi'tal]
M33	☑ eine Spiegelreflexkamera	☑ un aparat de fotografiat [un apa'rat de fotografi'at]
M34	☑ eine Einwegkamera	☑ un aparat de fotografiat de unică folosinţă [un apa'rat de fotografi'at de 'unikê folo'ßinzê]
M35	☑ ein Objektiv	☑ un obiectiv [un obiek'tiw]
M36	☑ einen Filter	☑ un filtru [un 'filtru]
M37	☑ ein Stativ	☑ un stativ [un ßta'tiw]
M38	☑ eine Kameratasche	☑ o geantă pentru aparatul de fotografiat [o 'dscheantê 'pentru apa'ratul de fotografi'at]

M39	☑ ein Fernglas	☑ un binoclu [un bi'noklu]

Musik

Muzică

	Ich suche ⍰	Caut ⍰ [kaut]
M40	☑ eine CD von ...	☑ un CD al ... [un ßi'di al]
M41	☑ das neue Album von ...	☑ albumul nou al ... [al'bumul nou al]
M42	Gibt es dieses Lied auf CD?	Se găsește cântecul pe CD? [ße gê'ßeßchte 'kîntekul pe ßi'di]
M43	Kann ich mir das mal anhören?	Pot să-l ascult? [pot ßêl aß'kult]

Elektrische und elektronische Produkte

Articole electrice și electronice

	Ich möchte ⍰ kaufen.	Aș dori să cumpăr ⍰. [aßch do'ri ßê kumpêr]
M44	☑ einen PC	☑ un computer [un kom'piuter]
M45	☑ einen Laptop	☑ un laptop [un 'leptop]
M46	☑ eine Maus	☑ un maus [un mauß]
M47	☑ ein Netbook	☑ un netbook [un 'netbuk]
M48	☑ einen MP3-Spieler	☑ un MP3 player [un em pe 'trei 'pläier]
	Ich bräuchte ⍰.	Mi-ar trebui ⍰. [miar tre'bui]
M49	☑ einen Kopfhörer	☑ căști ['kêßchti]
M50	☑ einen Fön®	☑ un uscător de păr [un ußkê'tor de pêr]
M51	☑ einen Rasierapparat	☑ un aparat de ras electric [un apa'rat de raß e'lektrik]
M52	☑ ein Verlängerungskabel	☑ un prelungitor electric [un prelundschi'tor e'lektrik]

M53	☑ eine Tastatur	☑ o tastatură [o taßta'turê]
M54	☑ einen neuen Akku	☑ un acumulator nou [un akumula'tor nou]
M55	Die passenden Batterien dafür, bitte.	Bateria potrivită, vă rog. [bate'ria potri'witê wê rog]

Etwas zum Lesen

Ceva de citit

M56	Ich suche einen Buchladen.	Caut o librărie. [kaut o librê'rie]
	Verkaufen Sie ☐ in deutscher Sprache?	Vindeți ☐ germane? ['windezi 'kêrzi dscher'mane]
M57	☑ Zeitungen	☑ ziare [si'are]
M58	☑ Zeitschriften	☑ reviste [re'wißte]
M59	☑ Bücher	☑ cărți ['kêrzi]

Etwas zum Schreiben

Ceva de scris

M60	Gibt es hier ein Schreibwarengeschäft?	Există aici un magazin de papetărie? [ek'sißtê a'itßchi un maga'sin de papetê'rie]
	Ich bräuchte ☐, bitte.	Am nevoie de ☐, vă rog. [am ne'woie de ... wê rog]
M61	☑ einen Bleistift	☑ un creion [un kre'ion]
M62	☑ einen Kugelschreiber	☑ un pix [un piks]
M63	☑ einen Füller	☑ un stilou [un ßti'lou]
M64	☑ Tintenpatronen	☑ rezerve pentru stilou [re'serwe 'pentru ßti'lou]
M65	☑ eine Ersatzmine für Kugelschreiber	☑ o pastă pentru pix [o 'paßtê 'pentru piks]

M66	☑ eine Ersatzmine für Bleistifte	☑ o mină pentru creion [o 'minê 'pentru kre'ion]
M67	☑ einen Radiergummi	☑ o radieră [o radi'erê]
M68	☑ einen Anspitzer	☑ o ascuţitoare [o aßkuzi'toare]
M69	☑ einen *linierten/ karierten* Block	☑ un caiet *cu linii/cu pătrăţele* [un ka'iet ku 'linii/ku pêtrê'zele]
M70	☑ Schreibpapier	☑ hârtie de scris [hîr'tie de 'ßkriß]

Souvenirs und Geschenke

Suvenire şi cadouri

	Ich suche ein Geschenk für ☐.	Caut un cadou pentru ☐. [kaut un ka'dou 'pentru]
M71	☑ meine Frau/meinen Mann	☑ soţia mea/soţul meu [ßo'zia mea/ßo'zul meu]

M72	☑ meine Mutter/meinen Vater	☑ mama mea/tatăl meu ['mama me̯a/'tatêl meu]
M73	☑ ein Kind/einen Jungen/ein Mädchen	☑ un copil/un băiat/o fată [un ko'pil/un bê'i̯at/'o 'fatê]
M74	Haben Sie etwas typisch Rumänisches?	Aveți ceva tipic românesc? [a'wezi 'tßchewa 'tipik romê'neßk]
M75	Ist das Handarbeit?	E lucru de mână? [e 'lukru de 'mînê]
M76	Haben Künstler aus der Region das gemacht?	A fost făcut de artiști din regiune? [a foßt fê'kut de ar'tißchti din redschi'une]
M77	Ist das *echtes Silber/echtes Gold*?	E *argint adevărat/aur adevărat*? [e ar'dschint adewê'rat/'aur adewê'rat]
M78	Wo ist der Stempel?	Unde e marcat? ['unde e mar'kat]
M79	Gibt es ein Echtheitszertifikat dafür?	Are certificat de autenticitate? ['are tßchertifi'kat de autentitßchi'tate]

In Rumänien findet man vieles, was sich als Mitbringsel eignet: schöne Holzschnitzereien, Decken aus Naturwolle oder die berühmte rumänische Trachtenbluse, die ie. Sie ist aus hauchdünnem weißem Leinen und wird in unterschiedlichen Farbkombinationen und Mustern reichlich bestickt. Die ie wurde durch das Gemälde *Frau mit rumänischer Bluse* von Henri Matisse berühmt.
Die Nonnen in den Klöstern in Bukowina und Moldau bieten viele Handarbeitsprodukte aus Leinen an, die sie an Pilger und Touristen verkaufen. Bekannt ist auch die Keramik aus Horezu, ein Gebiet im Süden des Landes. Diese Keramikkunst steht auf der UNESCO-Liste des Weltkulturerbes.

Etwas bezahlen

Cum plătim ceva

M80	Ich zahle in bar.	Plătesc cu bani gheață. [plê'teßk ku 'bani dsche'atê]

M81 Ich zahle mit Kreditkarte.	Plătesc cu cardul. [plê'teßk ku 'kardul]
M82 Akzeptieren Sie diese Debitkarte?	Luați cartea aceasta de debit? [lu'azi 'kartea a'tßcheaßta de 'debit]

Semnați aici, vă rog. [ßem'nazi a'itßchi wê rog]	Bitte hier unterschreiben.
Introduceți codul personal. [intro'dutßchezi 'kodul perßo'nal]	Ihre PIN, bitte.

M83 Das Wechselgeld stimmt nicht.	Restul nu e corect. ['reßtul nu e ko'rekt]
M84 Es *fehlt/fehlen* ...	*Lipsește/Lipsesc* ... [lip'ßeßchte/'lip'ßeßk]
M85 Kann ich bitte den Kassenbon haben?	Puteți să-mi dați bonul? [pu'tezi 'ßêmi 'dazi 'bonul]
M86 Mit der Rechnung stimmt etwas nicht.	Ceva nu e în regulă cu factura. [tßche'wa nu e în 'regulê ku fak'tura]

In Rumänien kann man an der Tankstelle oder in großen Geschäften mit Kreditkarte bezahlen. Kleine Boutiquen und Läden nehmen meistens keine Kreditkarten. Deswegen empfiehlt es sich, immer Bargeld dabeizuhaben.
Wenn man bei der Barzahlung nicht genügend Kleingeld dabeihat, hört man häufig Lăsați, nicio problemă! – *Lassen Sie es, kein Problem!*. Es wird dann einfach abgerundet.

M87	Diesen Artikel habe ich nicht gekauft.	Nu am cumpărat acest articol. [nu am kumpê'rat a'tßcheßt ar'tikol]

Um den Preis handeln

Negocierea prețului

In Geschäften ist das Handeln nicht üblich, doch auf den Straßenmärkten in touristischen Orten kann man ruhig feilschen. Üblich ist das Handeln auch auf dem Markt, wo Bauern ihre landwirtschaftlichen Produkte verkaufen.

M88	Wie viel kostet das?	Cât costă? [kît 'koßtê]
M89	Es tut mir leid, aber das ist zu teuer.	Îmi pare rău, dar e prea scump. [îmi 'pare rêu̯ dar e 'pre̯a ßkump]
M90	Könnte ich eine Ermäßigung bekommen?	Îmi dați un rabat? [îmi 'dazi un ra'bat]
M91	Wie wäre es mit ...?	Ce ziceți de ...? [tßche 'sitßchezi de]
M92	Für ... nehme ich es.	O f./Îl m. cumpăr cu ... [o/îl 'kumpêr ku]
M93	Das ist mein letztes Angebot.	E ultima mea ofertă. [e 'ultima 'me̯a o'fertê]

M94	Abgemacht!	În regulă! [în 'regulê]
M95	Ich muss es mir noch einmal überlegen.	Trebuie să mă mai gândesc. ['trebuie ßê mê mai gîn'deßk]

Gekauftes umtauschen oder zurückgeben

Schimbarea sau returnarea produselor cumpărate

	Dieser Artikel ⍰.	Acest articol ⍰. [a'tßcheßt ar'tikol]
M96	☑ ist beschädigt	☑ e stricat [e ßtri'kat]
M97	☑ funktioniert nicht richtig	☑ nu funcționează bine [nu funkzio'neasê 'bine]
	Ich möchte ⍰.	Aș dori ⍰. [aßch do'ri]
M98	☑ das umtauschen	☑ să îl/o schimb [ßê îl/o ßkimb]
M99	☑ das zurückgeben	☑ să îl/o returnez [ßê îl/o retur'nes]

Nur in einigen Geschäften in Rumänien bekommt man bei einem Umtausch das Geld zurück oder einen Gutschein in Höhe des Warenpreises. Es wird stattdessen zumeist darum gebeten, sich gleich ein neues Produkt auszusuchen.

La bancă și la poștă

Bank und Post

Geld tauschen

Schimb valutar

N01	Ich möchte das gern in rumänische Leu umtauschen.	Aş dori să schimb în lei româneşti. [aßch do'ri ßê ßkimb în 'lei romî'neßchti]
N02	Wie ist der Wechselkurs heute?	Cum e cursul valutar astăzi? [kum e 'kurßul walu'tar 'aßtêsi]
N03	Wie hoch ist die Umrechnungsgebühr?	Ce comision aveţi? ['tßche komißi'on a'wezi]

Die offizielle Währung in Rumänien ist der leu ['leu], Mehrzahl lei ['lei]. Leu ist auch das Wort für Löwe. Der leu wird in 100 bani unterteilt. Auf den Geldscheinen sind bedeutende Personen Rumäniens, wie zum Beispiel der berühmte Dichter Mihai Eminescu, zu sehen. Bislang wurde noch keine Frau abgebildet. Rumänien produzierte übrigens als erstes Land Geldscheine aus Polymer.
Die Abkürzung für die Währung ist RON. Zum Münzgeld gehören 1-Ban-, 5-Bani-, 10-Bani- und 50-Bani-Münzen. Als Papiergeld sind 1-Leu-, 5-Lei-, 10-Lei-, 50-Lei-, 100-Lei- und 500-Lei-Scheine in Umlauf.

	Ich hätte das Geld gern ⍰.	Aş dori banii ⍰, vă rog. [aßch do'ri 'banii ... wê rog]
N04	☑ in kleinen Scheinen	☑ în bancnote mici [în bank'note 'mitßchi]
N05	☑ in großen Scheinen	☑ în bancnote mari [în bank'note 'mari]
N06	Ich hätte gern Kleingeld.	Aş dori mărunţiş. [aßch do'ri mêrun'zißch]

Geld besorgen

La bancă şi la bancomat

N07	Gibt es einen Geldautomaten in der Nähe?	Există un bancomat în apropiere? [e'ksißtê un banko'mat în apropi'ere]

N08	Wo ist die nächste Bank?	Unde e banca cea mai apropiată? ['unde e 'banka 'tßchea mai apropi'atê]
N09	Ich möchte diesen Reisescheck einlösen.	Aș dori să încasez acest cec de călătorie. [aßch do'ri ßê înka'ßes a'tßchest tßchek de kêlêto'rie]

In der Post

La poștă

	Ich bräuchte ⍰.	Aș dori ⍰, vă rog. [aßch do'ri … wê rog]
N10	☑ einen Briefumschlag	☑ un plic [un plik]
N11	☑ eine Briefmarke	☑ un timbru [un 'timbru]
N12	☑ die passende Briefmarke	☑ timbrul necesar ['timbrul netßche'ßar]
	Ich möchte ⍰ aufgeben.	Aș dori să predau ⍰. [aßch do'ri ßê pre'dau]

N13	☑ diese Postkarte	☑ această carte poştală [a'tßcheaßtê 'karte poßch'talê]
N14	☑ diesen Brief	☑ această scrisoare [a'tßcheaßtê ßkri'ßoare]
N15	☑ dieses Päckchen	☑ acest pachet [a'tchest pa'ket]
N16	nach Deutschland/ nach Österreich/in die Schweiz	pentru Germania/pentru Austria/pentru Elveţia ['pentru dscher'mania/'pentru 'a'ustria/ 'pentru el'wezia]
N17	Welche Briefmarke brauche ich dafür?	De ce timbru e nevoie? [de tßche 'timbru e ne'woie]

Die Post heißt in Rumänien poştă ['poßchtê]. In kleineren Orten gibt es meistens nur ein Postamt mit unregelmäßigen Öffnungszeiten. In großen Städten gibt es mehrere Filialen, die bis 16:00 oder 17:00 Uhr geöffnet sind. Sicher ist: Am Bahnhof findet man meistens eine Filiale. Briefmarken erhalten Sie nur in einem Postamt.

Activități în timpul liber

Freizeitaktivitäten

Ganz allgemein

În general

	Wie viel kostet der Eintritt für ⍰?	Cât costă intrarea pentru ⍰? [kît 'koßtê in'trarea 'pentru]
001	☑ Kinder und Schüler	☑ copii și elevi [ko'pii ßchi e'lewi]
002	☑ Studenten	☑ studenți [ßtu'denzi]
003	☑ Erwachsene	☑ adulți [a'dulzi]
004	☑ Senioren	☑ seniori [ße'niori]
005	☑ Gruppen	☑ grupuri ['grupuri]
006	Gibt es eine Ermäßigung?	Aveți reduceri? [a'wezi re'dutßcheri]
007	Zwei Erwachsene und ein Kind, bitte.	Doi adulți și un copil, vă rog. [doi a'dulzi ßchi un ko'pil wê rog]
	Wann *öffnet/schließt* ⍰?	Când *se deschide/se închide* ⍰? [kînd ße deß'kide/ße în'kide]
008	☑ das Museum	☑ muzeul [mu'seul]
009	☑ die Ausstellung	☑ expoziția [ekspo'sizia]
010	☑ der Themenpark	☑ parcul tematic ['parkul te'matik]
011	☑ der Vergnügungspark	☑ parcul de distracții ['parkul de diß'trakzii]
	Gibt es ⍰?	Unde e ⍰? ['unde e]
012	☑ einen Geschenkladen	☑ un magazin de cadouri [un maga'sin de ka'douri]
013	☑ ein Café	☑ o cafenea [o kafe'nea]
014	☑ ein Restaurant	☑ un restaurant [un reßtau'rant]
015	☑ eine Garderobe	☑ o garderobă [o garde'robê]

Intrarea e interzisă pentru copii. [in'trarea e inter'sisê pentru ko'pii]	Kein Eintritt für Kinder.

Burg Hunedoara in Siebenbürgen

numai acompaniaţi de un adult ['numai akompani'azi de un a'dult]	nur in Begleitung eines Erwachsenen
numai acompaniaţi de părinţi ['numai akompani'azi de pê'rinzi]	nur in Begleitung der Eltern
numai acompaniaţi de un tutore legal ['numai akompani'azi de un tu'tore le'gal]	nur in Begleitung eines Erziehungsberechtigten

016	Was kostet *der Kurs/ eine Unterrichtsstunde/die Teilnahme*?	Cât costă *un curs/o oră/participarea*? [kît 'koßtê un kurs/o 'orê/partitßchi'parea]
017	Ich möchte eine Stadtrundfahrt machen.	Aş dori să fac un tur de oraş. [aßch do'ri ßê fak un tur de o'raßch]

Sport
Sport

	Wo können wir ⍰ spielen?	Unde putem juca ⍰? ['unde pu'tem schu'ka]
018	☑ Fußball	☑ fotbal ['fotbal]
019	☑ Tennis	☑ tenis ['teniß]
020	☑ Golf/Minigolf	☑ golf/minigolf [golf/mini'golf]
021	☑ (Beach)volleyball	☑ voleibal (de plajă) ['woleibal (de 'plasché)]
022	Darf ich mitspielen?	Pot să joc şi eu? ['pot ßê 'schok ßchi 'eu]
023	Können Sie uns einen *schönen/kurzen* Wanderweg empfehlen?	Puteţi să ne recomandaţi un traseu de drumeţie *frumos/scurt*? [pu'tezi ßê ne rekoman'dazi un tra'ßeu de drume'zie fru'moß/'ßkurt]
	Wo kann man ⍰?	Unde se poate ⍰? ['unde ße 'poate]

024	☑ eine Wanderkarte bekommen	☑ cumpăra o hartă de drumeţie [kumpê'ra o 'hartê de drume'zie]
025	☑ angeln	☑ pescui [peßku'i]
026	☑ ein *Fahrrad/Mountainbike* mieten	☑ închiria *o bicicletă/un mountainbike* [înkiri'a o bitßchi'kletê/un 'mauntinbaik]
027	☑ gut joggen	☑ face jogging bine ['fatßche 'dschoging 'bine]
028	☑ reiten	☑ călări [kêlê'ri]
029	Gibt es in der Nähe eine Reitschule?	E vreo scoală de călărie în apropiere? [e 'wreo 'ßchoalê de kêlê'rie în apropi'ere]

Siebenbürgen wird auch Transsilvanien genannt. Diese Region liegt mitten in Rumänien und ihre alten Burgen und Schlösser und die zum Teil wilde Landschaft wurden zum Ursprungsort vieler schauriger Legenden. Bram Stoker verarbeitete in seinem Roman *Dracula* (1897) die historische Figur des grausamen Fürsten Vlad III. Drăculea, Herrscher über das Fürstentum der Walachei, zum wohl bekanntesten Vampir der Literaturgeschichte. Das Schloss Bran in der gleichnamigen Ortschaft wird Touristen als Heim des unheimlichen Fürsten präsentiert, aber er ist wohl nie dort gewesen. Trotzdem ist das Schloss sehenswert und erlaubt es dem Besucher, seiner Fantasie freien Lauf zu lassen, denn es ähnelt dem von Stoker beschriebenen Sitz des Grafen Dracula.

Wassersport

Sporturi de apă

	Ich würde gern ☐.	Aş dori ☐. [aßch do'ri]
030	☑ Kajak fahren	☑ să fac caiac [ßê fak ka'iak]
031	☑ Kanu fahren	☑ să fac canoe [ßê fak ka'noe]
032	☑ Wasserski fahren	☑ să fac schi nautic [ßê fak ßki na'utik]
033	☑ segeln	☑ să navighez [ßê nawiê'ges]

034	☑ tauchen	☑ să fac scufundări [ßê fak ßkufun'dêri]
035	☑ wellenreiten	☑ să fac surf pe valuri [ßê fak ßêrf pe 'waluri]
036	☑ windsurfen	☑ să fac windsurf [ßê fak 'windßêrf]
	Ich möchte ⍰ mieten.	Aş dori să închiriez ⍰. [aßch do'ri ßê înkiri'es]
037	☑ ein Kajak	☑ un caiac [un ka'i̯ak]
038	☑ einen Katamaran	☑ un catamaran [un katama'ran]
039	☑ ein Motorboot	☑ o barcă cu motor [o 'barkê ku mo'tor]
040	☑ ein Ruderboot	☑ o barcă cu vâsle [o 'barkê ku 'wîßle]
041	☑ ein Segelboot	☑ un velier [un weli'er]
042	☑ ein Tretboot	☑ o hidrobicicletă [o hidrobitßchi'kletê]
043	☑ eine Taucherausrüstung	☑ un echipament de scufundare [un ekipa'ment de ßkufun'dare]
044	☑ ein Surfbrett	☑ o placă de surf [o 'plakê de ßêrf]
045	Wie ist der Wellengang?	Cum sunt valurile? [kum ßunt 'walurile]
046	Ich möchte schwimmen gehen.	Aş dori să înot. [aßch do'ri ßê î'not]
047	Gibt es ein *Freibad/ Hallenbad* in der Nähe?	E vreo/vreun *piscină/bazin acoperit* în apropiere? [e 'wre̯o/'wre̯un piß'tßchinê/ba'sin akope'rit în apropi'ere]
048	Ist dies das Nichtschwimmerbecken?	Aceasta e piscina pentru persoane care nu ştiu înota? [a'tßche̯aßta e piß'tßchina 'pentru per'so̯ane 'kare nu 'ßchti̯u îno'ta]
	Wo sind die ⍰?	Unde sunt ⍰? ['unde ßunt]
049	☑ Duschen	☑ duşurile ['dußchurile]
050	☑ Umkleideräume	☑ vestiarele [weßti'arele]
051	☑ Schließfächer	☑ dulapurile cu cheie [du'lapurile ku 'kei̯e]
052	Wo bekomme ich die passende Münze?	Unde pot primi fisa necesară? ['unde pot pri'mi 'fißa netßche'ßarê]

Am Strand

Pe plajă

Strand beim Badeort Eforie

053	Wie komme ich zum Strand?	Cum ajung la plajă? [kum a'schung la 'plaschê]
054	Darf man hier schwimmen?	E permis înotul aici? [e per'miß î'notul a'itßchi]

E flux. [e fluks]	Es ist Flut.
E reflux. [e re'fluks]	Es ist Ebbe.

055	Gibt es *gefährliche Strömungen/Quallen*?	Sunt *curenţi periculoşi/meduze*? [ßunt ku'renzi periku'loßchi/me'duse]
	Ich möchte ☐ *kaufen/mieten*.	Aş dori *să cumpăr/să închiriez* ☐. [aßch do'ri ßê 'kumpêr/ßê înkiri'es]
056	☑ einen Sonnenschirm	☑ o umbrelă de soare [o um'brelê de ßoare]
057	☑ einen Liegestuhl	☑ un pat de plajă [un pat de 'plaschê]

Wellness

Wellness

	Ich möchte ⍰.	**Aş dori⍰.** [aßch do'ri]
058	☑ ein Dampfbad nehmen	☑ **să fac o baie de aburi** [ßê fak o 'baie de 'aburi]
059	☑ eine Massage buchen	☑ **să rezerv un masaj** [ßê re'serw un ma'ßasch]
060	☑ *ein Handtuch/einen Bademantel* leihen	☑ **să închiriez** ***un prosop/un halat de baie*** [ßê înkiri'es un pro'ßop/un ha'lat de 'baie]
061	☑ die Sauna benutzen	☑ **să folosesc sauna** [ßê folo'ßêßk ßauna]
062	☑ in die Therme gehen	☑ **să merg la băile termale** [ßê merg la 'bêile ter'male]
	Ich hätte gern ⍰.	**Aş dori ⍰.** [aßch do'ri]
063	☑ ein *Gesichtspeeling/Körperpeeling*	☑ **un** ***peeling facial/peeling corporal*** [un 'piling fatßchi'al/'piling korpo'ral]
064	☑ eine *Maniküre/Pediküre*	☑ **o** ***manichiură/pedichiură*** [o mani'kiurê/pedi'kiurê]
	Bieten Sie ⍰ an?	**Oferiţi ⍰?** [ofe'rizi]
065	☑ Ayurveda-Anwendugen	☑ **tratamente Ayurveda** [trata'mente aiur'weda]
066	☑ Anwendungen mit Naturkosmetik	☑ **tratamente cu cosmetice naturale** [trata'mente ku koß'metitßche natu'rale]
	Ich würde gern ⍰ teilnehmen.	**Aş dori să particip ⍰.** [aßch do'ri ßê par'titßchip]
067	☑ am *Yogaunterricht/Pilatesunterricht*	☑ **la cursul de** ***yoga/pilates*** [la 'kurßul de 'ioga/pi'lateß]
068	☑ an der Meditation	☑ **la o meditaţie** [la o medi'tazie]

Museen und Ausstellungen

Muzee și expoziții

Der Fröhliche Friedhof – ein besonders gestalteter Friedhof in der Gemeinde Săpânța im Kreis Maramureș

P01	Ich möchte mir diese Ausstellung ansehen.	Aș dori să văd expoziția aceasta. [aßch do'ri ßê wêd ekspo'sizia a'tßche̯aßta]
P02	Wir gehen *ins Museum/in die Galerie/in den Zoo.*	Mergem *la un muzeu/la o galerie de artă/la grădina zoologică.* ['merdschem la un mu'seu̯/la o gale'rie de 'artê/la grê'dina soo'lodschikê]
P03	Muss man für die Sonderausstellung Eintritt bezahlen?	Trebuie plătit bilet de intrare la expoziția specială? ['trebuie̯ plê'tit bi'let de in'trare la ekspo'sizia ßpe'tßchi̯alê]
P04	Verkaufen Sie zu dieser Ausstellung einen Katalog?	Vindeți un catalog al expoziției? ['windezi un kata'log al ekspo'siziei̯]

P05	Ich möchte einen Ausstellungskatalog kaufen.	Aş dori să cumpăr un catalog al expoziţiei. [aßch do'ri ßê 'kumpêr un kata'log al ekspo'siziei]
	Ich interessiere mich für ⍰.	Mă interesează ⍰. [mê intere'ßeasê]
P06	☑ Gemälde	☑ pictura [pik'tura]
P07	☑ Skulpturen	☑ sculptura [ßkulp'tura]
P08	☑ Architektur	☑ arhitectura [arhitek'tura]
P09	☑ Geschichte	☑ istoria [iß'toria]
P10	☑ Technik	☑ tehnologia [technolo'dschia]
P11	☑ naturwissenschaftliche Ausstellungen	☑ expoziţii de istorie naturală [ekspo'sizii de iß'torie natu'ralê]

Nachtleben

Viaţa de noapte

P12	Wir möchten tanzen gehen.	Am dori să mergem să dansăm. [am do'ri ßê 'merdschem ßê dan'ßêm]
P13	Welche Musik läuft in diesem Club?	Ce muzică se cântă în acest club? [tßche 'musikê ße 'kêntê în a'tßcheßt 'klub]
P14	Was für Leute gehen dorthin?	Ce public merge acolo? [tßche 'publik 'merdsche a'kolo]
P15	Was zieht man da an?	Care e ţinuta acolo? ['kare e zi'nuta a'kolo]
P16	Wann macht der Club auf?	La ce oră se deschide clubul? [la tßche 'orê ße deß'kide 'klubul]
P17	Das ist ein *Schwulentreffpunkt/Lesbentreffpunkt.*	Este un loc de întâlnire pentru *gay/lesbiene.* ['eßte un lok de întîl'nire 'pentru 'gei/leßbi'ene]
P18	Hier ist nichts los.	Aici nu se întâmplă nimic. [a'itßchi nu ße în'tîmplê ni'mik]

P19	Können wir woanders hingehen?	**Putem să mergem altundeva?** [pu'tem ßê 'merdschem 'altundewa]
P20	Lass uns Einen trinken gehen!	**Hai să mergem să bem ceva.** [hai ßê 'merdschem ßê bem tßche'wa]
P21	*Kennen Sie/Kennst du* eine nette Kneipe?	***Ştiţi/Ştii* o cârciumă bună?** ['ßchtizi/'ßchtii o 'kîrtßchiumê 'bunê]
P22	Hier gefällt's mir.	**Aici îmi place.** [a'itßchi 'îmi 'platßche]

Kino, Theater, Konzert

Cinema, teatru, concert

Die Oper in Bukarest

P23	Ich würde gern ins *Kino/Theater* gehen.	**Aş dori să merg la *cinema/teatru*.** [aßch do'ri ßê merg la tßchine'ma/'te-atru]

P24	Was läuft gerade?	**Ce se joacă acum?** [tßche ße 'scho̯akê akum]
	Ich möchte ⍰ sehen.	**Aş dori să văd ⍰.** [aßch do'ri ßê wêd]
P25	☑ einen Abenteuer-film	☑ **un film de aventuri** [un film de awen'turi]
P26	☑ einen Horrorfilm	☑ **un film de groază** [un film de 'gro̯asê]
P27	☑ eine Komödie	☑ **o comedie** [o kome'die]
P28	☑ eine Liebesge-schichte	☑ **un film de dragoste** [un film de 'dragoßte]
P29	☑ einen Science-Fic-tion-Film	☑ **un film ştiinţifico-fantastic** [un film ßchtiin'zifiko fan'taßtik]
P30	☑ eine Tragödie	☑ **o tragedie** [o tradsche'die]
P31	☑ einen Trickfilm	☑ **un film de desene animate** [un film de de'ßene ani'mate]
P32	Wann fängt *der Film/das Stück/das Kon-zert* an?	**Când începe *filmul/piesa/concertul*?** [kînd în'tßchepe 'filmul/'pie̯ßa/kon'tßchertul]

Începe la ... [în'tßchepe la]	Er/Es fängt um ... an.

P33	Wann ist er/es zu Ende?	**La ce oră se termină?** [la tßche 'orê ße 'terminê]

Se termină la ... [ße 'terminê la]	Er/Es ist um ... zu Ende.

P34	Wir könnten *in die Oper/zum Konzert* gehen.	**Am putea să mergem *la operă/la un concert*.** [am pu'te̯a ßê 'merdschem la 'operê/la un kon'tßchert]
	Gibt es noch Karten für ⍰?	**Mai sunt bilete pentru ⍰?** [mai ßunt bi'lete 'pentru]
P35	☑ die Abendvorstel-lung	☑ **reprezentaţia de seară** [represen'tazia de 'ße̯arê]
P36	☑ die Matinée	☑ **matineu** [mati'neu]

	Wie viel kosten Plätze ☐?	Cât costă locurile ☐? [kît 'koßtê 'lokurile]
P37	☑ in den vorderen Reihen	☑ în primele rânduri [în 'primele 'rînduri]
P38	☑ in der Loge	☑ la lojă [la 'losché]
P39	☑ vorne	☑ în față [în 'fazê]
P40	☑ in der Mitte	☑ la mijloc [la 'mischlok]
P41	☑ hinten	☑ în spate [în 'ßpate]
P42	☑ im Parkett	☑ la parchet [la par'ket]
P43	☑ im ersten Rang	☑ la amfiteatru [la amfite'atru]
P44	Gibt es auch Stehplätze?	Există locuri în picioare? [e'ksßtê 'lokuri în pi'tßchi̯oare]
P45	Ich hätte gern ein Programm.	Aș dori un program. [aßch do'ri un pro'gram]

Urgențe
Notfälle

Notruf

Apel de urgență

Die Poliția locală und die Poliția regională tragen blau-graue Uniformen und agieren auf lokaler und kommunaler Ebene (u. a. bei Diebstahl oder Einbrüchen). Die Poliția de frontieră ist für die Grenzkontrolle und die Delikte, die an der Grenze stattfinden, zuständig. Die Poliția de circulație ist die Verkehrspolizei. Die Verkehrspolizisten tragen eine blaue Uniform mit einer weißen Schirmmütze. Die Jandarmeria ist der Zweig der Polizei, der in besonderen Fällen z. B. bei Terrorangriffen oder Naturkatastrophen zum Einsatz kommt. Sie trägt dunkelblaue Uniformen und Schutzwesten.
Mit dem **Euronotruf 112** erreichen Sie in ganz Europa eine Rettungsleitstelle, die je nach Notfall die Polizei, die Feuerwehr oder den Rettungsdienst alarmiert.

Q01	Verbinden Sie mich mit *dem Rettungsdienst/der Polizei/der Feuerwehr*!	Vă rog faceți-mi legătura cu *serviciul de urgență/poliția/pompierii!* [wê rog 'fatßchezimi legê'tura ku ßer'witßchiul de ur'dschenzê/po'lizia/pomp'ierii]
Q02	Kommen Sie schnell zu ...	Veniți repede la ... [we'nizi 'repede la]
Q03	Es hat *einen Unfall/eine Schlägerei* gegeben.	A avut loc *un accident/o bătaie.* [a a'wut lok un aktßchi'dent/o bê'taie]
Q04	Es brennt!	Arde! ['arde]

Auf der Polizeiwache

La sediul de poliție

Ich möchte ☐.	Aș dori ☐. [aßch do'ri]

Q05	☑ jemanden anzeigen	☑ să reclam pe cineva [ßê re'klam pe tßchine'wa]
Q06	☑ eine Aussage machen	☑ să fac o plângere [ßê fak o 'plîngere]
Q07	☑ *einen Diebstahl/ eine Schlägerei* melden	☑ să anunţ *un furt/o bătaie* [ßê a'nunz un 'furt/o bê'taie]
Q08	☑ eine Vermisstenanzeige machen	☑ să anunţ o persoană dispărută [ßê a'nunz o per'ßoanê dißpê'rutê]
Q09	☑ einen Anwalt sprechen	☑ să vorbesc cu un avocat [ßê wor'beßk ku un awo'kat]
Q10	☑ einen Telefonanruf tätigen	☑ să fac un apel telefonic [ßê fak un 'apel tele'fonik]
	Mir wurde ☐ gestohlen.	Mi s-a furat ☐. [mi ßa fu'rat]
Q11	☑ mein Auto	☑ maşina [ma'ßchina]
Q12	☑ meine Brieftasche	☑ portofelul [porto'felul]
Q13	☑ mein Geldbeutel	☑ portmoneul [portmo'neul]
Q14	☑ meine Handtasche	☑ geanta ['dscheanta]
	Ich wurde ☐.	Am fost ☐. [am foßt]
Q15	☑ ausgeraubt	☑ jefuit m./jefuită f. [schefu'it/schefu'itê]
Q16	☑ vergewaltigt	☑ violat m./violată f. [wiolat/wiolatê]
Q17	☑ verprügelt	☑ lovit m./lovită f. [lo'wit/lo'witê]
Q18	Es gibt einen Zeugen.	Există martori. [e'ksißtê 'martori]
Q19	Es gibt keinen Zeugen.	Nu există martori. [nu e'ksißtê 'martori]
Q20	Wäre es möglich, einen Dolmetscher zu holen?	Aş putea aduce un interpret? [aßch pu'tea a'dutßche un inter'pret]

Beim Arzt und im Krankenhaus

La medic și la spital

Q21	Ich brauche einen Arzt.	Am nevoie de un medic. [am ne'woie̯ de un 'medik]

Für die Einreise in Rumänien ist kein Impfschutz vorgeschrieben. Das Auswärtige Amt empfiehlt Impfungen gegen Diphtherie, Tetanus, Polio und Pertussis. Im Rumänien ist im Krankheitsfall der Praxismediziner (medic de cabinet) der erste Anlaufpunkt. Kostenlosen Zugang zu einem Facharzt gibt es nur durch Überweisung.
Der Standard der öffentlichen Gesundheitsversorgung liegt teilweise erheblich unter deutschen, Schweizer oder österreichischen Standards. Anders ist es bei der privaten Versorgung, die ausgezeichnet ist. Doch sollten Sie vorher unbedingt bei Ihrer Krankenkasse anfragen, ob sie auch bereit ist, die Kosten zu übernehmen.

	Wo ist ⍰?	Unde e ⍰? ['unde e]
Q22	☑ das nächste Krankenhaus	☑ spitalul cel mai apropiat [ßpi'talul 'tßchel mai̯ apropi'at]
Q23	☑ die nächste Unfallchirurgie	☑ cel mai apropiat serviciu de chirurgie de urgență [tßchel mai̯ apropi'at ßer'witßchiu̯ de kirur'dschie de ur'dschenzê]
	Gibt es ⍰ in der Nähe?	Există ⍰ în apropiere? [ek'sißtê ... în apropi'ere]
Q24	☑ eine Arztpraxis	☑ un cabinet medical [un kabi'net medi'kal]
Q25	☑ einen Augenarzt/ eine Augenärztin	☑ un oftalmolog [un oftalmo'log]
Q26	☑ einen Hautarzt/ eine Hautärztin	☑ un dermatolog [un derma'tolog]

Q27	☑ einen Zahnarzt/ eine Zahnärztin	☑ un stomatolog [un ßtomato'log]
Q28	Das ist meine Krankenkasse.	Aceasta e casa mea de asigurare. [a'tßcheaßta e 'kaßa mea de aßigu'rare]
Q29	Das ist meine Versichertenkarte.	Aceasta e cartea mea de asigurare. [a'tßcheaßta e 'kartea mea de aßigu'rare]

Vă rog să luați loc în camera de așteptare. [wê rog ßê lu'azi lok în ka'mera de aßchtep'tare]	Bitte nehmen Sie im Wartezimmer Platz.

Q30	Ich würde lieber mit einer Ärztin sprechen.	Aș prefera să vorbesc cu o doctoriță [aßch prefe'ra ßê wor'beßk ku o dokto'rizê]
Q31	Ich hatte einen Unfall.	Am avut un accident. [am a'wut un aktßchi'dent]
Q32	Ich habe starke Schmerzen.	Am dureri puternice. [am du'reri pu'ternitßche]
	Es ist ein ⍰ Schmerz.	E o durere ⍰. [e o du'rere]
Q33	☑ andauernder/ ständiger	☑ constantă [konß'tantê]
Q34	☑ brennender	☑ arzătoare [arsê'toare]
Q35	☑ dumpfer	☑ surdă ['ßurdê]
Q36	☑ stechender	☑ înțepătoare [înzepê'toare]

Doare? [doare]	Tut das weh?

Q37	Hier tut es weh.	Aici doare. [a'itßchi 'doare]
Q38	Das tut weh!	Doare! ['doare]
	Ich habe mir ⍰ *gebrochen/verstaucht.*	Mi-am *rupt/dislocat* ⍰. ['miam rupt/dißlo'kat]
Q39	☑ den *linken/rechten* Arm	☑ brațul *stâng/drept* ['brazul ßtîng/drept]

Q40	☑ die Hand/den Finger/den Daumen	☑ mâna/degetul/degetul mare ['mîna/'dedschetul/'dedschetul 'mare]
Q41	☑ das Bein/den Fuß/den Zeh	☑ piciorul/laba piciorului/degetul de la picior [pi'tßchiorul/'laba pi'tßchiorului/'dedschetul de la pi'tßchior]
Q42	☑ die Rippe/das Schlüsselbein/die Schulter	☑ coasta/clavicula/umărul ['koaßta/kla'wikula/'umêrul]
Q43	Ich möchte, dass das geröntgt wird.	Aş dori să-mi faceţi o radiografie. [aßch do'ri 'ßêmi 'fatßchezi o radiogra'fie]

Sunteţi însărcinată? [ßun'tezi înßêrtßchi'natê]	Sind Sie schwanger?

Q44	Ich fühle mich schwach.	Mă simt slăbit. [mê 'ßimt ßlê'bit]
Q45	Mir ist übel.	Îmi e greaţă. [îmi e 'greazê]
Q46	Mir ist schwindelig.	Ameţesc. [ame'zeßk]
Q47	Ich musste mich übergeben.	A trebuit să vomit. [a trebu'it ßê wo'mit]
Q48	Ich war ohnmächtig.	Mi-am pierdut cunoştinţa. ['miam pier'dut kunoßch'tinza]
Q49	Mein *Bauch/Rücken* tut weh.	Mă doare *stomacul/spatele*. [mê 'doare ßto'makul/'ßpatele]
Q50	Ich habe Kopfschmerzen.	Mă doare capul. [mê 'doare 'kapul]
Q51	Er/Sie hat Fieber.	Are febră. ['are 'febrê]
	Können Sie mir ☐ *geben/verschreiben*?	Puteţi să-mi *daţi/prescrieţi* ☐? [pu'tezi ßê'mi 'dazi/preß'kriezi]
Q52	☑ Antibiotika	☑ antibiotice [antibi'otitßche]
Q53	☑ etwas gegen ...	☑ ceva împotriva ... [tßche'wa împo'triwa]
Q54	☑ Schmerzmittel	☑ analgetice [anal'dschetitßche]

Q55	Ich habe Angst vor Spritzen.	Mi-e frică de injecții. [mie̯ 'frikê de in'schekzii̯]
Q56	Ich möchte eine ungebrauchte Spritze.	Aș dori o siringă nefolosită. [aßch do'ri o ßi'ringê nefolo'ßitê]
Q57	Bitte waschen Sie sich die Hände.	Vă rog să vă spălați pe mâini. [wê rog ßê wê ßpê'lazi pe 'mîi̯ni]
Q58	Ich bin *Diabetiker/Epileptiker*.	Sunt *diabetic/epileptic*. [ßunt dia'betik/ epi'leptik]
Q59	Er/Sie braucht dringend *Insulin/Medikamente*.	Are nevoie urgentă de *insulină/medicamente*. [are ne'woie̯ urdschentê de inßu'linê/ medika'mente]

Luați vreun medicament? [lu'azi 'wreun medika'ment]	Nehmen Sie irgendwelche Medikamente ein?

Q60	Ja, ich nehme ...	Da, iau ... [da jau̯]

Aveți vreo alergie? [a'wezi 'wreo̯ aler'dschie]	Haben Sie irgendwelche Allergien?

	Ich bin allergisch gegen ⍰.	Sunt (m.) alergic/(f.) alergică la ⍰. [ßunt a'lerdschik/a'lerdschikê la]
Q61	☑ Insektenstiche	☑ înțepături de insecte [înzepê'turi de in'ßekte]
Q62	☑ Penizillin	☑ penicilină [penitßchi'linê]
	Ich habe ⍰.	Am ⍰. [am]
Q63	☑ Asthma	☑ astm bronșic ['astm bron'ßchik]
Q64	☑ Atembeschwerden	☑ insuficiență respiratorie [inßufi'tßchie̯nzê reßpira'torie]
Q65	☑ Durchfall	☑ diaree [dia'ree]
Q66	☑ eine Entzündung	☑ o inflamație [o infla'mazie]
Q67	☑ eine Erkältung	☑ o răceală [o rê'tßche̯alê]

Q68	☑ Grippe	☑ gripă ['gripê]
Q69	☑ einen (*schmerzhaften/brennenden*) Hautausschlag	☑ o erupție cutanată (*dureroasă/usturătoare*) [o e'rupzie kuta'natê (dure'roaßê/ ußturê'toare)]
Q70	☑ Heuschnupfen	☑ febră de fân ['febrê de fîn]
Q71	☑ Husten	☑ tuse ['tuße]
Q72	☑ einen (tiefen) Schnitt	☑ o tăietură (profundă) [o têie'turê (pro'fundê)]
Q73	☑ einen Sonnenbrand	☑ o arsură solară [o ar'ßurê ßo'larê]
Q74	☑ eine Verbrennung	☑ o arsură [o ar'ßurê]
Q75	☑ eine Wunde	☑ o rană [o 'ranê]
Q76	Ich habe mich verbrannt.	M-am ars. [mam arß]
Q77	Vielleicht habe ich einen Sonnenstich.	Poate am o insolație. ['poate am o inßo'lazie]
Q78	Ich bin erkältet.	Sunt (m.) răcit/(f.) răcită. [ßunt rê'tßchit/ rê'tßchitê]

Trebuie să *vă/te* trimit la spital. ['trebuie ßê wê/te tri'mit la ßpi'tal]	Ich muss *Sie/dich* ins Krankenhaus einweisen.
Trebuie să fiți operat. ['trebuie ßê fizi ope'rat]	Sie müssen operiert werden.

Q79	Wann werde ich operiert?	Când voi fi operat? [kînd woi fi ope'rat]

Ce grupă sanguină aveți? [tßche 'grupê ßangu'inê a'wezi]	Welche Blutgruppe haben Sie?

Q80	Meine Blutgruppe ist *A/B/AB/0* positiv.	Grupa mea sanguină e *A/B/AB/0* pozitiv. ['grupa mea ßangu'inê e a/be/a be/'sero posi'tiw]

Q81	Meine Blutgruppe ist *A/B/AB/0* negativ.	Grupa mea sanguină e *A/B/AB/0* negativ. ['grupa mea ßangu'inê e a/be/a be/'sero nega'tiw]
Q82	Ich will keine Bluttransfusion.	Nu doresc nicio transfuzie de sânge. [nu do'reßk 'nitßchio tranß'fusie de 'ßîndsche]
Q83	Wann darf ich aufstehen?	Când am voie să mă scol? [kênd am 'woie ßê mê ßkol]
Q84	Schwester, ich brauche Hilfe!	Soră, am nevoie de ajutor! ['ßorê am ne'woie de aschu'tor]
Q85	Wann werde ich entlassen?	Când voi fi externat? [kînd woi fi ekster'nat]
Q86	Ich bin gegen *Tetanus/Polio/Tollwut* geimpft.	Sunt [m.] vaccinat/[f.] vaccinată împotriva *tetanosului/poliomielitei/turbării*. [ßunt waktßch'inat/waktßchi'natê împo'triwa te'tanoßului/poliomie'litei/turbêrii]

Beim Zahnarzt

La stomatolog

R01	Kennen Sie einen guten Zahnarzt?	Cunoașteți un stomatolog bun? [ku'noaßchtezi un ßtomato'log bun]
R02	Ich habe Zahnschmerzen.	Am dureri de dinți. [am du'reri de 'dinzi]
R03	Das Zahnfleisch ist entzündet.	Gingia e inflamată. [dschin'dschia e infla'matê]
R04	Mir ist eine Füllung herausgefallen.	Mi-a căzut o plombă. [mia kê'sut o 'plombê]
R05	Mir ist ein Stück *vom Zahn/von der Krone* abgebrochen.	Mi s-a rupt o bucată din *dinte/coroană*. [mi ßa rupt o bu'katê din 'dinte/ko'roanê]
R06	Könnten Sie das provisorisch behandeln?	Puteți să-mi faceți un tratament provizoriu? [pu'tezi 'ßêmi 'fatßchezi un trata'ment prowi'soriu]

R07	Ich möchte eine Betäubung.	Aș dori o anestezie. [aßch do'ri o aneßte'sie]

Achtung: Tiere und Ungeziefer!

Atenţiune: animale şi paraziţi!

Vipern und Kreuzottern sind in bestimmen Regionen Rumäniens weit verbreitet. Diese Giftschlangen leben generell in Berggebieten und lieben karge, felsige Zonen. Sie verbergen sich häufig unter Steinen, in Wurzelhöhlen oder wärmen sich in der Sonne auf warmen Felsen. Seien Sie ein wenig umsichtig beim Wandern oder Picknicken. Die Schlangen reagieren nur aggressiv, wenn sie sich bedroht fühlen. Besondere Vorsicht ist im Nationalpark Domogled geboten, da hier die giftigste Schlange Europas lebt: die Europäische Hornotter, auch als Hornviper bekannt.
Naturliebhaber sollten unbedingt in das Biosphärenreservat Donaudelta reisen. Vergessen Sie aber nicht, während der Monate Juni bis Oktober ein Schutzmittel gegen die Mücken mitzunehmen.

R08	Gibt es hier gefährliche Tiere?	Există animale periculoase aici? [eks'ißtê ani'male periku'loaße a'itßchi]
	Ich bin von ⍰ *gebissen/gestochen* worden.	Am fost *muşcat/înţepat* de ⍰. [am foßt mußch'kat/înze'pat de]
R09	☑ einer Schlange	☑ un şarpe [un 'ßcharpe]
R10	☑ einer Viper	☑ o viperă [o 'wiperê]
R11	☑ einer Spinne	☑ un păianjen [un pê'ianschen]
R12	☑ einer Stechmücke	☑ un ţânţar [un zîn'zar]
R13	☑ einer Bremse	☑ o muscă de cal [o 'mußkê de kal]

R14	☑ einer Wespe	☑ o viespe [o 'wießpe]
R15	☑ einem Floh	☑ un purice [un 'puritßche]
	Ich habe ☐.	Am ☐. [am]
R16	☑ Läuse	☑ păduchi [pê'duki]
R17	☑ eine Zecke	☑ o căpușă [o kê'pußchê]

Europäische Hornotter

Puţină gramatică
Ein wenig Grammatik

Nomen

Nomen (Hauptwörter) werden immer kleingeschrieben, es sei denn, es handelt sich um Eigennamen. Gattungsnamen, die auf Eigennamen basieren, werden ebenfalls kleingeschrieben, wie zum Beispiel havană (Zigarre).

Genus und Numerus

Im Rumänischen gibt es drei grammatische Genera (Geschlechter): maskulin (männlich, kurz: **m.**), feminin (weiblich, kurz: **f.**) und neutral (sächlich, kurz: **n.**). Bei Lebewesen stimmt das grammatische Geschlecht immer mit dem natürlichen überein. Nomen, die Gegenstände bezeichnen sind im Allgemeinen neutral. Das Neutrum verhält sich im Singular (Einzahl, kurz: **Sing.**) wie ein Maskulinum und im Plural (Mehrzahl, kurz **Pl.**) wie ein Femininum. Das Genus eines Nomens lässt sich zum Teil an der Endung ablesen.

Im Singular enden die maskulinen und neutralen Nomen meist auf einen Konsonanten oder die Vokale **-i**, **-u** und **-ou**. Die femininen Nomen enden meist auf die Vokale **-a**, **-ă** und **-e**.

Im Plural enden maskuline Nomen auf **-i**, neutrale Nomen zu 80% auf **-uri** und selten auf **-e**. Feminine Nomen enden auf **-le**, **-e** und **-i**.

Maskulinum Singular	**Endung**	**Maskulinum Plural**	**Endung**
băiat (Junge)	Konsonant	băieţi (Jungen)	-i
ochi (Auge)	-i	ochi (Augen)	-i
metru (Meter)	-u	metri (Meter)	-i

Neutrum Singular	**Endung**	**Neutrum Plural**	**Endung**
tren (Zug)	Konsonant	trenuri (Züge)	-uri
tablou (Bild)	-ou	tablouri (Bilder)	-uri
teatru (Theater)	-u	teatre (Theater)	-e

Femininum Singular	**Endung**	**Femininum Plural**	**Endung**
pijama (Pyjama)	-a	pijamale (Pyjamas)	-le
fată (Mädchen)	-ă	fete (Mädchen)	-e
femeie (Frau)	-e	femei (Frauen)	-i

Manche Pluraländerungen bewirken die Änderung eines Konsonanten oder Vokals im Wortinneren:

Änderung	**Singular**	**Plural**
t → ţ	fra**t**e (Bruder)	fra**ţ**i (Brüder)
l → i	copi**l** (Kind)	copi**i** (Kinder)
oa → o	fl**oa**re (Blume)	fl**o**ri (Blumen)
a → e	f**a**tă (Mädchen)	f**e**te (Mädchen)

KASUS

Im Rumänischen werden fünf Kasus (Fälle) unterschieden: Nominativ, Genitiv, Dativ, Akkusativ und Vokativ.

Kasus	**Funktion im Satz**	**Frage**	**Endung**	
Nominativ	Subjekt	wer, was?	-	
Genitiv	Besitzanzeige	wessen?	m./n. Singular	-lui
			f. Singular	-i
			m./f./n. Plural	-lor

Dativ	indirektes Objekt	wem?	wie Genitiv	
Akkusativ	direktes Objekt	wen, was?	wie Nominativ	
Vokativ	direkte Ansprache*	-	m./n. Singular	-ule, -e
			f. Singular	-o
			m./f./n. Plural	-lor

* Der Vokativ wird für Anreden verwendet: Fato, vino aici. – Mädchen, komm her!

Deklination der Fälle

	Nominativ / Akkusativ	Genitiv / Dativ	Vokativ
m. Sing.	băiat	băiatu**lui**	băiat**ule**
m. Pl.	băieți	băieți**lor**	băieți**lor**
f. Sing.	fată	fet**ei**	fat**o**
f. Pl.	fete	fete**lor**	fete**lor**
n. Sing.	tren	trenu**lui**	-
n. Pl.	trenuri	trenuri**lor**	-

Der Vokativ, der eigene Endungen hat, wird immer häufiger durch den Nominativ (mit und ohne Artikel) ersetzt.

Artikel

BESTIMMTER ARTIKEL

Achtung: Der bestimmte Artikel wird an das Nomen angehängt. Maskulina und Neutra bekommen im Singular die Endung **-ul** oder **-le**. Feminine Nomen bekommen die Endung **-a**. Im Plural enden maskuline Nomen auf **-i** und feminine und neutrale Nomen auf **-e-** oder **-le**.

Der bestimmte Artikel wird zusammen mit dem Nomen dekliniert:

	Nominativ / Akkusativ	**Genitiv / Dativ**	**Vokativ**
m. Sing.	băiat**ul**	băiat**ului**	băiat**ule**
m. Pl.	băieţii	băieţ**ilor**	băieţ**ilor**
n. Sing.	tren**ul**	tren**ului**	tren**ule**
n. Pl.	trenuri**le**	trenuri**lor**	trenuri**lor**
f. Sing.	fat**a**	fet**ei**	fată
f. Pl.	fete**le**	fet**lor**	fete**lor**

Die Vokativ-Formen des Artikels sind im Plural genau wie bei Genitiv / Dativ.

Den bestimmten Artikel verwendet man:

bei näher bestimmten Nomen	Băiat**ul** meu este student. (Mein Sohn ist Student.)
bei Körperteilen	Mă doare mân**a**. (Die Hand tut mir weh.)
nach manchen Präpositionen	z. B. cu: Merg **cu** biciclet**a** la universitate. (Ich fahre mit dem Fahrrad zur Universität.)

UNBESTIMMTER ARTIKEL

Der unbestimmte Artikel wird im Gegensatz zum bestimmten Artikel nicht an das Nomen angehängt, sondern steht **vor** dem Nomen. Er ist formengleich in Nominativ / Akkusativ und Genitiv / Dativ. Nomen mit unbestimmtem Artikel haben keine Vokativform:

	Nominativ / Akkusativ	**Genitiv / Dativ**	**Vokativ**
m. Sing.	un	unui	-
m. Pl.	nişte	unor	-
n. Sing.	un	unui	-

n. Pl.	nişte	unor	-
f. Sing.	o	unei	-
f. Pl.	nişte	unor	-

Der unbestimmte Artikel wird bei zählbaren Nomen verwendet. Er kann auch nach Präpositionen verwendet werden, allerdings nur, wenn es sich um Nomen ohne nähere Bestimmung handelt.Bei der Verwendung mit einigen Präpositionen verbinden sich diese mit dem Artikl: într-un, într-o (in einem, in einer).

Die Form des unbestimmten Artikels richtet sich nach dem Nomen, das er begleitet.

	Nominativ / Akkusativ	**Genitiv / Dativ**	**Vokativ**
m. Sing.	**un** băiat	**unui** băiat	-
m. Pl.	**nişte** băieţi	**unor** băieţi	-
n. Sing.	**un** tren	**unui** tren	-
n. Pl.	**nişte** trenuri	**unor** trenuri	-
f. Sing.	**o** fată	**unei** fete	-
f. Pl.	**nişte** fete	**unor** fete	-

Eine Besonderheit der rumänischen Sprache ist die Verwendung des **genitivisches Artikels**. Dieser ersetzt das Nomen und nimmt dessen Genus und Numerus an:

Cartea mea este pe masă.	**Mein Buch** ist auf dem Tisch.
A mea este pe pat.	**Meines** ist auf dem Bett.

Genitivischer Artikel

	Singular		**Plural**	
	m. / n.	**f.**	**m.**	**n. / f.**
Genitiv	al	a	ai	ale

un prieten **al** familiei (ein Freund der Familie)

o prietenă **a** familiei (eine Freundin der Familie)

nişte prieteni **ai** familiei (Freunde der Familie)

nişte prietene **ale** familiei (Freundinnen der Familie)

Adjektiv

BILDUNG DES ADJEKTIVS

Das Adjektiv richtet sich in Geschlecht und Zahl nach dem Nomen, auf das es sich bezieht. Es steht in der Regel nach dem Nomen. Anders als im Deutschen muss man auch in der prädikativen Verwendung das Adjektiv an das Nomen angleichen:

Băiatul este drăguţ.	Der Junge ist hübsch.
Fata este drăguţ**ă**.	Das Mädchen ist hübsch.

Die Mehrzahl der rumänischen Adjektive haben zwei Endungen im Singular und zwei Endungen im Plural:

bun (gut)

Singular		**Plural**	
m. / n.	**f.**	**m.**	**n. / f.**
bun	bun**ă**	bun**i**	bun**e**

Einige Adjektive haben allerdings

1. nur eine Endung: vivac**e** (lebendig) – m./n./f. für Singular und Plural

2. eine Endung im Singular und eine im Plural: mar**e** (groß) – m./n./f. Singular, mar**i** – m./n./f. Plural

3. zwei Endungen im Singular und eine im Plural: lung (lang) – m./n. Singular, lung**ă** – f. Singular, lung**i** – m./n./f. Plural

STEIGERUNG UND VERGLEICH

Gleichheit, auch in der Verneinung, drückt man mit Hilfe von tot aşa de ... ca şi ... ((genau)so ... wie ...) und nu ... tot aşa de ... ca şi ... (nicht (genau)so ... wie ...) aus.

Suntem **tot așa de** buni **ca și** voi.	Wir sind **(genau)so** gut **wie** ihr.
Nu suntem **tot așa de** buni **ca și** voi.	Wir sind **nicht so** gut wie ihr.

Ungleichheit drückt man mit Hilfe von mai ... decât ... (mehr als) und mai puțin ... decât ... (mehr als/weniger als/nicht so ... wie ...) aus.

Suntem **mai** obosiți **decât** voi.	Wir sind **müder als** ihr.
Suntem **mai puțin** obosiți **decât** voi.	Wir sind **weniger** müde **als** ihr.

Der Superlativ (höchste Steigerungsstufe) wird mit Hilfe des adjektivischen Artikels und dem Partikel mai gebildet:

Adjektivischer Artikel

	Singular		**Plural**	
	m. / n.	**f.**	**m.**	**n. / f.**
Genitiv	cel	cea	cei	cele

Superlativ

Singular	
m. / n.	**f.**
Băiatul este **cel mai** bun din echipă.	Fata este **cea mai** bună din echipă.
Der Junge ist der beste (Spieler) aus dem Team.	Das Mädchen ist die beste (Spielerin) aus dem Team.

Plural	
m.	**n. / f.**
Băieții sunt **cei mai** buni din echipă.	Fetele sunt **cele mai** bune din echipă.
Die Jungen sind die besten aus dem Team.	Die Mädchen sind die besten aus dem Team

Im Rumänischen gibt es eine weitere Form des Superlativs, den **absoluten Superlativ**. Er drückt einen sehr hohen Grad einer Eigenschaft aus, ohne dabei einen Vergleich zu ziehen. Er wird mit Hilfe von Adverbien wie foarte (sehr) und extraordinar de (außergewöhnlich) gebildet.

Trenul este **foarte** rapid.	Der Zug ist **sehr** schnell.
Trenul este **extraordinar de** rapid.	Der Zug ist **außergewöhnlich** schnell.

Adverb

Das Adverb bestimmt Verben, Adjektive und andere Adverbien näher.

Adverbien sind unveränderlich und unterscheiden sich häufig von den Adjektiven.

Adverb	**Adjektiv**
Cântă **bine.** (Sie singt gut.)	Este **bună.** (Es ist gut.)
Vorbește **românește**. (Er spricht Rumänisch.)	Bem un vin **românesc.** (Wir trinken einen rumänischen Wein.)

Adverbien, die Eigenschaften darstellen, werden wie Adjektive gesteigert:

Cântă bine.	Sie spielt gut.
Cântă **mai** bine. / Cântă **mai puțin** bine.	Sie spielt besser. / Sie spielt weniger gut.
Cântă **cel mai** bine.	Sie spielt am besten.
Cântă **foarte** bine.	Sie spielt sehr gut.

Andere wichtige Adverbien:

Lokaladverbien	aici (hier), jos (unten), sus (oben), departe (weit)
Temporaladverbien	acum (jetzt), astăzi (heute), mâine (morgen)

Kausaladverbien	de aceea (deshalb), adică (nämlich)
Modaladverbien	aproape (fast), numai (nur), poate (vielleicht)

Pronomen

Personalpronomen

Sowohl im Dativ als auch im Akkusativ haben die Personalpronomen **betonte** und **unbetonte Formen**:

	ich	**du**	**er / sie**	**wir**	**ihr**	**sie (m./f.)**
Nominativ/ Vokativ	eu	tu	el / ea	noi	voi	ei / ele
Genitiv	-	-	lui / ei	-	-	lor
Dativ (betont)	mie	ţie	lui / ei	nouă	vouă	lor
Dativ (unbetont)	îmi	îţi	îi	ne	vă	le / le
Akkusativ (betont)	mine	tine	el / ea	noi	voi	ei / ele
Akkusativ (unbetont)	mă	te	îl / o	ne	vă	îi / le

Die unbetonten Formen werden meist vor dem Präsens oder nach der Konjunktion să *(dass)* verwendet:

vor dem Präsens	**Mă** doare capul (Mir schmerzt der Kopf.)

nach să	Trebuie să **mă** spăl pe mâini. (Ich muss mir die Hände waschen.)

Die betonten Formen verwendet man, wenn man besonders hervorheben möchte, wer etwas getan hat. In diesem Fall können die betonten Formen den zusammen mit den unbetonten Formen kombiniert werden.

ohne Hervorhebung	mit Hervorhebung
Îmi place hotelul. (Mir gefällt das Hotel.)	**Mie îmi** place hotelul. (**Mir** gefällt das Hotel.)
Mă doare capul. (Mir schmerzt der Kopf.)	**Pe mine mă** doare capul. (**Mir** schmerzt der Kopf.)

In Verbindung mit Präpositionen verwendet man immer die betonten Formen:

Präposition + betontes Pronomen	Maria vine **cu** mine. (Maria kommt mit mir.)

Personalpronomen haben auch eine Höflichkeitsform. Diese Form bleibt in allen Kasus gleich:

	2. Person Singular/Plural	**3. Person Singular**	**3. Person Plural**
m.	dumneavoastră (Sie)	dumnealui (er - der Herr)	dumnealor (sie - die Herren)
f.	dumneavoastră (Sie)	dumneaei (sie - die Dame)	dumnealor (sie - die Damen)

REFLEXIVPRONOMEN

Die unbetonten Reflexivpronomen für die 1. und 2. Person Singular und Plural entsprechen den Personalpronomen im Akkusativ mă, te, ne, vă. Möchte man etwas ganz besonders **hervorheben**, verwendet man zusätzlich noch pe + mine/tine/noi/voi für die 1. und 2. Person Singular und Plural.

Für die 3. Person Singular und Plural gibt es eine eigene unbetonte Form des Reflexivpronomens: se. Für eine **Hervorhebung** oder nach Präpositionen (das gilt für alle Personen) steht vor der 3. Person Singular und Plural pe sine.

eu	**(pe mine)** mă spăl (ich wasche mich)
tu	**(pe tine)** te speli (du wäschst dich)
el / ea	**(pe sine)** se spală (er/sie wäscht sich)
noi	**(pe noi)** ne spălăm (wir waschen uns)
voi	**(pe voi)** vă spălați (ihr wascht euch/Sie waschen sich)
ei / ele	**(pe sine)** se spală (sie waschen sich)

POSSESSIVPRONOMEN UND -BEGLEITER

Possessivpronomen stehen mit dem genitivischen Artikel al, a, ai, ale. In der Verwendung als Begleiter entfällt der genitivische Artikel und sie stehen sie hinter dem Nomen und richten sich in Kasus und Numerus nach dem Nomen, auf das sie sich beziehen:

Begleiter	**Pronomen**
Mașina **ta** este bună,	dar **a mea** este și mai bună.
Dein Auto ist nicht schlecht,	aber meines finde ich besser.

Formen

	Singular		**Plural**	
	m. / n.	**f.**	**m.**	**n. / f.**
ich	al meu	a mea	ai mei	ale mele
du	al tău	a ta	ai tăi	ale tale
er / sie	al său	a sa	ai săi	ale sale

wir	al nostru	a noastră	ai noştri	ale noastre
ihr	al vostru	a voastră	ai voştri	ale voastre
sie	al lor	a lor	ai lor	ale lor

Demonstrativpronomen und -begleiter

Es gibt Demonstrativpronomen und -begleiter der Nähe und der Distanz. Demonstrativbegleiter können vor oder hinter dem Nomen stehen und haben dafür unterschiedliche Formen. Vor dem Nomen dienen sie der Hervorhebung.

Ohne Hervorhebenung:
Casa **aceasta** este prea scumpă.
Dieses Haus ist zu teuer.
Mit Hervorhebung:
Această casă este prea scumpă.
Dieses Haus *(nicht jenes)* ist zu teuer.

Demonstrativbegleiter (vor dem Nomen)

	Singular		**Plural**	
	m. / n.	**f.**	**m.**	**n. / f.**
der Nähe	acest	această	aceşti	aceste
der Distanz	acel	acea	acei	acele

acest tren (dieser Zug)	acel tren (jener Zug)
această casă (dieses Haus)	acea casă (jenes Haus)

Stehen die Demonstrativbegleiter hinter dem Nomen, wird dieses von einem bestimmten Artikel begleitet.

Demonstrativbegleiter (hinter dem Nomen)

	Singular		**Plural**	
	m. / n.	**f.**	**m.**	**n. / f.**
der Nähe	acest**a**	aceast**a**	aceşti**a**	aceste**a**
der Distanz	acel**a**	acee**a**	acei**a**	acele**a**

Beispiel

tren**ul** **acesta** (dieser Zug)	tren**ul** **acela** (jener Zug)
cas**a** **aceasta** (dieses Haus)	cas**a** **aceea** (jenes Haus)

Verben

Dem Infinitiv wird immer die Partikel **a** vorangestellt: **a** cânta (singen), **a** face (tun, machen), **a** vorbi (sprechen). Das Verb wird im Rumänischen meist ohne Personalpronomen verwendet, weil durch die Verbendung bereits klar wird, wer etwas macht. Durch die Verwendung des Personalpronomens wird die Person besonders hervorgehoben: Sunt directorul fabricii. – Ich bin der Fabrikdirektor. / **Eu** sunt directorul fabricii. – **Ich** (und niemand anders) bin der Fabrikdirektor.

Regelmässige Verben

Es gibt **vier Konjugationsgruppen**, die man anhand der Endungen unterscheidet:

-a	a cânt**a** (singen), a travers**a** (überqueren)
-ea	a put**ea** (können), a ved**ea** (sehen)
-e	a merg**e** (gehen), a cred**e** (glauben)
-i(î)	a dorm**i** (schlafen), a călători (reisen)

Innerhalb jeder Konjugationsgruppe, gibt es **zwei Muster** mit unterschiedlichen Endungen. Die Endungen werden zum Stamm hinzugefügt. Manche Endungen bewirken eine Änderung eines Konsonanten oder Vokals im Stamm.

1. Konjugationgruppe: -a → a cânta (singen), a traversa (überqueren)

	1. Muster	2. Muster
eu	cânt	travers**ez**
tu	cân**ți**	travers**ezi**
el / ea	cânt**ă**	traves**ează**
noi	cânt**ăm**	travers**ăm**
voi	cânt**ați**	travers**ați**
ei / ele	cânt**ă**	travers**ează**

Konsonantenänderungen beim ersten Muster der 1. Konjugationsgruppe, 2. Person Singular – **t** wird zu **ț**.

Ebenso: a accepta (akzeptieren), dansa (tanzen), a discuta (diskutieren), a lucra (arbeiten), a saluta (begrüßen), a visa (träumen).

2. Konjugationsgruppe: -ea → a putea (können), a vedea (sehen)

	1. Muster	2. Muster
eu	pot	văd
tu	po**ți**	ve**zi**
el / ea	p**oa**t**e**	ved**e**
noi	p**u**t**em**	ved**em**
voi	p**u**t**eți**	ved**eți**
ei / ele	pot	văd

Konsonantenänderungen beim ersten Muster der 2. Konjugationsgruppe, 2. Person Singular – **t** wird zu **ț**.

Vokaländerung beim ersten Muster, 3. Person Singular: **o wird zu oa**, 1. und 2. Person Plural **o** wird zu **u**.

Konsonantenänderungen beim zweiten Muster, 2. Person Singular – **d** wird zu **z**.

Vokaländerungen beim zweiten Muster, 1. Person Singular und 3. Person Plural – **e** wird zu **ă**.

Ebenso: a cădea (fallen), a şedea (sitzen), a tăcea (schweigen).

3. Konjugationsgruppe: -e → a merge (gehen), a rede (glauben)

	1. Muster	**2. Muster**
eu	merg	cred
tu	merg**i**	cre**zi**
el / ea	merg**e**	cred**e**
noi	merg**em**	cred**em**
voi	merg**eţi**	cred**eţi**
ei / ele	merg	cred

Konsonantenänderungen beim zweiten Muster der 3. Konjugationsgruppe, 2. Person Singular – **d** wird zu **z**

Ebenso: a arde (brennen), a face (tun, machen).

4. Konjugationsgruppe:-i → a dormi (schlafen), a călători (reisen)

	1. Muster	**2. Muster**
eu	dorm	călător**esc**
tu	dorm**i**	călător**eşti**
el / ea	d**oa**rm**e**	călător**eşte**
noi	dorm**im**	călător**im**
voi	dorm**iţi**	călător**iţi**
ei / ele	dorm	călător**esc**

Vokaländerungen beim ersten Muster der 4. Konjugationsgruppe, 3. Person Singular – **o** wird zu **oa**.

Ebenso: a coborî (aussteigen), a locui (wohnen).

UNREGELMÄSSIGE VERBEN IM PRÄSENS

Es gibt wichtige Verben, die von den regelmäßigen Konjugationsmustern abweichen:

	a vrea	**a bea**	**a sta**	**a lua**	**a mânca**
	wollen	**trinken**	**sitzen**	**nehmen**	**essen**
eu	vreau	beau	stau	iau	mănânc
tu	vrei	bei	stai	iei	mănânci
el / ea	vrea	bea	stă	ia	mănâncă
noi	vrem	bem	stăm	luăm	mâncăm
voi	vreţi	beţi	staţi	luaţi	mâncaţi
ei / ele	vor	beau	stau	iau	mănâncă

Die Verben **a avea** (haben) und **a fi** (sein) sind ebenfalls unregelmäßig:

a avea		**a fi**	
am (ich habe)	avem (wir haben)	sunt (ich bin)	suntem (wir sind)
ai (du hast)	aveţi (ihr habt / Sie haben)	eşti (du bist)	sunteţi (ihr seid / Sie sind)
are (er/sie hat)	au (sie haben)	este (er/sie ist)	sunt (sie sind)

Als Hilfsverb im Perfekt und im Konditional hat **a avea** eine abweichende Form (siehe Abschnitte *Perfekt* und *Konditional*). Mit dem Verb **a fi** bildet man das Passiv.

Im Rumänischen gibt es noch ein Hilfsverb, das für die Bildung des Futurs benutzt wird: **a voi** (wollen). In dieser Form wird das Verb nur für die Bildung des Futurs verwendet (siehe Abschnitt *Futur*).

REFLEXIVE VERBEN

Das Reflexivpronomen (siehe auch Abschnitt *Reflexivpronomen*) wird dem Verb vorangestellt.

eu	**mă** spăl (ich wasche mich)
tu	**te** speli (du wäschst dich)
el / ea	**se** spală (er/sie wäscht sich)
noi	**ne** spălăm (wir waschen uns)
voi	**vă** spălaţi (ihr wascht euch / Sie waschen sich)
ei / ele	**se** spală (sie waschen sich)

Bei Verneinungen wird die Partikel nu vor das Reflexivpronomen platziert:

Eu mă spăl.	Ich wasche mich.
Eu **nu** mă spăl.	Ich wasche mich nicht.

Das Reflexivpronomen in der 3. Person kann unpersönlich benutzt werden: În acest restaurant **se** mănâncă bine. (In diesem Restaurant ist **man** gut.)

PERFEKT

Das Perfekt wird für abgeschlossene Handlungen in der Vergangenheit verwendet: Am fost bolnav ieri. (Ich war gestern krank.)

Man bildet es, indem man – wie im Deutschen – die Präsensform des Hilfsverbs a avea (haben) mit dem Partizip Perfekt des gewünschten Verbs kombiniert.

Allerdings werden nicht die gewöhnlichen Formen des Präsens von a avea als Vollberb verwendet, sondern besondere Formen, die nur als Hilfsverben dienen:

	Hilfsverb a avea	**Partizip Perfekt von a lucra (arbeiten)**
eu	**am**	lucrat
tu	**ai**	lucrat
el / ea	**a**	lucrat
noi	**am**	lucrat

voi	**ați**	lucrat
ei / ele	**au**	lucrat

Die Endung des Partizip Perfekts richtet sich nach dem Konjugationsmuster des Verbs:

Konjugation auf **-a**	a lucra (arbeiten)	**-t**	lucra**t**
Konjugation auf **-i**	a citi (lesen)		citi**t**
Konjugation auf **-ea**	a cădea (fallen)	**-ut**	căz**ut**
Konjugation auf **-e**	a merge (gehen)	-s	mer**s**

Das Partizip Perfekt Formen der Verben a avea (haben) und a fi (sein) sind unregelmäßig:

Infinitiv	**Partizip Perfekt**
a avea	avut
a fi	fost

ZUKUNFT

Meistens kann man, wie im Deutschen, das Präsens verwenden, um die Zukunft auszudrücken, doch es gibt auch eine spezielle Zeitform – das Futur.

Man bildet das Futur mit der Präsensform des Hilfsverbs a voi (wollen) und mit der Infinitivform ohne Partikel a des gewünschten Verbs. Das Präsens des Hilfsverbs a voi ist eine besondere Form, die nur als Hilfsverb dient:

	Hilfsverb a voi	**Infinitiv von a lucra (arbeiten)**
eu	**voi**	lucra (Ich werde arbeiten.)

tu	**vei**	lucra (Du wirst arbeiten.)
el / ea	**va**	lucra (Er/Sie wird arbeiten.)
noi	**vom**	lucra (Wir werden arbeiten.)
voi	**veți**	lucra (Ihr werdet arbeiten.)
ei / ele	**vor**	lucra (Sie werden arbeiten.)

KONJUNKTIV PRÄSENS

Der rumänische Konjunktiv Präsens wird häufig gebraucht.

Der Konjunktiv wird mit **să + Präsensform** gebildet. Die Konjunktivformen sind bei den 1. und 2. Personen Singular und Plural mit den Präsensformen identisch:

a merge (gehen)

	Präsens	**Konjunktivform**
ich	eu merg	să merg
du	tu mergi	să mergi
wir	noi mergem	să mergem
ihr	voi mergeți	să mergeți

Die 3. Person Singular und Plural werden von der 3. Person Singular des Präsens abgeleitet. Dabei ändert sich bei Verben der Endvokal, falls vorhanden: **-ă** wird zu **-e** und **-e** wird zu **-ă**.

	Präsens	**Konjunktivform**
er / sie	El/ea/ei/ele cânt**ă**.	să cânt**e**
sie	El/ea/merg**e**.	să mearg**ă**

Die Verben a avea (haben) und a fi (sein) haben unregelmäßige Konjunktivformen.

a avea	**a fi**
să am	să fiu
să ai	să fii
să aibă	să fie
să avem	să fim
să aveți	să fiți
să aibă	să fie

Der Konjunktiv wird verwendet:

bei der Formulierung eines Wunsches oder einer Bitte	Vreau să mergem la mare. (Ich möchte, dass wir ans Meer gehen.)
bei der Formulierung einer Aufforderung oder eines Befehls	Trebuie să meargă acasă! (Er/Sie muss nach Hause gehen.)
um Zweifel oder eine Vermutung auszudrücken	Să fie el noul preşedinte? (Soll er vielleicht der neue Präsident sein?)
nach Verben, die im Deutschen Modalität ausdrücken: a vrea (wollen), a putea (können), a trebui (müssen)	Vreau să studiez. (Ich will studieren.) Pot să studiez. (Ich kann studieren.) Trebuie să studiez. (Ich muss studieren.)
in Konstruktionen, die im Deutschen *sollen* + Infinitiv entsprechen	Să te ajut? (Soll ich dir helfen?)
in wertenden Formulierungen mit a fi (sein)	E bine să ... (Es ist gut, dass ...), E rău să ... (Es ist schlecht, dass ...)

Mit Hilfe des Konjunktivs kann man auch eine weitere Form der Zukunft bilden, indem man die Partikel o vor să platziert. Diese Futur-Form wird häufiger verwendet als die Form mit voi.

eu **o** să merg	ich werde gehen
tu **o** să mergi	du wirst gehen
el/ea **o** să meargă	er/sie wird gehen
noi **o** să mergem	wir werden gehen
voi **o** să mergeți	ihr werdet gehen / Sie werden gehen
ei/ele **o** să meargă	sie werden gehen

KONDITIONAL

Der rumänische Konditional entspricht der deutschen Konstruktion von *würde* **+ Infinitiv** und drückt eine Bedingung oder einen Wunsch aus.

Bedingung	Dacă aș avea bani, aș merge la mare. (Wenn ich Geld hätte, ginge ich ans Meer.)
Wunsch	Dacă ai fi cu mine, am fi fericiți. (Wenn du bei mir wärst, wären wir glücklich.)

Der Konditional von a dori (mögen) wird in einer höflichen Bitte benutzt:

Aș dori o cafea, vă rog.	(Ich möchte einen Kaffe, bitte.)

Der Konditional wird mit Hilfe des Hilfsverbs a avea und der Infinitivform des Verbs ohne a gebildet. Für die 1. Person Singular und die 3. Person Singular und Plural hat das Hilfsverb a avea eine besondere Form: aș / ar:

eu **aș** merge	ich würde gehen
tu ai merge	du würdest gehen
el/ea **ar** merge	er/sie würde gehen
noi am merge	wir würden gehen

voi aţi merge	ihr würdet gehen / Sie würden gehen
ei/ele **ar** merge	sie würden gehen

Imperativ

Der Imperativ (Befehlsform) wird in Befehlen, Aufforderungen oder Bitten verwendet. Die Imperativform existiert nur für die 2. Person Singular und Plural.

Für Aufforderungen und Bitten an alle anderen Personen wird der Konjunktiv verwendet:

Să mergem la film!	Lass uns ins Kino gehen!

Der **Imperativ der 2. Person Plural** ist immer formengleich mit den Formen des Präsens:

Präsens	**Imperativ**
voi mergeţi (ihr geht)	mergeţi! (geht!)
voi tăceţi (ihr schweigt)	tăceţi! (schweigt!)
voi mâncaţi (ihr esst)	mâncaţi! (esst!)

Für die **Verneinung des Imperativs im Plural** steht das Wort nu (nein) vor der Imperativform:

nu mergeţi! (geht nicht!)
nu tăceţi! (schweigt nicht!)
nu mâncaţi! (esst nicht!)

Der **Imperativ der 2. Person Singular** entspricht entweder dem Präsens der 2. Person Singular (Typ 1) oder dem Präsens der 3. des Person Singular (Typ 2):

Typ 1	
2. Person Singular Präsens →	**2. Person Singular Imperativ**
tu dormi	dormi! (schlaf!)

tu taci	taci! (schweig!)
tu stai	stai! (bleib!)

Typ 2	
3. Person Singular Präsens →	**2. Person Singular Imperativ**
el/ea mănâncă	mănâncă! (iss!)
el /ea pleacă	pleacă! (geh!)
el/ea coboară	coboară! (steig aus!)

Für die **Verneinung des Imperativs im Singular** steht das Wort nu (nein) vor der Infinitivform.

Verneinung Imperativ Singular
nu dormi! (schlaf nicht!)
nu mânca! (iss nicht!)

Einige wichtige Verben haben im Imperativ der 2. Person Singular unregelmäßige Formen. Da die 2. Person Plural bejaht und verneint mit dem Infinitiv identisch ist, sind diese Verben nur im Singular unregelmäßig:

Unregelmäßige Formen in der 2. Person Singular	
a avea (haben)	ai! / nu avea! (hab! / hab nicht!)
a fi (sein)	fii! / nu fi!* (sei! / sei nicht!)
a face (machen, tun)	fă! / nu face! (mach! / mach nicht!)
a veni (kommen)	vino! / nu veni! (komm! / komm nicht!)
a duce (bringen)	du! / nu duce! (bring! / bring nicht!)
a zice (sagen)	zi! / nu zice! (sag! / sag nicht!)

* Bei a fi ist auch die 2. Person Plural unregelmäßig: fiţi, nu fiți (seid! / seid nicht!).

PASSIV

Das Passiv wird aus dem konjugierten Verb von a fi und dem Partizip Perfekt gebildet. Das Partizip Perfekt verhält sich als Teil des Passivs wie ein Adjektiv und erhält eine Endung, die sich in Numerus und Genus nach dem Subjekt des Satzes richtet.

Singular		
m. / f.	**f.**	
sunt invitat	invitat**ă**	ich werde eingeladen
sunt întrebat	întrebat**ă**	ich werde gefragt
este furat	furat**ă**	er/sie wird gestohlen

Plural		
m.	**n. / f.**	
suntem invitaț**i**	invitat**e**	wir werden eingeladen
sunteți întrebaț**iți**	întrebat**e**	wir werden gefragt
sunt furaț**i**	furat**e**	sie werden gestohlen

Verneinung

VERNEINUNG DES VERBS

Ein Verb wird mit der Partikel nu verneint. Nu steht immer vor dem verneinten Verb. Bei Reflexivverben steht nu vor dem Reflexivpronomen. Im Konjunktiv steht es hinter der Konjunktion să.

Präsens	lucrez (ich arbeite)	**nu** lucrez (ich arbeite nicht)
Reflexivverben	mă spăl (ich wasche mich)	**nu** mă spăl (ich wasche mich nicht)
Perfekt	am lucrat (ich habe gearbeitet)	**nu** am lucrat (ich habe nicht gearbeitet)

Futur	voi lucra (ich werde arbeiten)	**nu** voi lucra (ich werde nicht arbeiten)
Konjunktiv	să lucrez (dass ich arbeite, arbeiten)	să **nu** lucrez (dass ich nicht arbeite / nicht arbeiten)
Konditional	aş lucra (ich würde arbeiten)	**nu** aş lucra (ich würde nicht arbeiten)

DIE DOPPELTE VERNEINUNG

Kein oder *keine* als Begleiter vor dem Nomen gibt es im Rumänischen nicht. Diese Funktion wird durch die Verneinung des Verbs und die Verwendung der Pronomen niciun (keiner) oder nicio (keine) übernommen.

Möchte man einen anderen Satzteil als das Verb verneinen, verwendet man **zusätzlich zum verneinten Verb** verschiedene Verneinungswörter: niciodată (nie), nimic (nichts), nicăieri (nirgendwo). Im Rumänischen wird die doppelte Verneinung verwendet:

Nu mănânc **niciodată** ciocolată.	*wörtlich:* Nicht ich esse nie Schokolade. = Ich esse nie Schokolade.
Nu vreau **nimic.**	*wörtlich:* Nicht ich will nichts.= Ich will nichts.
Nu am **niciun** prieten.	*wörtlich:* Nicht ich habe keinen Freund. = Ich habe keinen Freund.
Nu merg **nicăieri.**	*wörtlich:* Nicht ich gehe nirgendwo hin. = Ich gehe nirgendwohin.

Präpositionen

PRÄPOSITIONEN MIT AKKUSATIV

Auf die meisten rumänischen Präpositionen folgt der Akkusativ:

cu

Vino **cu** mine!	Kommt **mit** mir!
cafea **cu** lapte	Kaffee **mit** Milch

la

Ortsangaben	
Merg **la** București.	Ich gehe **nach** București.
Sunt **la** universitate.	Ich bin **an** der Universität.
Zeitangaben	
la ora zece	**um** zehn Uhr
la vară	**im** Sommer

de

Materialangaben	
o rochie **de** mătase	ein Kleid **aus** Seide
Zeitangaben	
de două ore	**seit** zwei Stunden
Zweckangaben	
pahar **de** apă	ein Glas **für** Wasser
rochie **de** nuntă	ein Kleid **für** die Hochzeit
Funktionsbestimmung	
mașină **de** spălat	Waschmaschine
fier **de** călcat	Bügeleisen
mașină **de** găurit	Bohrmaschine

Mengenangaben	
o cană **de** ceai	eine Tasse Tee
un pahar **de** vin	ein Glas Wein

în und din

Orts- und Zeitangaben	
în Bucureşti	**in** Bukarest
în zece minute	**in** zehn Minuten
Sunt **din** Bucureşi.	Ich bin **aus** Bukarest.

Werden die Präpositionen din und în in Kombination mit den unbestimmten Artikeln un und o verwendet, schreibt man sie mit einem Bindestrich dazwischen:

din + un →dintr-un	aus einem
din + o → dintr-o	aus einer
în + un → într-un	in einem
în + o → într-o	in einer

Andere Präpositionen des Ortes und Raumes	
Vin **de la** birou.	Ich komme **vom** Büro.
Merg **prin** oraş.	Ich gehe **durch** die Stadt.
lângă casă	**neben** dem Haus
sub masă	**unter** dem Tisch
o casă **între** două blocuri	ein Haus **zwischen** zwei Blockhäusern

Andere wichtige Präpositionen	
o carte **despre** România	ein Buch **über** Rumänien
un cadou **pentru** mama	ein Geschenk **für** Mutter

PRÄPOSITIONEN MIT GENITIV

Eine kleine Anzahl von Präpositionen verlangt den Genitiv.

Die wichtigsten Präpositionen mit Genitiv	
un medicament **contra** răcelii	ein Medikament **gegen** Erkältung
un parc **de-a lungul** râului	ein Park **entlang** des Flusses
din cauza ploii	**wegen** des Regens
în fața casei	**vor** dem Haus

PRÄPOSITIONEN MIT DATIV

Eine kleine Anzahl von Präpositionen verlangt den Dativ.

Die wichtigsten Präpositionen mit Dativ	
grație ajutorului tău	**dank** deiner Hilfe
datorită timpului scurt	**wegen** der kurzen Zeit
conform programului	dem Programm **entsprechend**
contrar așteptărilor	**entgegen** deiner Erwartungen

Satzbau

AUSSAGESATZ

Ein Aussagesatz ist folgendermaßen aufgebaut:

Subjekt	**Begleiter**	**Verb**	**andere Angaben**
Familia	bunicilor mei	este	din România.
Die Familie	meiner Großeltern	ist	aus Rumänien.

FRAGESATZ

Ein Fragesatz mit Fragewort ist folgendermaßen aufgebaut:

Fragewort	Verb	Subjekt	andere Angaben
Unde	este	gara	în București?
Wo	ist	der Bahnhof	in Bukarest?

Eine Entscheidungsfrage ist wie ein Aussagesatz aufgebaut. Die Intonation ist dann steigend.

Innenhof des Klosters Stavropoleos in Bukarest

Bildtafeln zum Zeigen

Von A bis Z
Deutsch-Rumänisch

Bei Verben wird zusätzlich zum Infinitiv (Grundform) die 1. Person Präsens der einfachen Gegenwartsform und die 1. Person des Perfekts (Vergangenheitsform bestehend aus Hilfsverb und Partizip Perfekt) Singular angegeben. Bei unpersönlichen Verben (z. B. es regnet) wird die 3. Person angegeben.

A

ab de la [de la]
Abend *(früh)* seară ['ße̯arê] *f.*, *(nach Einbruch der Dunkelheit)* noapte ['no̯apte] *f.*, **Guten Abend!** Bună seara! ['bunê 'ße̯ara], **heute Abend** astă-seară ['aßtê 'ße̯arê]
Abendessen cină ['tßchinê] *f.*
abends *(am späten Nachmittag)* seara ['ße̯ara], *(nach Einbruch der Dunkelheit)* seara târziu ['ße̯ara tîr'siu̯]
aber dar [dar]
abfahren pleca [ple'ka] <plec, am plecat>
Abfahrt plecare [ple'kare] *f.*
abfliegen zbura [sbu'ra] <zbor, am zburat>
Abflug *(eines Flugzeugs)* decolare [deko'lare] *f.*
abheben *(Geld vom Konto)* ridica [ridi'ka], *(Flugzeug vom Boden)* decola [deko'la] <decolez, am decolat>, *(Telefonhörer)* ridica (receptorul) [ridi'ka (retßchep'torul)] <ridic, am ridicat>
abholen lua [lu'a] <iau, am luat>
Absender, **Absenderin** expeditor [ekspedi'tor] *m.*, expeditoare [ekspedi'to̯are] *f.*
absolut absolut [abßo'lut]
Achtung! atenţiune! [atenzi'une]
Adapter adaptor [adap'tor] *n.*
addieren aduna [adu'na] <adun, am adunat>, **etw. zu etw. addieren** aduna ceva cu ceva [adu'na ... ku]
Adresse adresă [a'dreßê] *f.*
Aids SIDA ['siđa] *f.*
Akku baterie [bate'rie] *f.*
Alkohol alcool [alko'ol] *n.*
alkoholfrei fără alcool [fêrê alko'ol]
alle *Pl.* ♂ toţi ['tozi], *Pl.* ♀/○ toate ['to̯ate]
allein ♂/○ singur ['ßingur], ♀ singură ['ßingurê]
Allergie alergie [aler'dschie] *f.*
Allgemeinmediziner, **Allgemeinmedizinerin** medic de casă ['medik de 'kaßê] *m./f.*
als *(zeitlich)* când [kînd], *(nach einem Komparativ)* decât [dekît]

also *(gefolgt von einer Erläuterung)* deci ['detßchi], *(gefolgt von einem Nebensatz)* astfel că ['aßtfel kê]

alt ♂/○ bătrân [bê'trîn], ♀ bătrână [bê'trînê]

Alter vârstă ['wîrßtê] *f.*

Ameise furnică [fur'nikê] *f.*

Ampel semafor [ßema'for] *n.*

an la [la], an der Kreuzung links abbiegen la intersecție luați-o la stânga [la inter'ßekzie lu'azio la 'ßtînga], am Strand la plajă [la 'plaschê], an die Tür klopfen bate la ușă ['bate la 'ußchê]

anbieten oferi [ofe'ri] <ofer, am oferit>

anderer, **andere**, **anderes** ♂ altul ['altul], ♀ alta ['alta]

anders *(Adjektiv)* ♂/○ diferit [dife'rit], ♀ diferită [dife'ritê], anders sein als fi diferit de [fi dife'rit de], *(Adverb)* altfel ['altfel]

Anfahrtsbeschreibung descrierea drumului [deß'krierea 'drumului] *f.*

Anfang început [întßche'put] *n.*, am Anfang la început [la întßche'put], Anfang Mai la începutul lui mai [la întßche'putul lui 'mai]

anfangen începe [în'tßchepe] <încep, am început>

Angebot ofertă [o'fertê] *f.*

ankommen sosi [ßo'ßi] <sosesc, am sosit>

Ankunft sosire [ßo'ßire] *f.*

anmelden sich anmelden a se înscrie [a ße în'ßkrie] <mă înscriu, m-am înscris>

Anruf apel [a'pel] *n.*

anrufen apela [ape'la] <apelez, am apelat>

Anschluss *(auf Reisen)* legătură [legê'turê] *f.*

Anschlussflug zbor de legătură [sbor de legê'turê] *n.*

Anspitzer ascuțitoare [aßkuzi'toare] *f.*

Antibiotikum antibiotic [anti'biotik] *n.*

Antrag cerere ['tßcherere] *f.*

Antwort răspuns [rêß'punß] *n.*

antworten răspunde [rêß'punde] <răspund, am răspuns>

anzahlen etw. anzahlen plăti un avans la ceva [plê'ti un a'wanß la] <plătesc, am plătit>

Anzahlung avans [a'wanß] *n.*, eine Anzahlung leisten da un avans [da un a'wanß]

Anzeige *(Annonce)* anunț [a'nunz] *n.*, *(Strafanzeige)* plângere ['plîndschere] *f.*, Anzeige gegen jdn erstatten depune o plângere contra cuiva [de'pune o 'plîndschere 'kontra kui'wa]

Anzug costum [koß'tum] *n.*

Apfel măr [mêr] *n.*

Apotheke farmacie [farma'tßchie] *f.*

April aprilie [a'prilie] *m.*

Arbeit muncă ['munkê] *f.*

arbeiten munci [mun'tßchi] <muncesc, am muncit>

Arbeitserlaubnis permis de muncă [per'miß de 'munkê] *n.*

arm ♂/○ sărac [ßê'rak], ♀ săracă [ßê'rakê]

Arm braţ [braz] *n.*

Armbanduhr ceas de mână ['tßcheaß de 'mînê] *n.*

Arzt, **Ärztin** medic ['medik] *m./f.*

auch şi [ßchi], auch nicht nici ['nitßchi], Er spricht auch kein Englisch. Nu vorbeşte nici engleză. [nu wor'beßchte 'nitßchi en'glesê]

auf *(offen)* ♂ deschis [deß'kiß], ♀ deschisă [deß'kißê], *(räumlich)* pe [pe], Die Zeitung liegt auf dem Tisch. Ziarul este pe masă. [si'arul 'eßte pe 'maßê], *(Ort)* la [la], Sie ist auf der Post. Ea este la poştă. [iea 'eßte la 'poßchtê]

Aufenthalt şedere [ßche'dere] *f.*, *(Zwischenstopp)* întrerupere [între'rupere] *f.*

aufhören înceta [întßche'ta], aufhören, etw. zu tun înceta de a face ceva [întßche'ta de a 'fatßche] <încetez, am încetat>

aufstehen a se scula [a ße ßku'la] <mă scol, m-am sculat>

Auge ochi ['oki] *m.*

August august ['augußt] *m.*, im August în august [în 'augußt]

aus *(räumlich: von einem Ort)* din [din], Ich bin aus Leipzig. Sunt din Leipzig. [ßunt din 'laipsig], *(zeitlich: vorbei)* ♂/○ terminat [termi'nat], ♀ terminată [termi'natê], Das Spiel ist aus. Jocul s-a terminat. ['schokul ßa termi'nat]

Ausdruck *(auf Papier)* tipăritură [tipêri'turê] *f.*, *(Wendung, Wort)* expresie [eks'preßie] *f.*

ausdrucken tipări [tipê'ri] <tipăresc, am tipărit>

Ausfahrt ieşire [ie'ßchire] *f.*

Ausflug excursie [eks'kurßie] *f.*

ausfüllen completa [komple'ta] <completez, am completat>

Ausgang ieşire [ie'ßchire] *f.*

ausgebucht ♂/○ plin ['plin], ♀ plină ['plinê]

Auskunft informaţie [infor'mazie] *f.*

ausmachen *(Feuer, Kerze)* stinge ['ßtindsche] <sting, am stins>, *(Gerät, Apparat)* închide [în'kide] <închid, am închis>

Ausschlag erupţie [e'rupzie] *f.*

aussehen arăta [arêt'a] <arăt, am arătat>

aussteigen coborî [kobo'rî] <cobor, am coborât>

Ausweis buletin [bule'tin] *n.*

Auto maşină [ma'ßchinê] *f.*

Autobahn autostradă [auto'ßtradê] *f.*

Autobahnauffahrt intrare de autostradă [in'trare de auto'ßtradê] *f.*

Automat automat [auto'mat] *n.*, *(Geldautomat)* bancomat [banko'mat] *n.*

automatisch ♂/○ automat [auto'mat], ♀ automată [auto'matê]

B

Baby bebeluș [bebe'lußch] *m.*
Babyfläschchen biberon [bibe'ron] *n.*
Babynahrung mâncare pentru bebeluși [mîn'kare 'pentru bebe'lußchi] *f.*
Babypuder pudră de talc ['pudrê de 'talk] *f.*
Bach pârâu [pî'rîu̯] *n.*
Bäcker, Bäckerin brutar [bru'tar] *m.*, brutăreasă [brutê're̯aßê] *f.*, **beim Bäcker** la pâine [la 'pîi̯ne]
Bäckerei magazin de pâine [maga'sin de 'pîi̯ne] *n.*
Bad baie ['bai̯e] *f.*
baden a face baie [a 'fatßche 'bai̯e]
Badewanne cadă de baie ['kadê de 'bai̯e] *f.*
Bahn *(Zug)* tren [tren] *n.*, *(Institution)* căi ferate ['kêi̯ fe'rate] *f. Pl.*
Bahnhof gară feroviară ['garê ferowi'arê] *f.*
Bahnsteig pe'ron [peron] *n.*
bald în curând [în ku'rînd]
Balkon balcon [bal'kon] *n.*
Ball minge ['mindsche] *f.*
Banane banană [ba'nanê] *f.*
Bank bancă ['bankê] *f.*
Bankleitzahl cod al băncii ['kod al 'bêntßchii̯] *n.*
bar in bar în bani gheață [în 'bani 'ge̯azê]
Bargeld bani gheață ['bani 'ge̯azê] *m. Pl.*
Batterie baterie [bate'ri̯e] *f.*
Bauch stomac [ßto'mak] *n.*
Baum copac [ko'pak] *m.*
Bedarf nevoie [ne'woi̯e] *f.*
bedeuten însemna [înßem'na] <însemn, am însemnat>
Bedürfnis nevoie [ne'woi̯e] *f.*
beginnen începe [în'tßchepe] <încep, am început>
behalten *(nicht weggeben)* păstra [pêß'tra] <păstrez, am păstrat>, *(nicht vergessen)* reține [re'zine] <rețin, am reținut>
behindert ♂/○ handicapat [handika'pat], ♀ handicapată [handika'patê]
Behinderter, Behinderte handicapat [handika'pat] *m.*, handicapată [handika'patê] *f.*
Behindertenausweis adeverință de handicapat [adewe'rinzê de handika'pat] *f.*
behindertengerecht adaptat persoanelor cu handicap [adap'tat per'so̯anelor ku handi'kap]
bei *(in der Nähe von)* aproape de [a'pro̯ape de], *(gleich daneben)* lîngă ['lîngê]
beide *Pl.* ♂ ambii ['ambii̯], *Pl.* ♀/○ ambele ['ambele]
Bein picior [p'itßchi̯or] *n.*
bekommen primi [pri'mi] <primesc, am primit>
benutzen folosi [folo'ßi] <folosesc, am folosit>
Berg munte ['munte] *m.*
Beruf profesie [pro'feßie] *f.*

Beschwerde reclamație [rekla'mazie] *f.*

beschweren sich beschweren reclama [rekla'ma] <reclam, am reclamat>

besetzt ♂ ocupat [oku'pat], ♀ ocupată [oku'patê]

besser ♂/○ mai bun [ma͜i bun], ♀ mai bună [ma͜i 'bunê]

bestätigen confirma [konfir'ma] <confirm, am confirmat>

Bestätigung confirmare [konfir'mare] *f.*

bestellen comanda [koman'da] <comand, am comandat>

besuchen vizita [wisi'ta] <vizitez, am vizitat>

Bett pat [pat] *n.*, ins Bett gehen merge în pat ['merdsche în pat]

Bettbezug față de plapumă ['fazê de 'plapumê] *f.*

Bettlaken cearșaf [tßche͜ar'ßchaf] *n.*

Bettzeug lenjerie de pat [lensche'rije de pat] *f.*

bezahlen plăti [plê'ti] <plătesc, am plătit>

Bier bere ['bere] *f.*

Bild tablou [ta'blo͜u] *n.*, *(gemalt)* pictură [pik'turê] *f.*

billig ♂/○ ieftin ['i͜eftin], ♀ ieftină ['i͜eftinê]

Birne *(Frucht)* pară ['parê] *f.*

bis până ['pînê], bis Bremen până la Bremen ['pînê la 'bremen]

bisschen ein bisschen puțin [pu'zin], kein bisschen de loc [de 'lok]

bitte vă rog [wê rog]

Bitte rugăminte [rugê'minte] *f.*

bitten ruga [ru'ga] <rog, am rugat>, jdn um etw. bitten ruga pe cineva ceva [ru'ga pe]

bitter ♂/○ amar [a'mar], ♀ amară [a'marê]

Blase *(Organ)* vezică [we'zikê] *f.*, *(am Fuß)* bășică [bê'ßchikê] *f.*, *(Lufteinschluss)* bulă ['bulê] *f.*

blau albastru [al'baßtru]

bleiben rămâne [rê'mîne] <rămân, am rămas>

bleifrei fără plumb ['fêrê 'plumb]

Bleistift creion [kre'i͜on] *n.*

blind ♂/○ orb [orb], ♀ oarbă ['o͜arbê]

Blindenhund câine pentru nevăzători ['kîine 'pentru newêsê'tori] *m.*

Blume floare [flo͜are] *f.*

Blumenladen florărie [florê'rie] *f.*

Bluse bluză ['blusê] *f.*

Blut sânge ['ßîndsche] *m.*

brauchen avea nevoie [a'we͜a ne'wo͜ie] <am nevoie, am avut nevoie>

braun maro [ma'ro]

breit ♂/○ lat [lat], ♀ lată ['latê]

Breite lățime [lê'zime] *f.*

Bremse *(eines Fahrzeugs)* frână ['frînê] *f.*, *(Stechfliege)* muscă de cal ['mußkê de kal] *f.*

bremsen frâna [frî'na] <frânez, am frânat>

Brief scrisoare [ßkri'so͜are] *f.*

Briefmarke timbru ['timbru] *n.*

bringen *(hinbringen)* duce ['dutßche] <duc, am dus>, Können Sie mich zum Bahnhof bringen? Puteţi să mă duceţi la gară? [pu'tezi ßê mê 'dutßchezi la 'garê], *(mitbringen)* aduce [a'dutßche] <aduc, am adus>
Bronchitis bronşită [bron'ßchitê] *f.*
Brot pâine [pîine] *f.*
Brötchen pâiniţă [pîi'nizê] *f.*
Bruder frate ['frate] *m.*
Brust piept [piept] *n.*
Buch carte ['karte] *f.*
buchen rezerva [reser'wa] <rezerv, am rezervat>
Buchstabe literă ['literê] *f.*
buchstabieren spune pe litere [ß'pune pe 'litere] <spun pe litere, am spus pe litere>
Buchung rezervare [reser'ware] *f.*
Büro birou [birou] *n.*
Bus autobuz [auto'bus] *n.*, *(Reisebus)* autocar [auto'kar] *n.*
Bushaltestelle staţie de autobuz [ß'tazie de auto'bus] *f.*
Bußgeld amendă [a'mendê] *f.*
Butter unt [unt] *n.*

C

Café cafenea [kafe'nea] *f.*
campen a face camping [a 'fatßche 'kamping] <fac camping, am făcut camping>
Campingplatz loc de camping [lok de 'kamping] *n.*
CD CD [ßi'di] *n.*
Cent cent [tßchent] *m.*
Chance şansă ['ßchanßê] *f.*
Chef, **Chefin** şef ['ßchef] *m.*, şefă ['ßchefê] *f.*
christlich ♂/○ creştin [kreßch'tin], ♀ creştină [kreßch'tinê]
Cola coca cola® ['koka 'kola] *f.*
Computer computer [kom'piuter] *n.*
Cousin, **Cousine** văr [wêr] *m.*, vară [warê] *f.*
Creme cremă ['kremê] *f.*

D

da *(weil)* deoarece [deoare'tche], *(in dem Moment)* atunci [a'tuntßchi], *(dort)* acolo [a'kolo]
Dach acoperiş [akope'rißch] *n.*
Dame doamnă ['doamnê] *f.*
Damenbinde absorbant [abßor'bant] *n.*
Damentoilette toaletă pentru femei [toa'letê 'pentru fe'mei] *f.*
daneben alături [a'lêturi], (Da ist Peter.) Wer sitzt daneben? (Acolo e Peter.) Cine stă alături? [(a'kolo e 'peter) 'tßchine 'ßtê a'lêturi]
Dank ♀ mulţumire [mulzu'mire], Vielen Dank! Mulţumesc mult! [mulzu'meßk mult]
danke mulţumesc [mulzu'meßk]
danken mulţumi [mulz'umi] <mulţumesc, am mulţumit>
dann apoi [a'poi], *(eine Konsequenz ausdrückend)* atunci [a'tuntßchi]
das ○ -l [l]
dass că [kê]
Datum dată ['datê] *f.*

Daumen policar [poli'kar] *m.*, deget mare ['dedschet 'mare] *n.*

Decke pătură ['pêturê] *f.*

defekt ♂/○ defect [de'fekt], ♀ defectă [de'fektê]

dein, deine ♂/○ tău [têu̯], ♀ ta [ta]

denken a se gândi [a ße gîn'di] <mă gândesc, m-am gândit>

denn deoarece [deo̯are'tßche]

der -l [l]

deutsch ♂/○ german [dscher'man], ♀ germană [dscher'manê]

Deutscher, Deutsche german, neamț [dscher'man/ ne̯amz] *m.*, germană, nemțoaică [dscher'manê/nem'zo̯aicê] *f.*

Deutschland Germania [dscher'mania] *f.*

Dezember decembrie [de'tßchembrie] *m.*

Diät dietă [di'etê] *f.*

dich *(reflexiv: betont nach Präposition)* (pe) tine [(pe) 'tine], *(reflexiv: unbetont)* te [te]

dick *(Person)* ♂/○ gras ['graß], *(Person)* ♀ grasă ['graßê], *(Schicht, Brett etc.)* ♂/○ gros ['groß], ♀ groasă ['gro̯aßê]

die -a [a]

Dienstag marți ['marzi] *f.*

dies ♂/○ acest [a'tßcheßt], ♀ această [a'tßche̯aßtê]

dieser, diese, dieses ♂/○ acesta [a'tßcheßta], ♀ aceasta [a'tßche̯aßta], *(wenn das Objekt vom Sprecher weiter entfernt ist)* ♂/○ acela [a'tßchela], ♂ aceea [a'tßchee̯a]

Ding lucru ['lukru] *n.*

Diphtherie difterie [dif'terie] *f.*

direkt ♂/○ direct [di'rekt], ♀ directă [di'rektê]

Direktflug zbor direct [sbor di'rekt] *n.*

Donnerstag joi ['scho̯i] *f.*

doppelt ♂/○ dublu ['dublu], ♀ dublă ['dublê]

Doppelzimmer cameră dublă ['kamerê 'dublê] *f.*

Dorf sat [ßat] *n.*

dort acolo [a'kolo], **dort drüben** dincolo ['dinkolo]

Dose conservă [kon'ßerwê] *f.*

draußen afară [a'farê]

drinnen înăuntru [înê'untru]

Drittel treime [tre'ime] *f.*

drücken apăsa [apê'ßa] <apăs, am apăsat>, *(Knopf)* apăsa [apê'ßa] <apăs, am apăsat>

Drucker imprimantă [impri'mantê] *f.*

du tu [tu]

dunkel ♂/○ închis [în'kiß], ♀ închisă [în'kißê]

durch *(räumlich)* prin ['prin], **eine Reise mit dem Zug durch Rumänien** o călătorie cu trenul prin România [o kêlêto'rie ku 'trenul prin romî'nia], **durch den Fluss schwimmen** înota într-un râu [îno'ta 'întrun 'rîu̯]

Durchsage anunț [a'nunz] *n.*

dürfen avea voie [a'we̯a 'woi̯e] <am voie, am avut voie>

Durst sete ['ßete] *f.*, Durst haben a-i fi sete [ai fi 'ßete]
Dusche duș ['dußch] *n.*
duschen a se dușa [a ße du'ßcha] <mă dușez, m-am dușat>

E

EC-Karte card de bancă [kard de 'bankê] *n.*
Ehe căsnicie [kêßni'tßchie] *f.*
Ehefrau soție [ßo'zie] *f.*
Ehemann soț ['soz] *m.*
Ehepaar cuplu ['kuplu] *n.*
Ei ou [ou] *n.*
eigener, **eigene**, **eigenes** ♂/○ propriu ['propriu], ♀ proprie ['proprie]
eilig *(wichtig)* ♂/○ urgent [ur'dschent], ♀ urgentă [ur'dschentê], *(schnell)* ♂/○ rapid [ra'pid], ♀ rapidă [ra'pidê]
ein, **eine** ♂/○ un [un], ♀ o [o]
einfach ♂/○ simplu ['ßimplu], ♀ simplă ['ßimplê]
Eingang intrare [in'trare] *f.*
einkaufen cumpăra [kumpê'ra] <cumpăr, am cumpărat>
Einkaufszentrum centru comercial ['tßchentru komer'tßchial] *n.*
einladen invita [inwi'ta] <invit, am invitat>
Einladung invitație [inwi'tazie] *f.*
einlösen *(Scheck, Gutschein)* încasa [înka'ßa] <încasez, am încasat>
einmal odată, o dată [o'datê]
einpacken împacheta [împake'ta] <împachetez, am împachetat>, *(in Papier)* ambala [amba'la] <ambalez, am ambalat>
einsteigen urca [ur'ka] <urc, am urcat>
Einweg... ... de unică folosință [de 'unikê folo'ßinzê]
Einzelzimmer cameră de o persoană ['kamerê de o per'ßoanê] *f.*
Eis gheață ['geazê] *f.*, *(zum Essen)* înghețată [înge'zatê] *f.*
Eltern părinți [pê'rinzi] *m. Pl.*
E-Mail email [e'mail] *n.*
Empfänger, **Empfängerin** destinatar [deßtina'tar] *m.*, destinatară [deßtina'tarê] *f.*
empfehlen recomanda [rekoman'da] <recomand, am recomandat>
Ende sfârșit [ßfîr'ßchit] *n.*
entgräten dezosa [deso'ßa] <dezosez, am dezosat>
entschuldigen jdn entschuldigen scuza pe cineva [ßku'sa pe] <scuz, am scuzat>, sich entschuldigen a se scuza [a ße ßku'sa] <mă scuz, m-am scuzat>
Entschuldigung scuză [ß'kusê] *f.*, Entschuldigung! Scuză-mă! [ß'kusêmê], *(Höflichkeitsform)* Scuzați-mă! [ßku'sazimê]
entspannen sich entspannen a se relaxa [a ße relak'sa] <mă relaxez, m-am relaxat>
entwickeln concepe [kon'tßchepe] <concep, am conceput>, *(fotografische Filme)* developa [dewelo'pa] <developez, am developat>

Entwicklung evoluţie [ewo'luzie] *f.*, *(fotografischer Filme)* developare [dewelo'pare] *f.*
er el [iel]
Erdbeere căpşună [kêp'ßchunê] *f.*
Erdgeschoss parter [par'ter] *n.*
erklären explica [ekspli'ka] <explic, am explicat>
erlauben permite [per'mite] <permit, am permis>
Ermäßigung reducere [re'dutßchere] *f.*
erster, **erst**, **erstes** ♂/○ primul ['primul], ♀ prima ['prima]
erwachsen ♂/○ adult [a'dult], ♀ adultă [a'dultê]
Erwachsene adult [a'dult] *m.*, adultă [a'dultê] *f.*
erzählen povesti [poweß'ti] <povestesc, am povestit>
es ♂/○ el [iel], ♀ ea ['ia]
essen mânca [mîn'ka], zum Essen ausgehen merge la restaurant ['merdsche la reßtau'rant] <merg, am mers>
Essig oţet [o'zet] *n.*
Etage etaj [e'tasch] *n.*
Etikett etichetă [eti'ketê] *f.*
euch *(reflexiv: betont nach Präposition)* (pe) voi [(pe) woi], *(reflexiv: unbetont)* vă [wê]
euer, **eure** ♂ vostru ['woßtru], ♀ voastră [w'oaßtrê]
Euro euro [e'uro] *m.*
Europa Europa [eu'ropa] *f.*
Europäer, **Europäerin** european [euro'pean] *m.*, europeană [euro'peanê] *f.*
europäisch ♂/○ european [euro'pean], ♀ europeană [euro'peanê]

F

Fabrik fabrică ['fabrikê] *f.*
Fahne drapel [dra'pel] *n.*
Fähre feribot [feri'bot] *n.*
fahren merge [mer'dsche] <merg, am mers>, *(selber am Steuer)* conduce [kon'dutßche] <conduc, am condus>
Fahrer, **Fahrerin** şofer [ßcho'fer] *m./f.*
Fahrkarte bilet [bi'let] *n.*
Fahrplan orar [o'rar] *n.*
Fahrrad bicicletă [bitßchi'kletê] *f.*
Fahrt *(im Auto, Motorrad)* călătorie [kêlêto'rie] *f.*, *(Strecke)* traseu [tra'ßeu] *n.*
Fahrzeugschein carte de înmatriculare ['karte de înmatriku'lare] *f.*
fallen cădea [kê'dea] <cad, am căzut>, etw. fallen lassen scăpa ceva [ßkê'pa] <scap, am scăpat>
falsch ♂/○ fals ['falß], ♀ falsă ['falßê]
Familie familie [fa'milie] *f.*
familienfreundlich familienfreundlich sein fi potrivit pentru familii [fi potri'wit 'pentru fa'milii]
Familienname nume de familie ['nume de fa'milie] *n.*
Familienstand stare civilă ['ßtare tßchi'wilê] *f.*
Farbe culoare [ku'loare] *f.*

Fass butoi [bu'to̯i] *n.*, *(kleiner)* butoiaş [buto'i̯aßch] *n.*, vom Fass de butoi [de bu'to̯i]
fast aproape [a'pro̯ape]
Fax fax [fax] *n.*
faxen faxa [fa'ksa] <faxez, am faxat>
Faxnummer număr de fax ['numêr de fax] *n.*
Februar februarie [febru'arie] *m.*
fehlen lipsi [lip'ßi] <lipsesc, am lipsit>, Eine Person fehlt noch. Lipseşte o persoană. [lip'ßeßchte o per'ßo̯anê]
Fehler greşeală [gre'ßche̯alê] *f.*
Feier sărbătoare [ßêrbê'to̯are] *f.*
Feiertag zi de sărbătoare [si de ßêrbê'to̯are] *f.*
Feld câmp [kîmp] *n.*
Fels stâncă ['ßtînkê] *f.*
Fenster fereastră [fe're̯aßtrê] *f.*
Ferien vacanţă [wa'kantzê] *f.*
Ferienhaus casă de vacanţă ['kaßê de wa'kanzê] *f.*
Fernglas binoclu [bi'noklu] *n.*
fernsehen a se uita la televizor [a ße ui'ta la telewi'sor] <mă uit, m-am uitat>
Fernsehen televizor [telewi'sor] *n.*
fertig ♂/○ terminat [termi'nat], ♀ terminată [termi'natê]
Fertiggericht mâncare semi-preparată [mîn'kare ßemiprepa'ratê] *f.*
Festland continent [konti'nent] *n.*, das europäische Festland continentul european [konti'nentul euro'pe̯an]

Feuer foc [fok] *n.*
Feuerzeug brichetă [bri'ketê] *f.*
Fieber febră ['febrê] *f.*
Film film ['film] *n.*
finden *(etw. Gesuchtes auffinden)* etw./jdn finden găsi ceva/pe cineva [gê'ßi ... pe] <găsesc, am găsit>, *(beurteilen)* gut finden a-i plăcea [a̯i 'plêtßchea] <îmi place, mi-a plăcut>, Wie findest du ...? Îţi place ...? [îzi 'platßche]
Finger deget ['dedschet] *n.*
Firma firmă ['firmê] *f.*
Fisch peşte ['peßchte] *m.*
Fischstäbchen crochete de peşte [kro'kete de 'peßchte] *f. Pl.*
flach ♂/○ plat ['plat], ♀ plată ['platê]
Flasche sticlă [ß'tiklê] *f.*
Flaschenöffner tirbuşon [tirbu'ßchon] *n.*
Fleisch carne ['karne] *f.*
Fleischer, Fleischerin măcelar [mêtßche'lar] *m.*, măcelăreasă [mêtßchelê're̯asê] *f.*
Fleischerei măcelărie [mêtßchelê'rie] *f.*
fliegen *(durch die Luft)* zbura [sbu'ra] <zbor, am zburat>
Flug zbor [sbor] *n.*
Flughafen aeroport [aero'port] *n.*
Flugzeug avion [awi'on] *n.*
Fluss râu [rî̯u] *n.*
Formular formular [formu'lar] *n.*, ein Formular ausfüllen completa un formular [komple'ta un formu'lar] <completez, am completat>

Foto fotografie [fotogra'fie] *f.*
fotografieren fotografia [fotogra'fia] <fotografiez, am fotografiat>
Frage întrebare [între'bare] *f.*
fragen întreba [între'ba] <întreb, am întrebat>
französisch ♂/○ francez [fran'tßches], ♀ franceză [fran'tßchesê]
Frau femeie [fe'meie̯] *f.*, *(Anrede für verheiratete Frau)* doamnă ['do̯amnê], *(Anrede für junge, unverheiratete Frau)* domnișoară [domni'ßcho̯arê] *f.*
frei ♂/○ liber ['liber], ♀ liberă ['liberê]
Freitag vineri ['wineri] *f.*
Freizeit timp liber ['timp 'liber] *n.*
fremd *(nicht vertraut, nicht zum eigenen Land oder Volk gehörig)* ♂/○ străin [ßtrê'in], ♀ străină [ßtrê'inê]
Fremdenverkehrsbüro oficiu de turism [ofi'tßchiu̯ de tu'rißm] *f.*
freuen sich freuen a se bucura [a ße buku'ra] <mă bucur, m-am bucurat>, sich über etw. freuen a se bucura de ceva [a ße buku'ra de]
Freund, **Freundin** prieten ['prie̯ten] *m.*, prietenă ['prie̯tenê] *f.*, *(in Liebesbeziehung)* iubit [iu̯'bit] *m.*, iubită [iu̯'bitê] *f.*
Friseur, **Friseurin** coafor [koa'for] *m.*, coafeză [koa'fesê] *f.*
früh devreme [de'wreme]
früher *(zeitiger)* mai devreme [mai de'wreme], Gibt es einen früheren Flug? Este vreun zbor mai devreme? ['eßte 'wre̯un 'sbor mai̯ de'wreme], *(einst)* mai demult [mai̯ de'mult]
Frühling primăvară ['primêwarê] *f.*
Frühstück mic dejun [mik de'schun] *n.*
frühstücken lua micul dejun [lu'a 'mikul de'schun] <iau micul dejun, am luat micul dejun>
führen conduce [kon'dutßche] <conduc, am condus>
Führerschein carnet de conducere [kar'net de kondu'tßchere] *n.*
für pentru ['pentru], drei CDs für 10 Euro trei CD-uri pentru 10 euro [trei ßi'diuri 'pentru 'setßche 'euro]
Fuß picior [pi'tßchio̯r] *n.*
Fußball fotbal ['fotbal] *n.*

G

Gabel *(Essbesteck)* furculiță [furku'lizê] *f.*, *(des Fahrrads)* furcă ['furkê] *n.*
Garage garaj [ga'rasch] *n.*
Garten grădină [grê'dinê] *f.*
Gärtner, **Gärtnerin** grădinar [grêdi'nar] *m.*, grădinăreasă [grêdinê're̯asê] *f.*
Gast musafir [mußa'fir] *m.*, *(im Lokal)* oaspete ['o̯aßpete] *m./f.*
Gebäude clădire [klê'dire] *f.*
geben da [da] <dau, am dat>
Gebirge masiv muntos [ma'ßiw mun'toß] *n.*

geboren ♂/○ născut [nêß'kut], ♀ născută [nêß'kutê], Wann sind Sie geboren? Când sunteţi născut/-ă? [kînd 'ßuntezi nêß'kut/-ê]

Geburtsdatum data naşterii ['data 'naßchterii] *f.*

Geburtsort locul naşterii ['lokul 'naßchterii] *n.*

Geburtstag ziua de naştere ['siua de 'naßchtere] *f.*, Herzlichen Glückwunsch zum Geburtstag! La mulţi ani! [la 'mulzi 'ani]

Gedeck tacâm [ta'kîm] *n.*

gefallen a-i plăcea [ai 'plêtßchea] <îmi place, mi-a plăcut>

Gefängnis închisoare [înki'ßoare] *f.*

gegen *(Ablehnung ausdrückend)* împotriva [împo'triwa], *(ungefähr)* circa ['tßchirka], gegen 20 Uhr către ora 20 ['kêtre 'ora douê'seci]

Gegend *(Stadtteil)* zonă ['sonê] *m.*, *(bestimmte Region)* regiune [redschi'une] *f.*

gehen merge ['merdsche] <merg, am mers>, Das Radio geht nicht. Radioul nu merge. [radi'oul nu 'merdsche]

gehören aparţine [apar'zine] <aparţin, am aparţinut>

gelb ♂/○ galben ['galben], ♀ galbenă ['galbenê]

Geld bani ['bani] *m. Pl.*

Gemüse legume [le'gume] *f. Pl.*

Gepäck bagaj [ba'gasch] *n.*

gerade *(zeitlich)* tocmai ['tokmai], *(nicht krumm)* ♂ drept ['drept], ♀ dreaptă ['dreaptê]

geradeaus înainte [îna'inte]

Gericht *(zum Essen)* fel de mâncare [fel de mîn'kare] *n.*, *(Strafgericht)* tribunal [tribu'nal] *n.*

Geschäft magazin [maga'sin] *n.*

Geschenk cadou [ka'dou] *n.*

geschieden ♂ divorţat [divor'zat], ♀ divorţată [divor'zatê]

Geschmack gust [gust] *n.*

Gesicht faţă ['fazê] *f.*

Gespräch discuţie [diß'kuzie] *f.*

gestern ieri [ieri]

gesund ♂/○ sănătos [ßênê'toß], ♀ sănătoasă [ßênê'toasê]

Gesundheit sănătate [ßênê'tate] *f.*, Gesundheit! Noroc! [no'rok]

Getränk băutură [bêu'turê] *f.*

Gewicht greutate [gre|u'tate] *f.*

Glas *(Trinkglas)* pahar [pa'har] *n.*, *(mit Fuß)* cupă ['kupê] *f.*

glauben crede ['krede] <cred, am crezut>

gleich *(sofort)* imediat [imedi'at], *(übereinstimmend aber nicht identisch)* ♂/○ asemănător [aßemênê'tor], ♀ asemănătoare [aßemênê'toare]

Gleis *(Schienen)* şină [ßchinê] *f.*, *(Bahnsteig)* peron [pe'ron] *n.*

Gleitschirmfliegen parapantă [para'pantê] *f.*

Glück fericire [feri'tßchire] *f.*, *(zufallsbedingt)* noroc [no'rok] *n.*, Glück haben avea noroc [a'wea no'rok]

glücklich ♂/○ fericit [feri'tßchit], ♀ fericită [feri'tßchitê], *(zufallsbe-*

dingt) ♂/○ norocos [noro'koß], ♀ norocoasă [noro'koaßê]
Golf golf [golf] *n.*
Golfplatz teren de golf [te'ren de 'golf] *n.*
Grad grad [grad] *n.*
Gramm gram [gram] *n.*
Gräte os de pește [oß de 'peßchte] *n.*
gratulieren felicita [felitßchi'ta] <felicit, am felicitat>
grau gri [gri]
groß mare ['mare], *(hochgewachsen)* ♂/○ înalt [î'nalt], ♀ înaltă [î'naltê]
Größe mărime [mê'rime] *f.*, *(Höhe)* înălțime [înêl'zime] *f.*
Großeltern bunici [bu'nitßchi] *m. Pl.*
Großmutter bunică [bu'nikê] *f.*
Großvater bunic [bu'nik] *m.*
grün verde ['werde]
Gruß salut [ßa'lut] *n.*, Schöne Grüße an ...! Salutări la ...! [ßalu'têri la]
grüßen saluta [ßalu'ta] <salut, am salutat>, Grüß ... von mir! Salutări ... de la mine! [ßalu'têri ... de la 'mine]
gültig ♂/○ valabil [wa'labil], ♀ valabilă [wa'labilê]
Gurke castravete [kaßtra'wete] *m.*, *(klein und eingemacht)* castraveciori [kaßtrawe'tßchiori] *m. Pl.*
gut ♂/○ bun ['bun], ♀ bună ['bunê], *(Adverb)* bine ['bine], gut gemacht ♂/○ bine făcut ['bine fê'kut], ♀ bine făcută ['bine fê'kutê]

H

Haar păr ['pêr] *m.*
haben avea [a'wea] <am, am avut>
Hähnchen pui [pui] *m.*
halb halb drei două și jumătate ['douê ßchi schumê'tate]
halber, **halbe**, **halbes** jumătate [schumê'tate], ein halbes Kilo o jumătate de kilogram [o scumê'tate de kilo'gram]
Halbpension demi-pensiune [demi'penßiune] *f.*
Hälfte jumătate [schumê'tate] *f.*
hallo bună ['bunê], *(am Telefon)* alo [a'lo]
Hals gât [gît] *n.*
halten ține ['zine] <țin, am ținut>
Hand mână ['mînê] *f.*
Handschuh mănușă [mê'nußchê] *f.*
Handtuch prosop [pro'ßop] *n.*
Handy mobil [mo'bil] *n.*
Hauptspeise fel principal [fel printßchi'pal] *n.*
Haus casă ['kaßê] *f.*, zu Hause acasă [a'kaßê]
Haustier animal de casă [ani'mal de 'kaßê] *n.*
Hauswein vin de casă [win de 'kaßê] *n.*
heiraten a se căsători [a ße kêßêto'ri] <mă căsătoresc, m-am căsătorit>
heiß fierbinte [fier'binte]
helfen ajuta [aschu'ta] <ajut, am ajutat>

hell ♂/○ deschis [deß'kiß], ♀ deschisă [deß'kißê]
Hemd cămaşă [kê'maßchê] *f.*
Hepatitis hepatită [hepa'titê] *f.*
Herbst toamnă ['toamnê] *f.*
Herd aragaz [ara'gas] *n.*
Herr *(in der Anrede)* domnul ['domnul] *m.*, *(höflich für ‚Mann')* domn ['domn] *m.*
Herrentoilette toaletă de bărbaţi [toa'letê de bêr'bazi] *f.*
heute azi ['asi], heute Nacht la noapte [la 'noapte]
hier aici [a'itßchi], hier entlang pe aici [pe a'itßchi]
Hilfe ajutor [aschu'tor] *n.*, Erste Hilfe primul ajutor [pri'mul aschu'tor] *n.*
Himbeere zmeură [s'meurê] *f.*
hinten în spatele [în 'ßpatele], *(auf der rückwärtigen Seite)* pe spatele [pe 'ßpatele]
hoch ♂ înalt [î'nalt], ♀ înaltă [î'naltê]
Hochglanz luciu intens ['lutßchiu in'tenß] *n.*
Hochstuhl jilţ [schilz] *n.*
Höhe înălţime [înêl'zime] *f.*
Höhle peşteră ['peßchterê] *f.*
holen aduce [a'dutßche] <aduc, am adus>, *(bringen)* duce ['dutßche] <duc, am dus>
homosexuell homosexual [homoßeksu'al]
Honig miere [miere] *f.*
hören auzi [au'si] <aud, am auzit>, *(zuhören)* asculta [aßkul'ta] <ascult, am ascultat>
Hose pantaloni [panta'loni] *m. Pl.*, kurze Hose pantaloni scurţi [panta'loni 'ßkurzi] *m. Pl.*
Hotel hotel [ho'tel] *n.*
Huhn pui ['pui] *m.*
Hund câine ['kîine] *m.*
Hunger foame ['foame] *f.*, Hunger haben a-i fi foame [ai fi 'foame]
hungrig ♂/○ flămând [flê'mînd], ♀ flămândă [flê'mîndê]
husten tuşi [tu'ßchi] <tuşesc, am tuşit>
Husten tuse ['tuße] *f.*
Hustensaft sirop de tuse [ßi'rop de 'tuße] *n.*

I

ich eu [ieu]
Idee idee [i'dee] *f.*
ihr *(Personalpronomen)* voi [woi]
ihr, ihre ei [ei]
Ihr, Ihre dumneavoastră [dumnea'woaßtrê]
immer mereu [me'reu], immer noch încă [înkê]
Impfpass carnet de vaccinare [kar'net de waktßchi'nare] *n.*
in în [în]
Information informaţie [infor'mazie] *f.*
innen înăuntrul [înê'untrul]
innerhalb în [în], *(zeitlich)* în timp de [în 'timp de]
Insekt insectă [in'ßektê] *f.*
Insektenbiss înţepătură de insectă [înzepê'turê de in'ßektê] *f.*
Insel insulă ['inßulê] *f.*
Insulin insulină [inßu'linê] *f.*

interessant ♂ interesant [intere'ßant], ♀ interesantă [intere'ßantê]
Internet internet [inter'net] *n.*

J

ja da [da]
Jacke jachetă [scha'ketê] *f.*
Jagd vânătoare [wînê'toare] *f.*
Jahr an [an] *m.*
Jahreszeit anotimp [ano'timp] *n.*
Januar ianuarie [ianu'arie] *m.*
Jeans jeanşi ['dschinßchi] *m. Pl.*
jeder, jede, jedes *(vor dem Nomen)* fiecare [fie'kare], *(als Pronomen) Pl.* ♂ toţi ['tozi], *(als Pronomen) Pl.* ♀/○ toate ['toate]
jemand cineva [tßchine'wa]
jetzt acum [a'kum]
Joghurt iaurt [ia'urt] *n.*
jucken mânca pe cineva [mîn'ka pe tßchine'wa] <mă mănâncă, m-a mâncat>
Jucken mâncărime [mînkê'rime] *f.*
Jugendherberge hostel [hoß'tel] *n.*
Jugendlicher, Jugendliche tânăr ['tînêr] *m.*, tânără ['tînêrê] *f.*
Juli iulie ['iulie] *m.*
jung ♂/○ tânăr ['tînêr], ♀ tânără ['tînêrê]
Junge puşti ['pußchti] *m.*
Juni iunie ['iunie] *m.*
Juwelier, Juwelierin bijutier [bischuti'er] *m.*, bijutieră [bischuti'erê] *f.*

K

Kabel cablu ['kablu] *n.*
Kaffee cafea [ka'fea] *f.*
Kakao *(Pulver, Heißgetränk)* cacao [ka'kao] *f.*
Kakerlake ploşniţă ['ploßchnizê] *f.*
kalt rece ['retßche]
Kamera aparat de fotografiat [apa'rat de fotografi'at] *n.*
Kamm pieptăn ['pieptên] *m.*
kämmen a se pieptăna [a ße pieptê'na] <mă pieptăn, m-am pieptănat>
kämpfen lupta [lup'ta] <lupt, am luptat>
Kappe cipilică [tßchipi'likê] *f.*
kaputt ♂/○ stricat [ßtri'kat], ♀ stricată [ßtri'katê], **kaputt machen** strica [ßtri'ka] <stric, am stricat>
Karotte morcov ['morkow] *m.*
Karte carte ['karte] *f.*, *(Postkarte)* carte poştală ['karte poßch'talê] *f.*, *(Landkarte)* hartă ['hartê] *f.*, *(Speisekarte)* meniu [me'niu] *n.*
Kartoffel cartof [kar'tof] *m.*
Käse brânză ['brînsê] *f.*
Kasse casă ['kaßê] *f.*
Katze pisică [pi'ßikê] *f.*
kaufen cumpăra [kumpê'ra] <cumpăr, am cupărat>
Kaufhaus magazin universal [maga'sin uniwer'ßal] *n.*
Kaugummi gumă de mestecat ['gumê de meßte'kat] *f.*
Kehle beregată [bere'gatê] *f.*

kein, **keine** nici ['nitßchi], ♂/○ niciunul [nitßch'unul], ♀ niciuna [nitßch'una], *(vor Nomen)* Ich habe keine Zeit. Nu am timp. [nu am timp] →*Kurzgrammatik S. 170*

Keks biscuit [bißku'it] *m.*

Keller pivniță ['piwnizê] *f.*

Kellner, **Kellnerin** chelner ['kelner] *m.*, chelneriță [kelne'rizê] *f.*

kennen cunoaște [ku'no̯aßchte] <cunosc, am cunoscut>, *(auswendig wissen)* ști ['ßchti] <știu, am știut>

Ketchup ketchup ['ketßchap] *n.*

Kilogramm kilogram [kilo'gram] *n.*

Kilometer kilometru [ki'lometru] *m.*

Kind copil [ko'pil] *m.*, copilă [ko'pilê] *f.*, Kinder copii [ko'pii̯] *m. Pl.*, copile [ko'pile] *f. Pl.*

Kinderbecken piscină de copii [piß'tßchßinê de ko'pii̯] *f.*

kinderfreundlich ♂ potrivit pentru copii [potri'wit 'pentru ko'pii̯], ♀ potrivită pentru copii [potri'witê 'pentru ko'pii̯]

Kindergarten grădiniță [grêdi'nizê] *f.*

Kinderwagen *(für Babys, zum Darin-Liegen)* landou [lan'do̯u] *n.*, *(für Kleinkinder, zum Darin-Sitzen)* cărucior [kêru'tßchi̯or] *n.*

Kino cinema [tßchine'ma] *n.*

Kiosk gheretă [ge'retê] *f.*, *(für Tabakwaren)* chioșc ['ki̯oßchk] *n.*

Kissen *(Kopfkissen)* pernă ['pernê] *f.*, *(zum Darauf-Sitzen)* pernă de scaun ['pernê de 'ßkaun] *f.*

Kissenbezug față de pernă ['fazê de 'pernê] *f.*

Kleid rochie ['rokie] *f.*

Kleidung îmbrăcăminte [îmbrêkê'minte] *f.*

klein ♂/○ mic [mik], ♀ mică [mikê]

Kleingeld mărunțiș [mêrun'zißch] *n.*

Kneipe cârciumă ['kîrtßchi̯umê] *f.*

Knochen os [oß] *n.*

Knopf buton [bu'ton] *n.*

Koch, **Köchin** bucătar [bukê'tar] *m.*, bucătăreasă [bukêtê're̯aßê] *f.*

kochen găti [gê'ti] <gătesc, am gătit>, *(in kochendem Wasser)* fierbe ['fi̯erbe] <fierb, am fiert>

Koffer valiză [wa'lisê] *f.*

kommen veni [we'ni] <vin, am venit>, *(ankommen)* sosi [ßo'ßi] <sosec, am sosit>

Kommission comision [komi'ßion] *n.*

Kompass busolă [bu'ßolê] *f.*

Konditorei cofetărie [kofetê'rie] *f.*

Kondom condom [kon'dom] *n.*

können putea [pute̯a] <pot, am putut>, *(die Fähigkeit, das Wissen haben)* ști ['ßchti] <știu, am știut>

Konsulat consulat [konßu'lat] *n.*

Kontinent continent [konti'nent] *n.*

Konto cont [kont] *n.*

Kontonummer număr de cont ['numêr de kont] *n.*

Kontrolle control [kon'trol] *n.*

kontrollieren controla [kontro'la] <controlez, am controlat>
Konzert concert [kon'tßchert] *n.*
Kopf cap ['kap] *n.*
Kopfweh durere de cap [du'rere de kap] *f.*
Korb coş [koßch] *n.*
Korken dop de plută [dop de 'plutê] *n.*
Korkenzieher tirbuşon [tirbu'ßchon] *n.*
Körper corp [korp] *n.*
kosten costa [koß'ta] <costă, a costat>
Kostüm *(Jackett und Rock)* costum [koß'tum] *n., (Verkleidung)* costum [koßtu'm] *f.*
Krabbe crab [krab] *m.*
Krevette crevete [kre'wete] *m.*
krank ♂/○ bolnav [bol'naw], ♀ bolnavă [bol'nawê]
Krankenhaus spital [spi'tal] *n.*
Krankenpfleger, **Krankenpflegerin** infirmier [infirmi'er] *m.*, infirmieră [infirmi'erê] *f.*
Krankenschwester asistentă medicală [aßiß'tentê medi'kalê] *f.*
Krankenwagen ambulanţă [ambu'lanzê] *f.*
Krankheit boală [boalê] *f.*
Kreditkarte carte de credit ['karte de 'kredit] *f.*
Kreditkartennummer număr al cărţii de credit ['numêr al 'kêrzii de 'kredit] *n.*
Krieg război [rês'boi] *n.*
kriegen primi [pri'mi] <primesc, am primit>
Krücke cârjă ['kîrschê] *f.*
Küche bucătărie [bukêtê'rie] *f.*, die rumänische Küche bucătăria românească [bukêtê'ria romî'neaßkê]
Kuchen prăjitură [prêschi'turê] *f.*
Kugelschreiber pix [pikß] *n.*
kühlen răci [rê'tßchi] <răcesc, am răcit>
Kühlschrank frigider [fridschi'der] *n.*
Kunst artă ['artê] *f.*
Kunsthandwerk artizanat [artisa'nat] *n.*
Kupplung ambreaj [ambre'asch] *n.*
Kurs curs [kurs] *n.*
kurz ♂/○ scurt [ßkurt], ♀ scurtă ['ßkurtê]
Kuss sărut [ßê'rut] *n.*
küssen săruta [ßêru'ta] <sărut, am sărutat>
Küste coastă ['koaßtê] *f.*

L

lächeln surâde [ßu'rîde] <surâd, am surâs>
lachen râde ['rîde] <râd, am râs>
Ladegerät acumulator [akumula'tor] *n.*
laden încărca [înkêr'ka] <încarc, am încărcat>
Laden magazin [maga'sin] *n.*
Laken cuvertură [kuwer'turê] *f.*
Land ţară ['zarê] *f.*
lang ♂/○ lung [lung], ♀ lungă ['lungê], Wie lang wird das dauern? Cât va dura? [kît wa du'ra]

lange mult [mult], **Müssen wir lange warten?** Trebuie să aştep-tăm mult? ['trebuie ßê aßchtep'têm mult]
Länge lungime [lun'dschime] *f.*
langsam *(Adjektiv)* ♂/○ lent [lent], ♀ lentă ['lentê], *(Adverb)* încet [în'tßchet]
Lastwagen camion [kami'on] *n.*
Lauch praz [pras] *n.*
laufen *(rennen)* alerga [aler'ga] <alerg, am alergat>, *(zu Fuß unterwegs sein)* merge ['merdsche] <merg, am mers>
Läuse păduchi [pê'duki] *m. Pl.*
laut tare ['tare], *(unangenehm)* ♂/○ gălăgios [gêlêdschi'oß], ♀ gălăgioasă [gêlêdschi'oaßê]
leben trăi [trê'i] <trăiesc, am trăit>
Leben viaţă ['wiazê] *f.*
Lebensmittel aliment [ali'ment] *n.*
Leber ficat [fi'kat] *m.*
lecker ♂ gustos [guß'toß], ♀ gustoasă [guß'toaßê]
Leder piele ['piele] *f.*
ledig ♂/○ necăsătorit [nekêßêto'rit], ♀ necăsătorită [nekêßêto'ritê]
leer ♂ gol [gol], ♀ goală ['goalê]
legal ♂/○ legal [le'gal], ♀ legală [le'galê]
legen pune ['pune] <pun, am pus>
leicht *(Gewicht)* ♂/○ uşor [u'ßchor], ♀ uşoară [u'ßchoarê], *(einfach)* ♂/○ simplu ['ßimplu], ♀ simplă ['ßimplê]
leider din păcate [din pê'kate], **leider ja/nein** din păcate da/nu [din pê'kate da/nu]
leihen sich etw. leihen împrumuta ceva [împrumu'ta] <împrumut, am împrumutat>, **jdm etw. leihen** împrumuta ceva cuiva [împrumu'ta] <împrumut, am împrumutat>
Leine *(für die Wäsche)* sfoară ['ßfoarê] *f.*, *(für den Hund)* lesă ['leßê] *f.*
leise încet [în'tßchet]
lenken conduce [kon'dutßche] <conduc, am condus>
lernen învăţa [înwê'za] <învăţ, am învăţat>
lesbisch ♂/○ lesbian [lesbi'an], ♀ lesbiană [lesbi'anê]
lesen citi [tßchi'ti] <citesc, am citit>
letzter, letzte, letztes ♂/○ ultimul ['ultimul], ♀ ultima ['ultima]
Leute oameni ['oameni] *m. Pl.*
Licht lumină [lu'minê] *f.*
Liebe dragoste ['dragoßte] *f.*
lieben iubi [iu'bi] <iubesc, am iubit>
Lied cântec ['kîntek] *f.*
liegen *(in horizontaler Position)* sta culcat ['ßta kul'kat] <stau culcat, am stat culcat>, *(sich befinden)* a se afla [a ße a'fla] <mă aflu, m-am aflat>
Likör lichior [li'kior] *n.*
lila lila ['lila]
Limonade limonadă [limo'nadê] *f.*
links la stânga [la 'ßtînga]

Linse *(Hülsenfrucht)* linte ['linte] *f.*, *(Kontaktlinse, des Auges, einer Kamera)* lentilă [len'tilê] *f.*
Lippe buză ['busê] *f.*
Lippenstift ruj ['rusch] *n.*
Liter litru ['litru] *m.*
Lkw camion [kami'on] *n.*
Locke buclă ['buklê] *f.*
Löffel lingură ['lingurê] *f.*, *(für den Nachtisch)* linguriță [lingu'rizê] *f.*
Lösung soluție [so'luzie] *f.*
Lotion loțiune [lozi'une] *f.*
Luft aer [a'er] *n.*
Lunge plămân [plê'mîn] *m.*
lustig ♂/○ comic ['komik], ♀ comică ['komikê]

M

machen face ['fatßche] <fac, am făcut>
Mädchen fată ['fatê] *f.*
Mädchenname nume de fată ['nume de 'fatê] *n.*
Magen stomac [ßto'mak] *n.*
Mai mai [mai̯] *m.*
man se [ße]
manchmal câteodată [kîteo'datê]
Mangel *(Fehlerhaftigkeit)* defect [de'fekt] *n.*, *(nicht genug)* **ein Mangel an etw.** lipsă de ceva [lipßê de] *f.*
Mann om ['om] *m.*
männlich ♂/○ masculin [maßku'lin], ♀ masculină [maßku'linê], *(biologisch auch)* ♂/○ bărbătesc [bêrbê'teßk], ♀ bărbătească [bêrbê'te̯aßkê]
Mantel palton [pal'ton] *n.*
Markt piață ['pi̯azê] *f.*
Marmelade marmeladă [marme'ladê] *f.*
März martie ['martie] *m.*
Maschine mașină [ma'ßchinê] *f.*
Masern pojar [po'schar] *n.*
Maß măsură [mê'ßurê] *f.*, *(Stab o. Ä. zum Messen)* metru ['metru] *m.*
Massage masaj [ma'ßasch] *n.*
matt *(ohne Glanz)* ♂/○ mat [mat], ♀ mată ['matê]
Matte preș [preßch] *n.*
Maus șoarece ['ßcho̯aretßche] *m.*, *(Computer)* maus [ma̯us]
Mayonnaise maioneză [mai̯o'nesê] *f.*
Medizin medicină [medi'tßchinê] *f.*
Meer mare ['mare] *f.*
Meeresfrüchte fructe de mare ['frukte de 'mare] *f. Pl.*
Mehl făină [fê'inê] *f.*
mehr mai mult [mai̯ mult]
mein, meine ♂/○ al meu [al me̯u], ♀ a mea [a me̯a]
meinen crede ['krede] <cred, am crezut>
Meinung opinie [o'pinie] *f.*
meist de cele mai multe ori [de 'tßchele mai̯ 'multe ori]
Melone pepene ['pepene] *m.*
Mensch *(Person)* om [om] *m.*, *(im Gegensatz zu Tier)* ființă umană [fi'inzê u'manê] *f.*
Menstruation menstruație [menßtru'azie] *f.*
Menü *(mehrgängiges Gericht, einer Software)* meniu [me'ni̯u] *n.*
Messe târg [tîrg] *n.*

Messer cuţit [ku'zit] *n.*
Metal metal [me'tal] *n.*
Meter metru ['metru] *m.*
Metzger, Metzgerin măcelar [mêtßche'lar] *m.*, măcelăreasă [mêtßchelê're̯aßê] *f.*
mich *(reflexiv: betont nach Präposition)* (pe) mine [(pe) 'mine], *(reflexiv: unbetont)* mă [mê]
Miete chirie [ki'rie] *f.*
mieten închiria [înkiri'a] <închiriez, am închiriat>
Migräne migrenă [mi'grenê] *f.*
Mikrowelle cuptor cu microunde [kup'tor ku mikro'unde] *n.*
Milch lapte ['lapte] *n.*
Milchprodukte produse lactate [pro'duße lak'tate] *n. Pl.*
mild ♂/○ necondimentat [nekondimen'tat], ♀ necondimentată [nekondimen'tatê]
Militär armată [ar'matê] *f.*
minus minus ['minuß]
Minute minut [mi'nut] *n.*
mischen amesteca [ameßte'ka] <amestec, am amestecat>
mit cu [ku]
mitbringen aduce [a'dutßche] <aduc, am adus>
mitnehmen duce ['dutßche] <duc, am adus>
Mittag amiază [a'mi̯asê] *f.*, heute Mittag astăzi la amiază [a'ßtêsi la a'mi̯asê], zu Mittag essen mânca de prânz [mîn'ka de prîns] <mănânc de prânz, am mâncat de prânz>
Mittagessen prânz [prîns] *n.*
mittags amiază [a'mi̯asê]
Mittagsmenü meniu de prânz [me'niu̯ de 'prîns] *n.*
Mitte centru ['tßchentru] *n.*, Mitte Januar/des Monats mijlocul lui ianuarie/lunii ['mißchlokul lui i̯anu'arie/'lunii̯]
Mittwoch miercuri ['mi̯erkuri] *n.*
Möbel mobilă ['mobilê] *f.*
Mode modă ['modê] *f.*
mögen a-i plăcea [ai̯ 'plêtßchea] <îmi place, mi-a plăcut>, jd mag jdn/etw. gern cuiva îi place de cineva/ceva [îi 'platßche de]
möglich posibil [po'ßibil]
Moment moment [mo'ment] *n.*
Monat lună ['lunê] *f.*
Mond lună ['lunê] *f.*
Montag luni ['luni] *n.*
morgen mâine ['mîi̯ne], Bis morgen! Pe mâine! [pe mîi̯ne]
Morgen dimineaţă [dimi'ne̯azê] *f.*, Guten Morgen! Bună dimineaţa! ['bunê dimiê'ne̯aza], heute Morgen astăzi dimineaţa [aßtêsi dimi'ne̯aza]
morgens dimineaţa [dimi'ne̯aza]
Moschee moschee [moß'kee] *f.*
Moskito ţînţar [zîn'zar] *m.*
Moskitonetz plasă de ţînţari ['plaßê de zîn'zari] *f.*
Motor motor [mo'tor] *n.*
Motorrad motocicletă [mototßchi'kletê] *f.*
müde ♂ obosit [obo'ßit], ♀ obosită [obo'ßitê]
Müll gunoi [gu'noi̯] *n.*
Mund gură ['gurê] *f.*

Münze monedă [mo'nedê] *f.*
Musik musică ['musikê] *f.*
muslimisch ♂/○ musulman [mußul'man], ♀ musulmană [mußul'manê]
müssen trebui [trebu'i] <trebuie, a trebuit>, Wir müssen los! Trebuie să plecăm! ['trebuie ßê ple'kêm]
mutig ♂/○ curajos [kura'schoß], ♀ curajoasă [kura'schoaßê]
Mutter mamă ['mamê] *f.*
Mütze cipilică [tßchipi'likê] *f.*

N

nach *(einer Sache oder Person folgend)* după ['dupê], nach einer Stunde după o oră ['dupê o 'orê], *(zu einem bestimmten Ort)* la [la], nach București/Berlin la București/Berlin [la buku'reßchti/ber'lin]
Nachmittag după-amiază [dupê a'miasê] *f.*, heute Nachmittag astăzi după-amiază ['aßtêzi 'dupê a'miasê]
nachmittags după-amiaza [dupê a'miasa]
Nachname nume de familie ['nume de fa'milie] *n.*
Nachricht mesaj [me'ßasch] *n.*
Nachspeise desert [de'ßert] *n.*
nächster, nächste, nächstes următoare [urmê'toare], Der Nächste, bitte! Următorul, vă rog! [urmê'torul wê 'rog]
Nacht noapte ['noapte] *f.*, Gute Nacht! Noapte bună! ['noapte 'bunê], letzte Nacht noaptea trecută ['noaptea tre'kutê]
nachts noaptea ['noaptea]
Nagel *(aus Metall)* cui [kui] *n.*, *(von Fuss, Hand)* unghie ['ungie] *f.*
Nagelknipser unghieră [ungi'erê] *f.*
Nagellack ojă ['oschê] *f.*
nah(e) *(Präposition)* aproape [a'proape], nah(e) dem Fluss aproape de râu [a'proape de 'rîu]
nähen coase ['koaße] <cos, am cusut>
Nahverkehrszug tren regional [tren redschio'nal] *n.*
Name nume ['nume] *n.*
Nase nas [naß] *n.*
Nationalität naționalitate [nazionali'tate] *f.*
Natur natură [na'turê] *f.*
Naturheilkunde medicină naturistă [medit'ßchinê natu'rißtê] *f.*
neben *(räumlich)* lângă ['lîngê]
neblig cețos [tßche'zoß]
nehmen lua [lu'a] <iau, am luat>
nein nu [nu]
nett ♂/○ drăguț [drê'guz], ♀ drăguță [drê'guzê]
Netz plasă ['plaßê] *f.*
neu ♂/○ nou ['nou], ♀ nouă ['nouê]
nicht nu [nu], nicht mehr nu mai [nu mai], überhaupt nicht de loc [de lok]
Nichtraucher, Nichtraucherin nefumător [nefumê'tor] *m.*, nefumătoare [nefumê'toare] *f.*
nichts nimic [ni'mik], Ich möchte nichts essen. Nu doresc să

mănânc nimic. [nu do'reßk ßê mê'nînk ni'mik]
nie niciodată [nitßchi̯o'datê], nie wieder/mehr niciodată [nitßchi̯oß'datê]
noch încă ['înkê], noch einmal încă o dată ['înkê o 'datê], noch nicht încă nu ['înkê nu]
Norden nord [nord] *n.*
normal normal [nor'mal]
Notfall urgență [ur'dschenzê] *f.*
nötig ♂/○ necesar [netßche'ßar], ♀ necesară [netßche'ßarê]
November noiembrie [no'i̯embrie] *m.*
Nudeln tăiței [têi̯'zei̯] *m.*
Nummer numêr ['numêr] *n.*
nur doar [do̯ar], nur noch ... doar ... [do̯ar]
Nuss nucă [nukê] *f.*

O

ob dacă ['dakê]
oben sus [ßuß], nach oben în sus [în ßuß]
Obst fructe ['frukte] *n. Pl.*
oder sau [ßau̯]
Ofen *(um zu backen)* cuptor [kup'tor] *n., (um zu heizen)* sobă ['ßobê] *f.*
offen ♂/○ deschis [deß'kiß], ♀ deschisă [deß'kißê]
öffentlich ♂/○ public ['publik], ♀ publică ['publikê]
öffnen deschide [deß'kide] <deschid, am deschis>
oft des [deß]
ohne fără ['fêrê]
Ohr ureche [u'reke] *f.*
Oktober octombrie [ok'tombrie] *m.*
Öl ulei [u'lei̯] *n.*
Onkel unchi ['unki] *m.*
Oper operă ['operê] *f.*
Optiker, **Optikerin** optician [optitßchi'an] *m.*, opticiană [optitßchi'anê] *f.*
Orange portocală [porto'kalê] *f.*
orange ♂/○ portocaliu [portoka'liu̯], ♀ portocalie [portoka'lie]
Ordnung ordine ['ordine] *f.*, in Ordnung în ordine [în 'ordine]
Ort loc [lok] *n.*
Osten est [eßt] *n.*
Österreich Austria [a'ußtria] *f.*
Österreicher, **Österreicherin** austriac [auß'triak] *m.*, austriacă [außtri'akê] *f.*
österreichisch ♂/○ austriac [auß'triak], ♀ austriacă [außtri'akê]
Ozean ocean [o'tßche̯an] *n.*

P

Paar pereche [pe'reke] *f.*
Päckchen pachet [pa'ket] *n.*, ein Päckchen Zigaretten un pachet de țigări [un pa'ket de zi'gêri]
packen *(ergreifen)* aborda [abor'da] <abordez, am abordat>, *(einpacken)* împacheta [împake'ta] <împachetez, am împachetat>
Packung pachet [pa'ket] *n.*
Paket pachet [pa'ket] *n.*
Palast palat [pa'lat] *n.*

Papier hârtie [hîr'ti̯e] *f., (Ausweis etc.)* **Papiere** documente [doku'mente] *n. Pl.*

Parfum parfum [par'fum] *n.*

Park parc [park] *n.*

parken parca [par'ka] <parchez, am parcat>

Parlament parlament [parla'ment] *n.*

Partei *(in der Politik)* partid [par'tid] *n.*

Partner, Partnerin partener [parte'ner] *m.*, parteneră [parte'nerê] *f.*

Party petrecere [petre'tßchere] *f.*

Pass paşaport [paßcha'port] *n.*

Patient, Patientin ♂ pacient [pa'tßchi̯ent] *n.*, ♀ pacientă [pa'tßchi̯entê] *f.*

Pause pauză ['pau̯sê] *f., (im Theater)* antract [an'trakt] *n.*

Pedal pedală [pe'dalê] *f.*

Penis penis ['penіß] *n.*

Pension *(für Gäste)* pensiune [pen'ßi̯unê] *f.*

Pfanne tigaie [ti'gai̯e] *f.*

Pfeffer piper [pi'per] *n.*

Pfeife *(zum Rauchen)* pipă ['pipê] *f., (zum Pfeifen)* fluier ['flui̯er] *n.*

Pferd cal [kal] *m.*

Pflanze plantă ['plantê] *f.*

Pille pastilă [paß'tilê] *f.*

Pilz ciupercă [tßchi̯u'perkê] *f.*

Pizza pizza ['piza] *f.*

Plan plan [plan] *n.*

Planschbecken piscină gonflabilă [piß'tßchinê gon'flabilê] *f.*

Plastik plastic ['plaßtik] *n.*

Platz loc [lok] *n., (Sitzplatz)* loc [lok] *n., (verfügbarer Raum)* spaţiu ['ßpazi̯u] *m., (in Straßenbezeichnungen, vor Gebäuden)* piaţă ['pi̯azê] *f.*

Plätzchen biscuite [biß'ku̯it] *m.*

plus plus [plиß]

Polizei poliţie [po'lizie] *f.*

Polizeiwache secţie ['ßekzie] *f.*

Pollen polen [po'len] *n.*

Porto timbru ['timbru] *n.*

Post *(Briefe, Päcken etc.)* poştă ['poßchtê] *f., (Filiale)* oficiu poştal [o'fitßchi̯u po'ßchtal] *n.*

Postkarte carte poştală [karte poßch'talê] *f.*

Postleitzahl cod poştal [kod po'ßchtal] *n.*

Praxis cabinet [kabi'net] *n.*

Preis *(einer Ware)* preţ ['prez] *n.*

preiswert ♂ ieftin ['i̯eftin], ♀ ieftină ['i̯eftină]

probieren încerca [întßcher'ka] <încerc, am încercat>

Problem problemă [pro'blemê] *f.*

Programm program [pro'gram] *n.*

Prospekt broşură [bro'ßchurê] *f.*

prost! noroc! [no'rok]

protestieren protesta [proteß'ta] <protestez, am protestat>

Prozent procent [pro'tßchent] *n.*

prüfen verifica [werifi'ka] <verific, am verificat>

Pullover pulovăr [pu'lowêr] *n.*

Pumpe pompă ['pompê] *f.*

Punkt punct ['punkt] *n., (zeitlich)* moment [mo'ment] *n.*

pünktlich punctual [punktu'al]
Puppe păpușă [pê'pußchê] *f.*
putzen curăța [kurê'za] <curăț, am curățat>

Q

Quadratmeter metru pătrat ['metru pê'trat] *m.*
Qualität calitate [kali'tate] *f.*
Qualle meduză [me'dusê] *f.*
Quarantäne carantină [karan'tinê] *f.*
Quittung chitanță [kit'anzê] *f.*

R

Rabatt reducere [re'dutßchere] *f.*
Rad *(Scheibe als Teil eines Mechanismus)* roată ['ro̯atê] *f.*, *(Fahrrad)* bicicletă [bitßchi'kletê] *f.*, **Rad fahren** merge cu bicicleta ['merdsche ku bitßchi'kleta]
Radfahrer, Radfahrerin biciclist [bitßchi'klißt] *m.*, ♀ biciclistă [bitßchi'klißtê] *f.*
Radio radio ['radio] *n.*
Radweg pistă pentru biciclete ['pißtê 'pentru bitßchi'kletê] *f.*
rasieren a se bărbieri [a ße bêrbi̯e'ri] <mă bărbieresc, m-am bărbierit>
Rasierer aparat de bărbierit [apa'rat de bêrbi̯e'rit] *n.*
Rasierklinge lamă de ras [lamê de raß] *f.*
Rasierschaum spumă de ras ['ßpumê de raß] *f.*
Ratte șobolan [ßchobo'lan] *m.*
rauben jefui [schefu'i] <jefuiesc, am jefuit>
rauchen fuma [fu'ma] <fumez, am fumat>
Raucher, Raucherin fumător [fumêt'or] *m.*, fumătoare [fumê'to̯are] *f.*
Raum *(Zimmer)* cameră ['kamerê] *f.*, *(Platz)* spațiu ['ßpaziu̯] *n.*
realistisch ♂ realist [rea'lißt], ♀ realistă [rea'lißtê]
Rebe viță ['wizê] *f.*
rechnen calcula [kalku'la] <calculez, am calculat>
Rechnung factură [fak'turê] *f.*, *(im Restaurant)* plata ['plata] *f.*
rechts la dreapta [la 'dre̯apta]
recyceln recicla [retßchi'kla] <reciclez, am reciclat>
Regal raft [raft] *n.*
Regen ploaie ['plo̯ai̯e] *f.*
Regenmantel pelerină [pele'rinê] *f.*
Regenschirm umbrelă [um'brelê] *f.*
Regierung guvern [gu'wern] *n.*
regnen ploua [plo'u̯a] <plouă, a plouat>
reich ♂/○ bogat [bo'gat], ♀ bogată [bo'gatê], **reich an** bogat în [bo'gat în]
Reifen roată [ro̯atê] *m.*
rein *(Adjektiv: unverschmutzt)* ♂/○ curat [ku'rat], ♀ curată [ku'ratê], *(unvermischt, Edelmetall)* ♂/○ pur ['pur], ♀ pură ['purê]
Reinigung *(Geschäft)* curățătorie [kurêzêto'rie] *f.*, *(Vorgang des Reinigens)* curățare [kurê'zare] *f.*

Reis orez [o'res] *n.*
Reise călătorie [kêlêto'rie] *f.*
Reisebüro agenţie de voiaj [adschen'zie de wo'iasch] *f*
Reiseführer, **Reiseführerin** *(Person)* ghid [gid] *m./f.*
Reiseführer *(Buch)* ghid de călătorie [gid de kêlêto'rie] *n.*
reisen călători [kêlêto'ri] <călătoresc, am călătorit>
Reisepass paşaport [paßcha'port] *n.*
Reisescheck cec de călătorie [tßchek de kêlêto'rie] *n.*
Reißverschluss fermoar [fer'moar] *n.*
reiten călări [kêlê'ri] <călăresc, am călărit>
Religion religie [re'lidschie] *f.*
Rennbahn *(für Tiere)* hipodrom [hipo'drom] *n.*, *(für Fahrräder)* velodrom [welo'drom] *n.*, *(für Autos)* pistă de curse ['pißtê de 'kurße] *f.*
Rentner, **Rentnerin** pensionar [penßio'nar] *m.*, pensionară [penßio'narê] *f.*
Reparatur reparatură [repara'turê] *f.*
reparieren repara [repa'ra] <repar, am reparat>
Reservat rezervaţie [reser'wazie] *f.*
reservieren rezerva [reser'wa] <rezerv, am rezervat>
Reservierung rezervare [reser'ware] *f.*
Reservierungsnummer număr de rezervare ['numêr de reser'ware] *n.*
Restaurant restaurant [reßtau'rant] *n.*
retten salva [ßal'wa] <salvez, am salvat>
Rettungsweste vestă de salvare [we'ßtê de ßal'ware] *f.*
Rezept reţetă [re'zetê] *f.*
R-Gespräch convorbire cu taxă inversă [konwor'bire ku 'takßê 'inwerßê] *f.*
Richter, **Richterin** judecător [schudekê'tor] *m.*, judecătoare [schudekê'toare] *f.*
richtig ♂ corect [ko'rekt], ♀ corectă [ko'rektê]
Richtung direcţie [direk'zie] *f.*
riechen mirosi [miro'ßi] <miros, am mirosit>
Rindfleisch carne de vită ['karne de 'witê] *f.*
Rock *(Kleidungsstück)* fustă ['fußtê] *f.*
roh ♂/○ crud [krud], ♀ crudă ['krudê]
Rollstuhl scaun cu rotile [ß'kaun ku ro'tile] *n.*
Rolltreppe scară rulantă ['ßkarê ru'lantê] *f.*
romantisch ♂/○ romantic [ro'mantik], ♀ romantică [ro'mantikê]
rosa roz ['ros]
Rose trandafir [tranda'fir] *m.*
Rosé rosé [ro'se] *n.*
Rost rugină [ru'dschinê] *f.*

rot ♂/○ roşu ['roßchu], ♀ roşie ['roßchie]
Rotwein vin roşu [win 'roßchu] *n.*
Route rută ['rutê] *f.*
Rücken spate ['ßpate] *n.*, *(Rückseite)* dos [doß] *n.*
Rucksack *(für eine Wanderung oder einen Ausflug)* rucsac ['rukßak] *n.*
Ruder vâslă ['wîßlê] *f.*
ruhig ♂/○ liniştit [linißch'tit], ♀ liniştită [linißchi'titê]
Ruine ruină ['ruinê] *f.*
Rumäne, **Rumänin** român [ro'mîn] *m.*, româncă [ro'mînkê] *f.*
Rumänien România [romî'nia] *f.*
rumänisch ♂/○ românesc [romî'neßk], ♀ românească [romî'neaßkê]
rund *(ohne Ecken)* ♂/○ rotund [ro'tund], ♀ rotundă [ro'tundê]
rutschen *(ausrutschen)* aluneca [alune'ka] <alunec, am alunecat>, *(Fahrzeug)* derapa [dera'pa] <derapez, am derapat>, *(auf einer Rutsche, abrutschen)* aluneca [alune'ka] <alunec, am alunecat>

S

Safe seif [ßaif] *n.*
Saft suc [ßuk] *n.*
Sahne frişcă ['frißchê] *f.*
Salat salată [ßa'latê] *f.*, lăptucă [lêp'tukê] *f.*
Salz sare ['ßare] *f.*
salzig ♂/○ sărat [ßê'rat], ♀ sărată [ßê'ratê]
Samstag sâmbătă ['sîmbêtê] *f.*
Sand nisip [ni'ßip] *n.*
Sandale sandală [ßan'dalê] *f.*
satt ♂/○ sătul [ßê'tul], ♀ sătulă [ßê'tulê]
Sattel şa [ßcha] *f.*, *(Fahrrad-, Motorradsattel)* şezut [ßche'zut] *n.*
Satz propoziţie [propo'sizie] *f.*
sauber ♂/○ curat [ku'rat], ♀ curată [ku'ratê]
sauer *(Geschmack)* ♂/○ acru [akru], ♀ acră [akrê]
Sauerstoffflasche *(für Taucher)* tub de oxigen [tub de oksi'dschen] *n.*
Sauger *(für Babyfläschchen)* tetină [te'tinê] *f.*
Sauna saună ['ßaunê] *f.*
Schal şal [ßchal] *n.*
scharf *(Geschmack)* iute ['iute], *(Klinge)* ♂/○ ascuţit [aßku'zit], ♀ ascuţită [aßku'zitê]
Scheckkarte card bancar [kard ban'kar] *n.*
Schein *(Geld)* bancnotă [bank'notê] *f.*, *(Anschein)* aparenţă [apa'renzê] *f.*
scheinen *(Sonne)* străluci [ßtrêlu'tßchi] <strălucesc, am strălucit>, *(einen Eindruck erwecken)* părea [pê'rea] <par, am părut>
Schere foarfecă ['foarfekê] *f.*
Schiff vapor [wa'por] *n.*
Schild indicator [indika'tor] *n.*
Schinken şuncă ['ßchunkê] *f.*
schlafen dormi [dor'mi] <dorm, am dormit>

Schlafzimmer dormitor [dormi'tor] *n.*

Schläger *(für Tennis, Federball)* rachetă [ra'ketê] *f.*, *(für Golf)* crosă ['kroßê] *f.*, *(für Baseball, Kricket)* bâtă ['bîtê] *f.*

Schlange *(Tier)* şarpe ['ßcharpe] *m.*, *(wartende Menschen)* coadă ['koadê] *f.*

schlank ♂/○ slab [ßlab], ♀ slabă [ßlabê]

Schlauch *(für einen Reifen)* cameră ['kamerê] *f.*, *(zum Wässern)* furtun [fur'tun] *n.*

schlecht *(Adjektiv: minderwertig, verwerflich)* ♂/○ rău [rêu], ♀ rea [rea], *(Milch)* ♂/○ alterat [alte'rat], ♀ alterată [alte'ratê], *(Fleisch, Obst, Gemüse)* ♂/○ stricat [ßtri'kat], ♀ stricată [ßtri'katê], *(Adverb)* rău [rêu], jdm ist schlecht cuiva îi este rău [kui'wa îi 'eßte rêu]

schließen *(Tür, Fenster etc., Geschäftszeit unterbrechen, ein Geschäft komplett aufgeben)* închide [în'kide] <închid, am închis>

Schließfach *(für Wertsachen)* seif [ßäif] *n.*, *(für Gepäck)* depozit de bagaje [de'posit de ba'gasche] *n.*

Schloss *(zum Abschließen)* lacăt ['lakêt] *n.*, *(Gebäude)* castel [kaß'tel] *n.*

Schluss sfârşit [ßfîr'ßchit] *n.*, am/zum Schluss la sfârşit [la ßfîr'ßchit]

Schlüssel cheie ['keie] *f.*

schmal *(Streifen, Durchlass)* ♂/○ îngust [în'gußt], ♀ îngustă [în'gußtê]

schmecken jd schmeckt etw. cuiva îi place ceva [îi 'platßche] <îmi place, mi-a plăcut>, etw. schmeckt nach ... ceva are gust de ... ['are gußt de] <are gust de, a avut gust de>

Schmerz durere [du'rere] *f.*

schmerzhaft ♂/○ dureros [dure'roß], ♀ dureroasă [dure'roaßê]

Schmerzmittel analgezic [anal'tßchesik] *n.*

Schmetterling fluture ['fluture] *n.*

schmutzig ♂/○ murdar [mur'dar], ♀ murdară [mur'darê]

Schnaps ţuică ['zuikê] *f.*

Schnecke melc [melk] *m.*

Schnee zăpadă [sê'padê] *f.*

schneiden *(mit einer Klinge)* tăia [tê'ia] <tai, am tăiat>

Schneider, Schneiderin croitor [kroi'tor] *m.*, croitoresă [kroito'reaßê] *f.*

schnell *(Adjektiv)* ♂/○ rapid [ra'pid], ♀ rapidă [ra'pidê], *(Adverb)* repede ['repede]

Schnorchel tub de scufundare [tub de ßkufun'dare] *n.*

schnorcheln face snorkeling [fatsche 'ßnorkeling] <fac snorkeling, am făcut snorkeling>

Schnuller biberon [bibe'ron] *n.*

Schnürsenkel şiret [ßchi'ret] *n.*

Schokolade ciocolată [tßchioko'latê] *f.*

schon deja [de'scha]

schön ♂/○ frumos [fru'moß], ♀ frumoasă [fru'moaßê]

Schönheitssalon salon de frumusețe [ßa'lon de frumu'ßeze] *n.*

Schrank dulap [du'lap] *n.*

schreiben scrie [ß'krie] <scriu, am scris>

schreien striga [ßtri'ga] <strig, am strigat>, *(vor Schmerzen oder aus Angst)* urla [ur'la] <urlu, am urlat>

schriftlich ♂/○ scris [ßkriß], ♀ scrisă [ß'krißê]

schüchtern ♂/○ timid [ti'mid], ♀ timidă [ti'midê]

Schuh pantof [pan'tof] *m.*

Schuhgeschäft magazin de pantofi [maga'sin de pan'tofi] *n.*

schuldig ♂ vinovat [wino'wat], ♀ vinovată [wino'watê]

Schule școală ['ßchoalê] *f.*

Schulter umăr ['umêr] *m.*

Schuppe *(vom Fisch)* solz [ßols] *m.*

Schuppen *(im Haar)* mătreață [mê'treazê] *f.*

Schüssel castron [kaß'tron] *n.*

schützen proteja [prote'scha] <protejez, am protejat>

schwach *(nicht kräftig)* ♂/○ slab [ßlab], ♀ slabă [ßlabê]

Schwager, **Schwägerin** cumnat [kum'nat] *m.*, cumnată [kum'nată] *f.*

schwanger ♀ însărcinată [înßêrtßchi'natê]

Schwangerschaftstest test de sarcină [teßt de 'ßartßchinê] *n.*

schwarz ♂/○ negru ['negru], ♀ neagră ['neagrê]

Schwarzbrot pâine neagră ['pîine neagrê] *f.*

Schwein porc [pork] *m.*

Schweinefleisch carne de porc ['karne de pork] *f.*

Schweiz Elveția [el'wezia] *f.*

Schweizer, **Schweizerin** elvețian [elwezi'an] *m.*, elvețiană [elwezi'anê] *f.*

Schweizer *(Adjektiv)* ♂/○ elvețian [elwezi'an], ♀ elvețiană [elwezi'anê]

schweizerdeutsch ♂ german elvețian [dscher'man elwezi'an], ♀ germană elvețiană [dscher'manê elwezi'anê]

schwer *(Gewicht)* ♂ greu ['greu], ♀ grea ['grea], *(schwierig)* ♂ dificil [di'fi'tßchil], ♀ dificilă [difi'tßchilê]

schwerhörig cu dificultăți auditive [ku difikul'têzi audi'tiwe]

Schwester soră [ßorê] *f.*

Schwiegermutter soacră ['ßoakrê] *f.*

Schwiegervater socru ['ßokru] *m.*

schwierig →*schwer*

Schwimmbad piscină [piß'tßchinê] *f.*

schwimmen înota [îno'ta] <înot, am înotat>

schwitzen transpira [tranßpi'ra] <transpir, am transpirat>

schwul homosexual [homoßeksu'al]

See *(Meer)* mare ['mare] *f.*, *(Binnengewässer)* lac [lak] *n.*
seekrank seekrank sein avea rău de mare [a'wea rêu de 'mare]
sehen vedea [we'dea] <văd, am văzut>
sehr foarte [foarte]
Sehtest test de vedere ['teßt de we'dere] *n.*
Seide mătase [mê'taße] *f.*
Seife săpun [ßê'pun] *n.*
Seil frânghie [frîn'gie] *f.*
Seilbahn *(in der Luft)* funicular [funiku'lar] *n.*
sein fi [fi] <sunt, am fost>, *(sich befinden)* a se afla [a ße a'fla] <mă aflu, m-am aflat>
sein, **seine** său [ßêu]
seit *(bestimmter Zeitpunkt)* din [din], seit 2008 din 2008 [din' douê mii'opt], *(Zeitspanne)* de [de], seit drei Tagen de trei zile [de 'trei 'sile]
Seite *(seitlicher Teil von etw.)* față ['fazê] *f.*, *(in einem Buch)* pagină ['padschinê] *f.*
Sekt șampanie [ßcham'panie] *f.*
Sekunde secundă [se'kundê] *f.*
Selbstbedienung autoservire [autoßer'wire] *f.*
Selbstversorger ... für Selbstversorger ... pentru persoane care se îngrijesc singure ['pentru per'ßoane 'kare ße îngri'scheßk 'ßingure]
selten rar [rar]
Semmel chiflă ['kiflê] *f.*
senden trimite [tri'mite] <trimit, am trimit>, *(Rundfunk und Fernsehen)* emite [e'mite] <emit, am emis>
Senf muștar [mu'ßchtar] *n.*
September septembrie [sep'tembrie] *m.*
Serviette șervet [ßcher'wet] *n.*
Sessel fotoliu [fo'toliu] *n.*
Sex sex [seks] *n.*
Shampoo șampon [ßcham'pon] *n.*
Show spectacol [ßpek'takol] *n.*
sich *(reflexiv: betont, nach Präposition)* (pe) sine [(pe) 'ßine], *(reflexiv: unbetont)* se ['ße]
sicher ♂/○ sigur ['ßigur], ♀ sigură ['ßigurê]
Sicherheitsgurt centură de siguranță [tßchen'turê de ßigu'ranzê] *f.*
sie *(Singular)* ea [iea], *(Plural: feminin, neutral)* ele ['iele]
Sie dumneavoastră [dumnea'woaßtrê]
Silber argint [ar'dschint] *m.*
Silvester Revelion [reweli'on] *n.*
singen cânta [kîn'ta] <cânt, am cântat>
Sitz loc [lok] *n.*
sitzen sta [ßta] <stau, am stat>
Skateboard skateboard ['ßkeitßbord] *n.*
Ski schi [ßki] *n.*
Skilift teleschi ['teleski] *n.*
Skipass cartelă de teleschi [kar'telê de 'teleßki] *f.*
Skischuh bocanc de schi [bo'kank de ski] *m.*

Skistock băţ de schi [bêz de ßki] *n.*
Skulptur sculptură [ßkulp'turê] *f.*
Slipeinlage absorbant [abßor'bant] *n.*
Snowboard snowboard [ßno̯u'bord] *n.*
so *(auf diese Art und Weise)* aşa [a'ßcha], *(vor einem Adjektiv)* atât de [a'tît de], so schön/teuer atât de frumos/scump [a'tît de fru'moß/ßkump]
Socke şosetă [ßcho'ßetê] *f.*
Sofa canapea [kana'pe̯a] *f.*
sofort imediat [imedi'at]
Sohn fiu [fiu̯] *m.*
Sojabohne soia ['ßo̯ia] *f.*
Sojamilch lapte de soia ['lapte de 'ßoi̯a] *f.*
Soldat, **Soldatin** soldat [ßol'dat] *m./f.*
sollen trebuie ['trebui̯e] <trebuie, a trebuit>, Sie sollten ... Dumneavoastră trebuie să ... [dumne̯a'wo̯aßtrê 'trebui̯e ßê]
Sommer vară ['warê] *f.*
Sonne soare ['ßo̯are] *m.*
Sonnenbrand arsură de soare [ar'ßußrê de 'ßo̯are] *f.*
Sonnenstich insolaţie [inso'lazie] *f.*
Sonnenuntergang apus de soare [a'puß de 'ßo̯are] *n.*
sonnig ♂/○ însorit [înßo'rit], ♀ însorită [înßo'ritê]
Sonntag duminică [du'minikê] *f.*
sorgen sich (um etw./jdn) sorgen a-şi face griji (pentru ceva/cineva) ['aßchi 'fatßche 'grischi (pentru ...)] <îmi fac griji, mi-am făcut griji>, für etw./jdn sorgen a avea grijă de ceva/cineva [a a'wea 'grischê de] <am grijă, am avut grijă>
Soße sos [ßoß] *n.*
Souvenir suvenir [ßuwe'nir] *n.*
sowohl ... als auch ... atât ... cât şi ... [a'tît ... kît ßchi]
sparen economisi [ekonomi'ßi] <economisesc, am economisit>
Spaß distracţie [diß'trakzie] *f.*, etw. macht Spaß ceva e distractiv [e dißtrak'tiw]
spät târziu [tîr'siu̯]
später *(in der Zukunft)* mai târziu [mai̯ tîr'siu̯]
Spaziergang plimbare [plim'bare] *f.*
Speck *(vom Schwein)* slănină [ßlê'ninê] *f.*
Speisekarte meniu [me'niu̯] *n.*
Speisewagen vagon restaurant [wa'gon restau'rant] *n.*
Spezialist, **Spezialistin** specialist [ßpetßchia'lißt] *m./f.*
Spezialität specialitate [ßpetßchiali'tate] *f.*
Spiegel oglindă [o'glindê] *f.*
Spiegelei ou ochi [o̯u 'oki] *n.*
spielen juca [schu'ka] <joc, am jucat>, *(Musik)* cânta [kîn'ta] <cânt, am cântat>
Spielregeln reguli de joc ['reguli de schok] *f. Pl.*
Spinat spanac [ßpa'nak] *n.*
Spinne păianjen [pê'i̯anschen] *n.*

Spirituosen spirtoase [ßpir'toaße] *f. Pl.*
Spitzname poreclă [po'reklê] *f.*
Sport sport [ßport] *n*
Sportgeschäft magazin de sport [maga'sin de ßport] *n.*
Sportler, **Sportlerin** sportiv [ßpor'tiw] *m.*, ♀ sportivă [ßpor'tiwê]
Sprache limbă ['limbê] *f.*, *(Ausdrucksweise)* limbaj [lim'basch] *n.*
sprechen vorbi [wor'bi] <vorbesc, am vorbit>
springen sări [ßê'ri] <sar, am sărit>
Spritze injecție [in'schekzie] *f.*, **jd bekommt eine Spritze** cineva primește o injecție [pri'meßchte o in'schekzie]
Spur *(einer Straße)* bandă [bandê] *f.*
Staatsangehörigkeit cetățenie [tßchetêze'nie] *f.*
Stadion stadion [ßtadi'on] *n.*
Stadt oraș [o'raßch] *n.*, *(Zentrum: zum Einkaufen)* centru ['tßchentru] *n.*
Stadtmauer zid al orașului [sid al o'raßchului] *n.*
Stadtrundfahrt tur al orașului [tur al o'raßchului] *m.*
Stadtzentrum centru al orașului ['tßchentru al o'raßchului] *m.*
stark tare ['tare]
Starthilfekabel cablu de pornire ['kablu de por'nire] *n.*
Statue statuie [ßta'tuie] *f.*
stechen *(mit Stachel, mit spitzem Gegenstand, z. B. Messer)* înțepa [înze'pa] <înțep, am înțepat>, *(mit Rüssel)* împinge [îm'pißndsche] <împing, am împins>
stehen sta în picioare [ßta în pi'tßchioare] <stau, am stat>
stehlen fura [fu'ra] <fur, am furat>
Steigbügel scăriță [ßkê'rizê] *f.*
steigen *(in die Luft, Höhe, auch figurativ)* urca [ur'ka] <urc, am urcat>, **auf etw. steigen** urca pe ceva [ur'ka pe]
steil ♂/○ abrupt [a'brupt], ♀ abruptă [a'bruptê]
Steilküste coastă abruptă ['koaßtă a'bruptê] *f.*
Stein piatră ['piatrê] *f.*
Stelle *(geografisch definierbarer Ort)* loc [lok] *n.*, *(definierbarer Punkt in einem Bereich)* punct [punkt] *n.*, *(Position)* poziție [po'sizie] *f.*, *(Anstellung)* post [poßt] *n.*
stellen pune ['pune] <pun, am pus>
sterben muri [mu'ri] <mor, am murit>
Stiefel cizmă ['tßchismê] *f.*
Stimme voce [wo'tßche] *f.*
Stock etaj [e'tasch] *n.*, **im ersten Stock** la etajul întâi [la e'taschul în'tîi]
stornieren anula [anu'la] <anulez, am anulat>
Stornierungsgebühr taxă de anulare ['taksê de anu'lare] *f.*
Strand plajă ['plaschê] *f.*

Straße stradă ['ßtradê] *f.*, *(außerhalb der Stadt)* şosea ['ßcho'ße̯a] *f.*

Straßenbahn tramvai [tram'wai̯] *n.*

Streifen *(längliches Stück Stoff, Plastik o. Ä.)* fâşie [fî'ßchie] *f.*, *(aus Farbe, als Markierung, Muster)* mostră ['moßtrê] *f.*

Strom *(Elektrizität, Gewässer)* curent [ku'rent] *m.*

Strömung curent [ku'rent] *m.*

Strumpf *(kurz)* şosetă [ßcho'ßetê] *f.*, *(lang)* ciorap [tßchio'rap] *m.*

Stück *(Einzelteil)* bucată [bu'katê] *f.*, *(Teil von etw.)* parte ['parte] *f.*

Student, **Studentin** student [ßtu'dent] *m.*, ♀ studentă [ßtu'dentê]

Stuhl scaun [ß'kaun] *n.*

Stunde oră ['orê] *f.*, eine viertel Stunde un sfert de oră [un ßfert de 'orê]

Sturm furtună [fur'tunê] *f.*

suchen căuta [kêu'ta] <caut, am căutat>, nach etw. suchen căuta după ceva [kêu'ta 'dupê]

Süden sud [ßud] *n.*

Supermarkt supermarket [ßuper'market] *n.*

Suppe supă ['ßupê] *f.*

Suppenlöffel *(um Suppe damit zu essen)* lingură de supă ['lingurê de 'ßupê] *f.*, *(Kelle)* polonic [polo'nik] *n.*

süß dulce ['dultßche]

Süßstoff zaharină [saharinê] *f.*

T

Tabak tutun [tu'tun] *n.*

Tag zi [si] *f.*, Guten Tag! Bună ziua! [bu'nê 'siu̯a]

Tagebuch jurnal [schur'nal] *n.*

Tagessuppe supa zilei ['ßupa 'sile̯i] *f.*

täglich *(Adjektiv)* ♂/○ zilnic ['silnik], ♀ zilnică ['silnikê], *(Adverb)* zilnic ['silnik]

tagsüber în timpul zilei [în 'timpul 'sile̯i]

Tal vale ['wale] *f.*

Tampon tampon [tam'pon] *n.*

Tanga bikini [bi'kini] *m.*

Tankstelle benzinărie [bensinê'rie] *f.*

Tante mătuşă [mê'tußchê] *f.*

Tanz dans [danß] *n.*

tanzen dansa [dan'ßa] <dansez, am dansat>

Tasche geantă ['dsche̯antê] *f.*, *(an einem Kleidungsstück)* buzunar [busu'nar] *n.*

Taschenmesser briceag [bri'tßche̯ag] *n.*

Taschenrechner calculator de buzunar [kalkula'tor de busu'nar] *n.*

Taschentuch batistă [ba'tißtßê] *f.*, *(Papiertaschentuch)* batistă de hârtie [ba'tißtê de hîr'tie] *f.*

Tasse ceaşcă ['tßche̯aßchkê] *f.*

Tastatur tastatură [taßta'turê] *f.*

taub ♂/○ surd ['ßurd], ♀ surdă ['ßurdê]

tauchen a se scufunda [a ße ßkufun'da] <mă scufund, m-am scufundat>
Taucherausrüstung echipament de scufundare [ekipa'ment de ßkufun'dare] *n.*
Taucherbrille ochelari de scufundare [oke'lari de ßkufun'dare] *m. Pl.*
Taxi taxi ['taksi] *n.*
Taxifahrer, **Taxifahrerin** şofer de taxi [ßcho'fer de tak'si] *m./f.*
Technik tehnică ['tehnikê] *f.*
Tee ceai ['tßcheai] *n.*
Teelöffel linguriță [lingu'rizê] *f.*
Teig aluat [alu'at] *n.*
Teil *(Anteil, Teil eines Ganzen)* parte ['parte] *f.*, *(Ersatzteil)* piesă ['pießê] *f.*
teilen *(aufsplitten)* împărți [împêr'zi] <împart, am înpărțit>, etw. mit jdm teilen împărți ceva cu cineva [împêr'zi ... ku] <împart, am împărțit>
Teilzeit jumătate de normă [schumê'tate de 'normê] *n.*
Telefon telefon [telef'on] *n.*
Telefonbuch carte de telefon ['karte de tele'fon] *f.*
telefonieren *(gerade am Apparat sein)* vorbi la telefon [wor'bi la tele'fon] <vobesc, am vorbit>, Ich muss dringend telefonieren. Trebuie să vorbesc urgent la telefon. ['trebuie ßê wor'beßk ur'dschent la tele'fon]
Telefonkarte cartelă de telefon [kar'telê de tele'fon] *f.*
Telefonnummer număr de telefon ['numêr de tele'fon] *n.*
Telefonzelle cabină de telefon [ka'binê de tele'fon] *f.*
Teller farfurie [farfu'rie] *f.*
Tempel templu ['templu] *n.*
Tennisplatz teren de tenis [te'ren de 'teniß] *f.*
Teppich covor [ko'wor] *n.*
Termin *(für ein Treffen, Ende einer Frist)* termen ['termen] *n.*
Tetanus tetanos [te'tanoß] *n.*
teuer ♂/○ scump [ßkump], ♀ scumpă ['ßkumpê]
Theater teatru ['teatru] *n.*
Theaterstück piesă de teatru ['pießê de 'teatru] *f.*
Ticket bilet [bi'let] *n.*
Tier animal [ani'mal] *n.*
Tisch masă ['maßê] *f.*
Tischtennis ping-pong [ping pong] *n.*
Titel titlu ['titlu] *n.*
Tochter fiică [fi'ikê] *f.*
Tofu tofu ['tofu] *n.*
Toilette toaletă [toa'letê] *f.*
Toilettenpapier hârtie igienică [hîr'tie i'dschienikê] *f.*
Tollwut rabie ['rabie] *f.*
Tomate roşie ['roßchie] *f.*
Topf oală [oalê] *f.*, *(Kochtopf)* cratiță ['kratizê] *f.*
Töpferwaren vase de lut ['waße de'lut] *n. Pl.*
Tor *(Eingang)* poartă [poartê] *f.*, *(beim Fußball)* gol [gol] *n.*
Torte tort [tort] *n.*

tot ♂/○ mort ['mort], ♀ moartă ['mo̯artê]

Toursteninformation birou de informații turistice [bi'ro̯u de infor'mazi̯i tu'rißtitßche] *n.*

tragen căra [kê'ra] <car, am cărat>

Transport transport [tranß'port] *n.*

Traube strugure ['ßtrugure] *m.*

treffen *(mit jdm zusammenkommen)* întâlni [întîl'ni] <întâlnesc, am întâlnit>, Wir treffen uns am Flughafen. Ne întâlnim la aeroport. [ne întîl'nim la aero'port]

Treppe scară ['ßkarê] *f.*

trinken bea [be̯a] <beau, am băut>

Trinkgeld bacșiș [bak'ßchißch] *n.*, Trinkgeld geben da bacșiș [da bak'ßchißch]

Trinkwasser apă potabilă ['apê po'tabilê] *f.*

trocknen usca [uß'ka] <usuc, am uscat>

tun face ['fatßche] <fac, am făcut>, jd tut etw. gern cineva face ceva cu plăcere ['fatßche ... ku plê'tßchere]

Tür ușă ['ußchê] *f.*

Turm turn [turn] *n.*

Tüte plasă ['plaßê] *f.*

U

U-Bahn metrou [me'tro̯u] *n.*

Übelkeit greață ['gre̯azê] *f.*

über *(räumlich)* deasupra [de̯a'ßupra], im Zimmer über uns în camera de deasupra noastră [în 'kamera de de̯a'ßupra 'no̯aßtrê], ein Buch über ... o carte despre ... [o 'karte 'deßpre], Temperaturen über 30° temperaturi de peste 30° [tempera'turi de 'peßte tre̯i'setßchi de 'grade]

Überdosis doză prea mare ['dosê 'pre̯a 'mare] *f.*

überfallen ataca [ata'ka] <atac, am atacat>

übermorgen poimâine [po̯i'mîi̯ne]

Übernachtungsmöglichkeit cazare [ka'sare] *f.*

überraschen surprinde [sur'prinde] <surprind, am surprins>

überweisen transfera [tranßfe'ra] <transfer, am transferat>

Überweisung transfer [tranß'fer] *n.*

Uhr ceas ['tßche̯aß] *n.*, zehn Uhr ora zece ['ora 'setßche]

Uhrzeit oră ['orê] *f.*

um *(zeitlich)* pe la [pe la], *(räumlich)* în jurul [în 'schurul], um zu pentru ca să ['pentru ka ßê]

umsteigen schimba [ßkim'ba] <schimb, am schimbat>

umtauschen schimba [ßkim'ba] <schimb, am schimbat>

umziehen a se muta [a ße mu'ta] <mă mut, m-am mutat>

und și [ßchi]

Unfall accident [aktßchi'dent] *n.*

uns *(reflexiv: betont nach Präposition)* (pe) noi [(pe) no̯i], *(reflexiv: unbetont)* ne [ne]

unser, unsere ♂/○ nostru ['noßtru], ♀ noastră ['no̯aßtrê]

unten jos [schoß], nach unten în jos [în schoß]
unter *(räumlich)* dedesupt [dede'ßupt], *(drückt aus, dass etw. unterschritten wird)* sub [ßub]
Unterbringung cazare [ka'sare] *f.*
Untergeschoss parter [par'ter] *n.*
Unterhemd maiou [maiou] *f.*
Unterhose chiloţi [ki'lozi] *m. Pl.*
Unterricht oră ['orê] *f.*
unterrichten preda [pre'da] <predau, am predat>
unterschreiben semna [ßem'na] <semnez, am semnat>
Unterschrift semnătură [ßemnê'turê] *f.*
Untertasse farfurioară [farfuri'oarê] *f.*
Urlaub concediu [kon'tßchediu] *n.*
USB-Kabel cablu de USB ['kablu de ußebe] *n.*

V

Vagina vagin [wa'dschin] *n.*
Vater tată ['tatê] *m.*
Vegetarier, **Vegetarierin** vegetarian [wedschetari'an] *m.*, vegetariană [wedschetari'anê] *f.*
vegetarisch ♂/○ vegetarian [wedschetari'an], ♀ vegetariană [wedschetari'anê]
verbinden *(zusammenfügen, am Telefon)* conecta [konek'ta] <conectez, am conectat>, *(mit Verbandszeug)* pansa [pan'ßa] <pansez, am pansat>
verboten ♂/○ interzis [inter'siß], ♀ interzisă [inter'sißê]
verdienen câştiga [kâßchti'ga] <câştig, am câştigat>
vergessen uita [ui'ta] <uit, am uitat>
vergewaltigen viola [wio'la] <violez, am violat>
verheiratet ♂ căsătorit [kêßêto'rit], ♀ căsătorită [kêßêto'ritê]
Verkehr trafic ['trafik] *n.*
Verkehrsmittel öffentliche Verkehrsmittel mijloc de transport în comun ['mischlok de tranß'port în ko'mun] *n.*
Verletzung rană ['ranê] *f.*
verlieren pierde ['pierde] <pierd, am pierdut>
Verlobter, **Verlobte** logodnic [lo'godnik] *m.*, logodnică [lo'godnikê] *f.*
Vermieter, **Vermieterin** proprietar [proprie'tar] *m.*, proprietară [proprie'tarê] *f.*
verrückt ♂/○ nebun [ne'bun], ♀ nebună [ne'bunê]
Versichertenkarte carte de asigurări medicale ['karte de aßigu'rêri medi'kale] *f.*
Versicherung asigurare [aßigu'rare] *f.*
verstehen înţelege [înze'ledsche] <înţeleg, am înţeles>
verstopft *(Abfluss, Toilette)* ♂/○ înfundat [înfun'dat], ♀ înfundată [înfun'datê]

Verstopfung *(gestörte Verdauung)* constipaţie [konßti'pazißie] *f.*
versuchen încerca [întßcher'ka] <încerc, am încercat>
Vertrag contract [kon'trakt] *n.*
verwitwet ♂ văduv ['wêduw], ♀ văduvă ['wêduwê]
viel ♂/○ mult [mult], ♀ multă ['multê], zu viel prea mult ['pre̯a mult]
viele multe ['multe], zu viele prea multe ['pre̯a 'multe]
vielleicht poate ['po̯ate]
viertel sfert [ßfert], Viertel vor/nach eins unu fără un sfert/şi un sfert ['unu 'fêrê un ßfert/'ßchi un ßfert]
Viertel *(vierter Teil von etw.)* sfert [ßfert] *n.*
Vierteljahr trimestru [tri'meßtru] *n.*
Visum viză ['wisê] *f.*
voll ♂/○ plin [plin], ♀ plină ['plinê]
voller plin de [plin de]
Vollpension pensiune completă [pen'ßiune kom'pletê] *f.*
Vollwertkost aliment complet [ali'ment kom'plet] *n.*
Vollzeit normă întreagă ['normê în'tre̯agê] *f.*
von de la [de la], von Süden de la sud [de la ßud], eine Nachricht von meinem Reiseleiter un mesaj de la ghidul meu [un me'ßasch de la 'gidul 'meu̯]
vor *(räumlich)* înainte de [îna'inte de], *(zeitlich)* acum ['akum], vor zehn Minuten acum zece minute ['akum 'setßche mi'nute]
vorgestern alaltăieri [a'laltêi̯eri]
Vormittag dimineaţă [dimi'ne̯azê] *f.*
vormittags înainte de masă [îna'inte de 'maßê]
vorn în faţă [în 'fazê]
Vorname prenume [pre'nume] *n.*
Vorort suburbie [sub'urbie] *f.*
Vorsicht precauţie [prekau'zie] *f.*, Vorsicht! Atenţiune! [atenzi'une]
vorsichtig ♂/○ precaut [pre'kau̯t], ♀ precaută [pre'kau̯tê]
Vorspeise aperitiv [aperi'tiw] *n.*
vorziehen prefera [prefe'ra] <prefer, am preferat>

W

wachsen creşte ['kreßchte] <cresc, am crescut>
wählen alege [a'ledsche] <aleg , am ales>, *(am Telefon)* forma [for'ma] <formez, am format>
wahr ♂/○ adevărat [adewê'rat], ♀ adevărată [adewê'ratê]
Währung monedă [mo'nedê] *f.*
Wald pădure [pê'dure] *f.*
wandern face drumeţii ['fatßche drume'zii̯] <fac drumeţii, am făcut drumeţii>
wann când [kînd]
warm ♂/○ cald ['kald], ♀ caldă ['kaldê]
warnen avertiza [awerti'sa] <avertizez, am avertizat>
warten aştepta [aßchtep'ta] <aştept, am aşteptat>
Wartezimmer sală de aşteptare ['ßalê de aßchtep'tare] *f.*

warum de ce [de tßche]
was ce [tßchße]
Wäscherei spălătorie [ßpêlêto'rie] *f.*
Waschmaschine maşină de spălat [ma'ßchinê de ßpê'lat] *f.*
Wasser apă ['apê] *f.*
wasserdicht ♂/○ impermeabil [imperme'abil], ♀ impermeabilă [imperme'abilê]
Wasserfall cascadă [kaß'kadê] *f.*
Wasserhahn robinet [robi'net] *n.*
Wechselgeld mărunt [mê'runt] *m.*
Wechselkurs curs valutar [kurs walu'tar] *n.*
wechseln schimba [ßkim'ba] <schimb, am schimbat>
Wecker deşteptător [deßchteptê'tor] *n.*
Weg drum [drum] *n.*
wehtun provoca durere [prowo'ka du'rere] <provoc durere, am provocat durere>
weiblich ♂/○ feminin [femi'nin], ♀ feminină [femi'nină]
Weihnachten Crăciun [Krê'tschiun] *n.*
Wein vin [win] *n.*
weiß ♂/○ alb [alb], ♀ albă ['albê]
Weißwein vin alb [win alb] *n.*
wenig ♂/○ puţin [pu'zin], ♀ puţină [pu'zinê]
wer cine ['tßchine]
Werkstatt garaj [ga'rasch] *n.*
Wertsachen obiecte de valoare [obi'ekte de wa'loare] *n. Pl.*
wertvoll ♂/○ valoros [walo'roß], ♀ valoroasă [walo'roaßê]
wessen al cui [al kui]
Westen vest [weßt] *m.*
Wickelraum sală de înfăşat ['ßalê de înfê'ßchat] *f.*
Wiedersehen Auf Wiedersehen! La revedere! [la rewe'dere]
Wiese poiană [po'ianê] *f.*
Wind vânt [wînt] *n.*
Windel scutec ['ßkutek] *n.*
windig ♂/○ vântos [wîn'toß], ♀ vântoasă [wân'toaßă]
Windschutzscheibe parbriz [par'bris] *n.*
Winter iarnă ['iarnê] *f.*
wir noi [noi]
wissen şti [ßchti] <ştiu, am ştiut>
wo unde ['unde]
Woche săptămână [ßêptê'mînê] *f.*
Wochenende sfârşit de săptămână [ßfîr'ßchit de ßêptê'mînê] *n.*
wohnen locui [loku'i] <locuiesc, am locuit>
Wohnung apartament [aparta'ment] *n.*
Wohnwagen rulotă [ru'lotê] *f.*
Wohnzimmer sufragerie [ßufradsche'rie] *f.*
Wort cuvânt [ku'wînt] *n.*
Wörterbuch dicţionar [dikzio'nar] *n.*
wunderbar ♂/○ minunat [minu'nat], ♀ minunată [minu'natê]
Wurst cârnat [kîr'nat] *m.*
Wüste deşert [de'ßchert] *n.*

Z

Zahl număr ['numêr] *n.*
zahlen plăti [plê'ti] <plătesc, am plătit>
Zahlung plată ['platê] *n.*
Zahlungsweise formă de plată ['formê de 'platê] *f.*
Zahn dinte ['dinte] *m.*
Zahnbürste periuță de dinți [peri'uzê de 'dinzi] *f.*
Zahnpasta pastă de dinți ['paßtă de 'dinzi] *f.*
Zahnstocher scobitoare [ßkobi'toare] *f.*
Zange clește ['kleßchte] *m.*
Zeh deget de la picior ['dedschet de la pi'tßchior] *n.*
Zeit timp [timp] *n.*, in letzter Zeit în ultimul timp [în 'ultimul timp]
Zeitschrift revistă [re'wißtê] *f.*
Zeitung ziar [si'ar] *n.*
Zelt cort [kort] *n.*
zelten merge cu cortul ['merdsche ku 'kortul] <merg cu cortul, am mers cu cortul>
Zeltplatz loc de cort [lok de kort] *n.*
Zentimeter centimetru [tßchenti'metru] *m.*
zentral ♂/○ central [tßchen'tral], ♀ centrală [tßchen'tralê]
Zentrum centru ['tßchentru] *n.*
Ziege capră ['kaprê] *f.*
Zigarette țigară [zi'garê] *f.*
Zigarre trabuc [tra'buk] *n.*
Zimmer cameră ['kamerê] *f.*
Zimmernummer numărul camerei ['numêrul 'kamerei] *n.*
Zitrone lămâie [lê'mîie] *f.*
Zoll *(Behörde)* vamă ['wamê] *f.*, *(Abgabe)* taxă vamală ['takße wa'malê] *f.*
zu *(vor dem Infinitiv, vor dem Zielort)* a [a], *(Adjektiv: verschlossen)* ♂/○ închis [în'kiß], ♀ închisă [în'kißê]
Zucker zahăr ['sahêr] *n.*
zuckerfrei fără zahăr ['fêrê 'sahêr]
zufrieden ♂/○ mulțumit [mulzu'mit], ♀ mulțumită [mulzu'mitê]
Zug tren [tren] *n.*
Zügel frâu [frîu] *n.*
Zündkerze bujie [bu'schie] *f.*
zurück înapoi [îna'poi], *(rückwärts)* invers ['inverß]
zurückgeben returna [retur'na] <returnez, am returnat>
zurückkehren a se reîntoarce [a ße reîn'toartßche] <mă reîntorc, m-am reîntors>
zusammen împreună [împre'unê]
zustimmen aproba [apro'ba] <aprob, am aprobat>, einer Sache zustimmen fi de acord cu ceva [fi de 'akord ku] <sunt de acord cu ceva, am fost de acord cu ceva>
Zwiebel ceapă ['tßcheapê] *f.*
zwischen între ['între]

Rumänisch-Deutsch

A

a [a] *(Infinitivmarkierung)* ≈ zu, *(Ausruf)* ach!

aborda [abor'da] <abordez, am abordat> anpacken, angehen, ansprechen

♂/○ **abrupt** [a'brupt], ♀ **abruptă** [a'bruptê] steil, abschüssig

♂/○ **absent** [ab'ßent], **absentă** [ab'ßentê] *f.* abwesend

absolut [abßo'lut] absolut, Absolut! [abßo'lut] Stimmt!

absorbant [abßor'bant] *n.* Damenbinde, Slipeinlage

acces [ak'tßcheß] *n.* Zugang

accident [aktßchi'dent] *n.* Unfall

♂/○ **acela** [a'tßchela], ♀ **aceea** [a'tßcheea] jener, jene, jenes, de aceea [de a'tßcheea] deswegen, darum

♂/○ **acest** [a'tßcheßt], ♀ **această** [a'tßcheaßtê] dies

♂/○ **acesta** [a'tßcheßta], ♀ **aceasta** [a'tßcheaßta] dieser, diese, dieses, cu aceasta [ku a'tßcheaßta] damit

acolo [a'kolo] dort, da

acoperiș [akope'rißch] *n.* Dach

♂/○ **acru** [akru], ♀ **acră** [akrê] *(Geschmack)* sauer

acum [a'kum] jetzt, sofort, de acum [de a'kum] von jetzt an

acumulator [akumula'tor] *n.* Ladegerät

adaptor [adap'tor] *n.* Adapter

♂/○ **adevărat** [adewê'rat], ♀ **adevărată** [adewê'ratê] wahr, wirklich, echt

admira [admi'ra] <admir, am admirat> bewundern

adormi [ador'mi] <adorm, am adormit> einschlafen

adresă [a'dreßê] *f.* Adresse

aduce [a'dutßche] <aduc, am adus> bringen, mitbringen, holen

adult [a'dult] *m.*, **adultă** [a'dultê] *f.* Erwachsener, Erwachsene

♂/○ **adult** [a'dult], ♀ **adultă** [a'dultê] erwachsen

aduna [adu'na] <adun, am adunat> addieren, einsammeln

aer [a'er] *n.* Luft, la aer [la a'er] an die frische Luft

aere [a'ere] *n. Pl.* Allüren

aeroport [aero'port] *n.* Flughafen

afară [a'farê] draußen, în afară de [în afarê de] mit Ausnahme von

ai [ai] männlicher Genitivartikel im Plural →*Ein wenig Grammatik, S. 150*

aici [a'itßchi] hier, de aici [de a'itßchi] aus dieser Gegend, daraus

ajuta [aschu'ta] <ajut, am ajutat> helfen

ajutor [aschu'tor] *n.* Hilfe

al [al] männlicher und neutraler Genitivartikel im Singular →*Ein wenig Grammatik, S. 150*

alaltăieri [a'laltêieri] vorgestern
alături [a'lêturi] daneben, de alături [de a'lêturi] von nebenan
♂/○ **alb** [alb], ♀ **albă** ['albê] weiß
♂/○ **albastru** [al'baßtru], ♀ **albastră** [al'baßtrê] blau
alcool [alko'ol] *n.* Alkohol, fără alcool [fêrê alko'ol] alkoholfrei
ale [al] neutraler und weiblicher Genitivartikel im Plural →*Ein wenig Grammatik, S. 170*
alege [a'ledsche] <aleg , am ales> wählen
alegere [a'ledschere] *f.* Wahl
alerga [aler'ga] <alerg, am alergat> laufen
alergie [aler'dschie] *f.* Allergie
aliment [ali'ment] *n.* Lebensmittel, aliment complet [ali'ment kom'plet] Vollwertkost
alo ['alo] hallo
♂/○ **alt** ['alt], ♀ **altă** ['altê] anderer, andere, anderes
♂/○ **alterat** [alte'rat], ♀ **alterată** [alte'ratê] schlecht
altfel ['altfel] anders
♂/○ **altul** ['altul], ♀ **alta** ['alta] anderer, andere, anderes
aluat [alu'at] *n.* Teig
aluneca [alune'ka] <alunec, am alunecat> rutschen
♂/○ **amar** [a'mar], ♀ **amară** [a'marê] bitter
ambala [amba'la] <ambalez, am ambalat> einpacken, hochdrehen
Pl. ♂ **ambii** ['ambii], *Pl.* ♀/○ **ambele** ['ambele] beide
ambreaj [ambre'asch] *n.* Kupplung
ambulanță [ambu'lanzê] *f.* Krankenwagen, Ambulanz
amendă [a'mendê] *f.* Bußgeld, Strafzettel
amesteca [ameßte'ka] <amestec, am amestecat> mischen
amesteca [ameßte'ka] se amesteca [ße ameßte'ka] <mă amestec, m-am amestecat> sich einmischen
amiază [a'miasê] *f.* Mittag
amiază [a'miasê] mittags, la amiză [la a'miasê] zur Mittagszeit
an [an] *m.* Jahr
analgezic [anal'tßchesik] *n.* Schmerzmittel
animal [ani'mal] *n.* Tier
aniversa [aniwer'ßa] <aniversez, am aniversat> feiern
anotimp [ano'timp] *n.* Jahreszeit
antibiotic [anti'biotik] *n.* Antibiotikum
antract [an'trakt] *n.* *(im Theater)* Pause
anula [anu'la] <anulez, am anulat> stornieren, absagen
anunț [a'nunz] *n.* Anzeige, Ansage, Durchsage, Ankündigung
aparență [apa'renzê] *f.* Schein, Anschein
apartament [aparta'ment] *n.* Wohnung
aparține [apar'zine] <aparțin, am aparținut> gehören
apă ['apê] *f.* Wasser, apă potabilă ['apê po'tabilê] Trinkwasser

apăsa [apê'ßa] <apăs, am apăsat> drücken
apel [a'pel] *n.* Anruf, Appel, Aufruf
aperitiv [aperi'tiw] *n.* Vorspeise
apoi [a'poi] dann, danach
aprilie [a'prilie] *m.* April
aproape [a'proape] fast, nah(e), aproape de [a'proape de] in der Nähe von
aproba [apro'ba] <aprob, am aprobat> zustimmen
aragaz [ara'gas] *n.* Herd
arăta [arêt'a] <arăt, am arătat> aussehen, zeigen, bekunden
arde ['arde] <ard, am ars> brennen
argint [ar'dschint] *m.* Silber
armată [ar'matê] *f.* Militär
artă ['artê] *f.* Kunst
artizanat [artisa'nat] *n.* Kunsthandwerk
aşa [a'ßcha] *(auf diese Art und Weise)* so, aşa şi aşa [a'ßcha ßchi a'ßcha] teils, teils, tot aşa [tot a'ßcha] auch so
asculta [aßkul'ta] <ascult, am ascultat> hören, zuhören, asculta de cineva [aßkul'ta de] jdm gehorchen
♂/○ **ascuţit** [aßku'zit], ♀ **ascuţită** [aßku'zitê] gespitzt, scharf
ascuţitoare [aßkuzi'toare] *f.* Anspitzer
♂/○ **asemănător** [aßemênê'tor], ♀ **asemănătoare** [aßemênê'toare] ähnlich
asigurare [aßigu'rare] *f.* Versicherung
asistentă medicală [aßiß'tentê medi'kalê] *f.* Krankenschwester
aştepta [aßchtep'ta] <aştept, am aşteptat> warten, erwarten
astfel ['aßtfel] dadurch, hierbei, hierdurch, astfel că ['aßtfel kê] so dass
ataca [ata'ka] <atac, am atacat> überfallen
atât de [a'tît de] *(vor einem Adjektiv oder Adverb)* so
Atenţiune! [atenzi'une] Achtung!
atunci [a'tuntßchi] da, dann
august ['augußt] *m.* August
Austria [a'ußtria] *f.* Österreich
austriac [außtri'ak] *m.*, **austriacă** [außtri'akê] *f.* Österreicher, Österreicherin
♂/○ **austriac** [außtri'ak], ♀ **austriacă** [außtri'akê] österreichisch
autobuz [auto'bus] *n.* Bus
autocar [auto'kar] *n.* Reisebus
automat [auto'mat] *n.* Automat
♂/○ **automat** [auto'mat], ♀ **automată** [auto'matê] automatisch
autoservire [autoßer'wire] *f.* Selbstbedienung
autostradă [auto'ßtradê] *f.* Autobahn
auzi [au'si] <aud, am auzit> hören
avans [a'wanß] *n.* Anzahlung, Vorschuss, Vorsprung
avea [a'wea] <am, am avut> haben, avea voie [a'wea 'woie] <am voie, am avut voie> dürfen, Erlaubnis haben

aventură [awen'turê] *f.* Abenteuer
aversă [a'werßê] *f.* Sturzregen
avertiza [awerti'sa] <avertizez, am avertizat> warnen
avion [awi'on] *n.* Flugzeug
azi ['asi] heute, **de azi** [de 'asi] von heute

B

bacşiş [bak'ßchißch] *n.* Trinkgeld, Schmiergeld
bagaj [ba'gasch] *n.* Gepäck
baie ['baie] *f.* Bad, Baden
balcon [bal'kon] *n.* Balkon
banană [ba'nanê] *f.* Banane
banc [bank] *n.* Witz
bancă ['bankê] *f.* Bank
bancnotă [bank'notê] *f.* (Geld)schein, **bancnotă de zece lei** [bank'notê de 'setßche lei] Zehn-Lei-Schein
bancomat [banko'mat] *n.* Geldautomat
bandă [bandê] *f.* Streifen, Band, *(einer Straße)* Spur, *(von Kriminellen)* Gang, Bande
bani ['bani] *m. Pl.* Geld, **bani gheaţă** ['bani 'geazê] Bargeld
bâtă ['bîtê] *f. (für Baseball, Kricket)* Schläger
bate [bate] <bat, am bătut> schlagen, verprügeln
baterie [bate'rie] *f.* Akku, Batterie
batistă [ba'tißtê] *f.* Taschentuch, **batistă de hârtie** [ba'tißtê de hîr'tie] Papiertaschentuch
bărbat [bêr'bat] *m.* Mann
♂/o **bărbătesc** [bêrbê'teßk], ♀ **bărbătească** [bêrbê'teaßkê] männlich
♂/o **bătrân** [bê'trîn], ♀ **bătrână** [bê'trînê] alt
băutură [bêu'turê] *f.* Getränk
bea [bea] <beau, am băut> trinken
bebeluş [bebe'lußch] *m.* Baby
benzinărie [bensinê'rie] *f.* Tankstelle
bere ['bere] *f.* Bier
biberon [bibe'ron] *n.* Babyfläschchen, Schnuller
bicicletă [bitßchi'kletê] *f.* Fahrrad
biciclist [bitßchi'klißt] *m.*, **biciclistă** [bitßchi'klißtê] *f.* Radfahrer, Radfahrerin
bijutier [bischuti'er] *m.*, **bijutieră** [bischuti'erê] *f.* Juwelier, Juwelierin
bikini [bi'kini] *m.* Tanga, Bikini
bilet [bi'let] *n.* Fahrkarte, Ticket, Notiz
bine ['bine] gut, **Bine!** ['bine] Einverstanden!, **Bine ai venit!** ['bine ai we'nit] Sei herzlich willkommen!
binoclu [bi'noklu] *n.* Fernglas
birou [birou] *n.* Büro
biscuit [bißku'it] *m.* Plätzchen, Keks
bluză ['blusê] *f.* Bluse
boală [boalê] *f.* Krankheit
♂/o **bogat** [bo'gat], ♀ **bogată** [bo'gatê] reich
♂/o **bolnav** [bol'naw], ♀ **bolnavă** [bol'nawê] krank
brad [brad] Tanne

brânză ['brînsê] *f.* Käse

braț [braz] *n.* Arm, Ärmel, Hebel

briceag [bri'tßcheag] *n.* Taschenmesser

brichetă [bri'ketê] *f.* Feuerzeug

bronșită [bronßchitê] *f.* Bronchitis

broșură [bro'ßchurê] *f.* Prospekt

brutar [bru'tar] *m.*, **brutăreasă** [brutê'reaßê] *f.* Bäcker, Bäckerin

bucată [bu'katê] *f.* Stück

bucătar [bukê'tar] *m.*, **bucătăreasă** [bukêtê'reaßê] *f.* Koch, Köchin

bucătărie [bukêtê'rie] *f.* Küche

buclă ['buklê] *f.* Locke, Kurve

bucura [buku'ra] <bucur, am bucurat> freuen, a se bucura [a ße buku'ra] <mă bucur, m-am bucurat> sich freuen

bujie [bu'schie] *f.* Zündkerze

bulă ['bulê] *f.* *(Lufteinschluss)* Blase, bulă de aer ['bulê de 'aer] Luftblase

buletin [bule'tin] *n.* Ausweis, Bericht

♂/○ **bun** ['bun], ♀ **bună** ['bunê] gut, *(als Begrüßung)* Bună! ['bunê] Hallo!

bunic [bu'nik] *m.*, **bunică** [bu'nikê] *f.* Großvater, Großmutter

bunici [bu'nitßchi] *m. Pl.* Großeltern

busolă [bu'ßolê] *f.* Kompass

butoi [bu'toi] *n.* Fass

butoiaș [buto'iaßch] *n.* Fässchen

buton [bu'ton] *n.* Knopf

buză ['busê] *f.* Lippe

buzunar [busu'nar] *n.* Tasche

C

cabinet [kabi'net] *n.* Praxis

cablu ['kablu] *n.* Kabel

cacao [ka'kao] *f.* Kakao

cadă ['kadê] *f.* Badewanne

cadou [ka'dou] *n.* Geschenk

cafea [ka'fea] *f.* Kaffee

cafenea [kafe'nea] *f.* Café

câine ['kîine] *m.* Hund

cal [kal] *m.* Pferd

calcula [kalku'la] <calculez, am calculat> rechnen

cald [kald] warm

calitate [kali'tate] *f.* Qualität

cameră ['kamerê] *f.* *(für einen Reifen)* Schlauch, *(in einem Haus oder Hotel)* Raum, Zimmer, cameră dublă ['kamerê 'dublê] Doppelzimmer, cameră de o persoană ['kamerê de o per'ßoanê] Einzelzimmer

camion [kami'on] *n.* Lastwagen, Lkw

câmp [kîmp] *n.* Feld

canapea [kana'pea] *f.* Sofa

când [kînd] als, wann

cânta [kîn'ta] <cânt, am cântat> singen, spielen, cânta la pian [kîn'ta la pi'an] Klavier spielen

cântec ['kîntek] *f.* Lied, cu cântec [ku 'kîntek] problematisch, nicht leicht

cap ['kap] *n.* Kopf, din cap [din 'kap] auswendig, cu cap [ku 'kap] schlau

capră ['kaprê] *f.* Ziege

carantină [karan'tinê] *f.* Quarantäne
carburant [karbu'rant] *m.* Treibstoff
cârciumă ['kîrtßchi̯ume] *f.* Kneipe
card bancar [kard ban'kar] *n.* Bankkarte
cârjă ['kîrschê] *f.* Krücke
cârnat [kîr'nat] *m.* Wurst
carne ['karne] *f.* Fleisch
carte ['karte] *f.* Buch, carte poştală ['karte poßch'talê] *f.* Postkarte
cartof [kar'tof] *m.* Kartoffel
casă ['kaßê] *f.* Kasse, Haus, casă de mode ['kaßê de 'mode] Modehaus, casă de asigurări ['kaßê de aßigu'rêri] Versicherungsfirma, de casă [de 'kaßê] hausgemacht
cascadă [kaß'kadê] *f.* Wasserfall
castel [kaß'tel] *n.* Schloss
câştiga [kâßchti'ga] <câştig, am câştigat> verdienen, gewinnen
castravecior [kaßtrawe'tßchi̯or] *m.* saure Gürkchen
castravete [kaßtra'wete] *m.* Gurke
castron [kaß'tron] *n.* Schüssel
câteodată [kîteo'datê] manchmal
cazare [ka'sare] *f.* Unterbringung
că [kê] dass, weil, măcar că [mê'kar kê] obgleich
cădea [kê'de̯a] <cad, am căzut> fallen
căi ferate ['kê̯i fe'rate] *f. Pl.* (Eisen)bahn
călări [kêlê'ri] <călăresc, am călărit> reiten
călători [kêlêto'ri] <călătoresc, am călătorit> reisen
călătorie [kêlêto'rie] *f.* Fahrt, Reise
cămaşă [kê'maßchê] *f.* Hemd
căpşună [kêp'ßchunê] *f.* Erdbeere
căra [kê'ra] <car, am cărat> tragen
cărucior [kêru'tßchi̯or] *n.* Kinderwagen
♂/○ **căsătorit** [kêßêto'rit], ♀ **căsătorită** [kêßêto'ritê] verheiratet
căsnicie [kêßni'tßchie] *f.* Ehe
căuta [kê̯u'ta] <caut, am căutat> suchen
CD [ßi'di] *n.* CD
ce [tßchße] was, Ce mai faci? [tßchße mai fatßchi] Wie geht es dir?, Ce bine! [tßchße 'bine] Toll!
ceai ['tßche̯ai̯] *n.* Tee
ceapă ['tßche̯apê] *f.* Zwiebel
cearşaf [tßche̯ar'ßchaf] *n.* Bettlaken
ceas [tßche̯aß] *n.* Uhr, Cât e ceasul? [kît e 'tßche̯aßul] Wie spät ist es?
ceaşcă ['tßche̯aßchê] *f.* Tasse
ceaţă ['tßcheazê] *f.* Nebel
cent ['tßchent] *m.* Cent
centimetru [tßchenti'metru] *m.* Zentimeter
♂/○ **central** [tßchen'tral], ♀ **centrală** [tßchen'tralê] zentral
centru ['tßchentru] *n.* Mitte, Zentrum, centru comercial ['tßchentru komertßchi'al] Einkaufszentrum, în centru [în 'tßchentru] in der Stadtmitte
cerc [tßcherk] Kreiß
cerere ['tßcherere] *f.* Antrag
cetate [tßche'tate] *f.* Burg

cetățenie [tßchetêze'nie] *f.* Staatsangehörigkeit

ceţos [tßche'zoß] neblig

cheie ['keie] *f.* Schlüssel

chelner ['kelner] *m.*, **chelneriță** [kelne'rizê] *f.* Kellner, Kellnerin

chema [ke'ma] <chem, am chemat> anrufen, rufen, a se chema [a ße ke'ma] heißen

chiflă ['kiflê] *f.* Brötchen

chiloți [ki'lozi] *m. Pl.* Unterhose

chioșc ['kioßchk] *n.* Kiosk

chirie [ki'rie] *f.* Miete, cu chirie [ku ki'rie] in Miete

chitanță [ki'tanzê] *f.* Quittung

ciclist [tßchi'klißt] *m.*, **ciclistă** [tßchi'klißtê] *f.* Radsportler, Radsportlerin

cină ['tßchinê] *f.* Abendessen

cine ['tßchine] wer

cinema [tßchine'ma] *n.* Kino

cineva [tßchine'wa] jemand, Este cineva. [eßte tßchine'wa] Er/Sie ist eine wichtige Persönlichkeit.

ciocolată [tßchioko'latê] *f.* Schokolade

ciorap [tßchio'rap] *m.* (Knie)strumpf

cipilică [tßchipi'likê] *f.* Kappe, Mütze

circa ['tßchirka] gegen, ungefähr

citi [tßchi'ti] <citesc, am citit> lesen

ciupercă [tßchiu'perkê] *f.* Pilz

cizmă ['tßchismê] *f.* Stiefel

clădire [klê'dire] *f.* Gebäude

cleşte ['kleßchte] *m.* Zange

coadă ['koadê] *f.* Schwanz, (Menschen)schlange, la coadă [la 'koadê] in der Schlange

coafor [koa'for] *m.*, **coafeză** [koa'fesê] *f.* Friseur, Friseurin

coafor [koa'for] *n.* Friseurgeschäft

coase ['koaße] <cos, am cusut> nähen

coastă ['koaßtê] *f.* Küste, Rippe, coastă abruptă ['koaßtă a'bruptê] Steilküste

coborî [kobo'rî] <cobor, am coborât> aussteigen, herabsteigen, coborî ceva [kobo'rî] etw. herunterlassen

cod poştal [kod po'ßchtal] *n.* Postleitzahl

cofetărie [kofetê'rie] *f.* Konditorei

colac de salvare [kolak de ßal'ware] *m.* Rettungsring

comanda [koman'da] <comand, am comandat> bestellen

♂ **comic** ['komik], ♀ **comică** ['komikê] lustig

comic ['komik] *m./f.* Komiker, Komikerin

comision [komi'ßion] *n.* Kommission

completa [komple'ta] <completez, am completat> ausfüllen, ergänzen

computer [kom'piuter] *n.* Computer

concediu [kon'tßchediu] *n.* Urlaub, concediu de boală [kon'tßchediu de 'boalê] krankheitsbedingte Abwesenheit

concepe [kon'tßchepe] <concep, am conceput> entwickeln, konzipieren, erzeugen, begreifen
concert [kon'tßchert] *n.* Konzert
condom [kon'dom] *n.* Kondom
conduce [kon'dutßche] <conduc, am condus> fahren, lenken, leiten, führen
conecta [konek'ta] <conectez, am conectat> verbinden
confirma [konfir'ma] <confirm, am confirmat> bestätigen
confirmare [konfir'mare] *f.* Bestätigung
conservă [kon'ßerwê] *f.* Dose, Konserve
constipație [konßti'pazißie] *f.* Verstopfung
consulat [konßu'lat] *n.* Konsulat
cont [kont] *n.* Konto, **ține cont de ceva** ['zine 'kont de] <țin cont de, am ținut cont de> auf etw. Rücksicht nehmen
continent [konti'nent] *n.* Festland, Kontinent
contract [kon'trakt] *n.* Vertrag
control [kon'trol] *n.* Kontrolle, **control medical** [kon'trol medi'kal] medizinische Untersuchung
controla [kontro'la] <controlez, am controlat> kontrollieren, untersuchen
copac [ko'pak] *m.* Baum
copil [ko'pil] *m.* Kind
copilă [ko'pilê] *f.* Mädchen
♂/○ **corect** [ko'rekt], ♀ **corectă** richtig
corp [korp] *n.* Körper, Verband, Gruppe, Körperschaft
cort [kort] *n.* Zelt
coș [koßch] *n.* Korb, *(auf der Haut)* Pickel
costa [koß'ta] <costă, a costat> kosten
costum [koß'tum] *n.* Anzug, Kostüm, Maskenkostüm
costumare [koßtu'mare] *f.* Verkleiden
covor [ko'wor] *n.* Teppich
crab [krab] *m.* Krabbe
cratiță ['kratizê] *f.* (Koch)topf
Crăciun [Krê'tschi͜un] *n.* Weihnachten
crede ['krede] <cred, am crezut> glauben, meinen, **Cred și eu!** ['kred ßchi e͜u] Das glaube ich schon!
cremă ['kremê] *f.* Creme, **cu cremă de ...** [ku 'kremê de] mit ... -Creme
crește ['kreßchte] <cresc, am crescut> wachsen
♂/○ **creștin** [kreßch'tin], ♀ **creștină** [kreßch'tinê] christlich
crevete [kre'wete] *m.* Krevette, Garnele
croitor [kroi'tor] *m.*, **croitoresă** [kroito're͜aßê] *f.* Schneider, Schneiderin
crosă ['kroßê] *f.* (Golf)schläger
♂/○ **crud** ['krud], ♀ **crudă** ['krudê] roh, unreif, grausam
cu [ku] mit, **Cu plăcere!** [ku plê'tßchere] Gerne!, **cu săptămâ-**

nile [ku ßêptê'mînile] wochenlang, cu toate că [ku 'toate kê] obwohl

cui [kui] *n.* Nagel

cui [kui] wem, al cui/a cui/ai cui/ale cui [al kui/a kui/ai kui/ale kui] wessen

culoare [ku'loare] *f.* Farbe, la culoare [la ku'loare] farblich passend

cumnat [kum'nat] *m.*, **cumnată** [kum'natâ] *f.* Schwager, Schwägerin

cumpăra [kumpê'ra] <cumpăr, am cumpărat> kaufen, einkaufen

cunoaște [ku'noaßchte] <cunosc, am cunoscut> kennen, cunoaște pe cineva [ku'noaßchte pe tßchine'wa] mit jmd. bekannt sein

cupă ['kupê] *f.* Kelch, Pokal

cuplu ['kuplu] *n.* Ehepaar

cuptor [kup'tor] *n.* (Back)ofen

♂/○ **curajos** [kura'schoß], ♀ **curajoasă** [kura'schoaßê] mutig

♂/○ **curat** [ku'rat], ♀ **curată** [ku'ratê] sauber

curăța [kurê'za] <curăț, am curățat> putzen

curățare [kurê'zare] *f.* Reinigung

curățătorie [kurêzêto'rie] *f.* Reinigung

curent [ku'rent] *m.* Strom, Strömung, Bewegung

curent [ku'rent] *m.*, **curentă** *f.* laufend, geläufig

curând [ku'rînd] bald, în curând [în ku'rînd] bald

curs [kurs] *n.* Kurs, curs valutar [kurs walu'tar] Wechselkurs

cuțit [ku'zit] *n.* Messer

cuvânt [ku'wînt] *n.* Wort, Vokabel, de cuvânt [de ku'wînt] zuverlässig, Pe cuvânt! [pe ku'wînt] Ehrenwort!

cuvertură [kuwer'turê] *f.* Laken

D

da [da] <dau, am dat> geben

da [da] ja, Da de unde! [da de 'unde] Ach wo!

dacă ['dakê] wenn, falls, ob, chiar dacă ['kiar 'dakê] auch wenn

dans [danß] *n.* Tanz

dansa [dan'ßa] <dansez, am dansat> tanzen

dar [dar] aber, allerdings

dar [dar] *n.* Geschenk

data nașterii ['data 'naßchterii] *f.* Geburtsdatum

dată ['datê] *f.* Datum, Angabe, de fiecare dată [de fie'kare 'datê] jedes Mal

de [de] seit, ab, aus, von, de ce [de tßche] warum, de la [de la] ab, vom

deasupra [dea'ßupra] über

decât [dekît] *(nach einem Komparativ)* als

decembrie [de'tßchembrie] *m.* Dezember

deci ['detßchi] also, demnach, deshalb

decola [deko'la] <decolez, am decolat> abheben

decolare [deko'lare] *f.* Abflug

dedesupt [dede'ßupt] unter
defect [de'fekt] *n.* Mangel
♂/○ **defect** [de'fekt], ♀ **defectă** [de'fektê] defekt
deget ['dedschet] *n.* Finger, un deget de ... [un 'dedschet de] einen Fingerbreit ..., deget mare ['dedschet 'mare] Daumen
deja [de'scha] schon, bereits
demi-pensiune [demi'penßiune] *f.* Halbpension
dentist [den'tißt] *m.*, **dentistă** [den'tißtê] *f.* Zahnarzt, Zahnärztin
deoarece [deoare'tßche] denn, weil, da
derapa [dera'pa] <derapez, am derapat> rutschen
des [deß] oft
♂/○ **des** [deß], ♀ **deasă** ['deasê] dicht
deschide [deß'kide] <deschid, am deschis> öffnen
♂/○ **deschis** [deß'kiß], ♀ **deschisă** [deß'kißê] auf, geöffnet, offen; hell
descriere [deß'kriere] *f.* Beschreibung, descrierea drumului [deß'kriere 'drumului] Anfahrtsbeschreibung
deseară [deßearê] heute Abend
desert [de'ßert] *n.* Nachspeise
deşert [de'ßchert] *n.* Wüste
deşteptător [deßchteptê'tor] *n.* Wecker
destinatar [deßtina'tar] *m.*, **destinatară** [deßtina'tarê] *f.* Empfänger, Empfängerin
developa [dewelo'pa] <developez, am developat> *(fotografische Filme)* entwickeln
developare [dewelo'pare] *f.* *(fotografischer Filme)* Entwicklung
devreme [de'wreme] früh, mai devreme [mai de'wreme] früher, zeitiger
dezosa [deso'ßa] <dezosez, am dezosat> entgräten, entbeinen
dicţionar [dikzio'nar] *n.* Wörterbuch
dietă [di'etê] *f.* Diät
♂/○ **diferit** [dife'rit], ♀ **diferită** [dife'ritê] anders, anderer, andere, anderes
♂/○ **dificil** [di'fi'tßchil], ♀ **dificilă** [difi'tßchilê] schwer, schwierig
difterie [dif'terie] *f.* Diphtherie
dimineaţa [dimi'neaza] morgens, Bună dimineaţa! [bunê dimi'neaza] Guten Morgen!, dimineaţa devreme [dimi'neaza de'wreme] früh am Morgen
dimineaţă [dimi'neazê] *f.* Morgen, Vormittag, azi dimineaţă [asi dimi'neazê] heute in der Früh, de dimineaţă [de dimi'neazê] frühmorgens
din [din] *(räumlich)* aus, *(zeitlich)* seit
dinte ['dinte] *m.* Zahn
♂/○ **direct** [di'rekt], ♀ **directă** [di'rektê] direkt
direcţie [direk'zie] *f.* Richtung, Direktion
discuta [dißku'ta] <discut, am discutat> diskutieren

discuţie [diß'kuzie] *f.* Gespräch, Diskussion, fără discuţie ['fêrê diß'kuzie] ohne Zweifel
distracţie [diß'trakzie] *f.* Spaß, Unterhaltung, Vergnügen
♂/⚬ **divorţat** [divor'zat], ♀ **divorţată** [divor'zatê] geschieden
doar [doar] nur, doar o clipă [doar o 'klipê] nur einen Augenblick
doctor ['doktor] *m./f.* Arzt, Ärztin, Doktor, Doktorin
domn ['domn] *m.* Herr
domnişoară [domni'ßchoarê] *f.* *(Anrede für junge, unverheiratete Frau)* Fräulein, Frau
domnul ['domnul] *m.*, **doamna** ['doamna] *f.* *(in der Anrede)* Herr, *(in der Anrede)* Frau
dormi [dor'mi] <dorm, am dormit> schlafen
dormitor [dormi'tor] *n.* Schlafzimmer
dos [doß] *n.* *(Rückseite)* Gesäß, Rücken, pe dos [pe doß] auf der Kehrseite, verkehrt, uşa din dos ['ußcha din doß] Hintertür
dragoste ['dragoßte] *f.* Liebe
drapel [dra'pel] *n.* Fahne
♂/⚬ **drăguţ** [drê'guz], ♀ **drăguţă** [drê'guzê] nett
♂/⚬ **drept** ['drept], ♀ **dreaptă** ['dreaptê] gerade, gerecht, aufrichtig, aufrecht, richtig, drept acum [drept a'kum] gerade jetzt, in diesem Augenblick, la dreapta [la 'dreapta] rechts
drum [drum] *n.* Weg, drum carosabil [drum karo'ßabil] Fahrweg, drum de ocolire [drum de oko'lire] Umleitung, drum naţional [drum nazio'nal] Bundesstraße, în drum [în drum] im Weg, la drum [la drum] auf dem Weg, pe drum [pe drum] unterwegs, peste drum ['peßte drum] gegenüber
drumeţie [drume'zie] *f.* Wanderung, face drumeţii ['fatßche drume'zii] <fac drumeţii, am făcut drumeţii> wandern
♂/⚬ **dublu** ['dublu], ♀ **dublă** ['dublê] doppelt
duce ['dutßche] <duc, am dus> bringen, holen, mitnehmen, tragen, führen, a se duce [ße 'dutßche] <mă duc, m-am dus> gehen
dulap [du'lap] *n.* Schrank
dulce ['dultßche] süß
duminică [du'minikê] *f.* Sonntag
dumneavoastră [dumnea'woaßtrê] *(als Personalpronomen)* Sie, *(als Possessivbegleiter)* Ihr, Ihre, *(mit Genitivartikel: m./n. Sing.)* al dumneavoastră [al dumnea'woaßtrê] Ihrer, Ihres, *(f. Sing.)* a dumneavoastră [a dumnea'woaßtrê] Ihre, *(m. Pl.)* ai dumneavoastră [ai dumnea'woaßtrê] Ihre, *(f./n. Pl.)* ale dumneavoastră [ale dumnea'woaßtrê] Ihre
după ['dupê] nach

după-amiază [dupê a'miasê] *f.* Nachmittag
după-amiaza [dupê a'miasa] nachmittags
după-amiaza târziu [dupê a'miasa tîrsiu] am späten Nachmittag, am frühen Abend
durere [du'rere] *f.* Schmerz, avea dureri [a'wea du'reri] <am dureri, am avut dureri> Schmerzen haben, provoca durere [prowo'ka du'rere] <provoc durere, am provocat durere> wehtun
♂/○ **dureros** [dure'roß], ♀ **dureroasă** [dure'roaßê] schmerzhaft
duş ['dußch] *n.* Dusche, la duş [la 'dußch] unter der Dusche, face duş ['fatßche 'dußch] <fac duş, am făcut duş> (sich) duschen

E

ea [iea] *(Personalpronomen, 3. Person f. Sing.)* sie
economie [ekono'mie] *f.* Wirtschaft
economisi [ekonomi'ßi] <economisesc, am economisit> sparen
ei [iei] *(als Personalpronomen : 3. Person Pl. Nominativ)* sie, *(als Possessivbegleiter: 3. Person Sing.)* ihr, ihre, *(m./n. Sing.)* al ei [al iei] ihrer, *(f. Sing)* a ei [a iei] ihre, *(m. Pl.)* ai ei [ai iei] ihre, *(f./ n. Pl.)* ale ei [ale iei] ihre
el [iel] er
ele ['iele] *(Personalpronomen 3. Person f Pl.)* sie
Elveţia [el'wezia] *f.* Schweiz
elveţian [elwezi'an] *m.*, **elveţiană** [elwezi'anê] *f.* Schweizer, Schweizerin
♂/○ **elveţian** [elwezi'an], ♀ **elveţiană** [elwezi'anê] *(Adjektiv)* Schweizer
email [e'mail] *n.* E-Mail
emite [e'mite] <emit, am emis> *(Rundfunk und Fernsehen)* senden
erupţie [e'rupzie] *f.* Ausschlag, Eruption
est [eßt] *n.* Osten, la est de ... [la eßt de] östlich von ..., în est [în eßt] im Osten
etaj [e'tasch] *n.* Etage, Stock, Stock, la etaj [la e'tasch] nicht im Erdgeschoss
etichetă [eti'ketê] *f.* Etikett
eu ['ieu] ich
euro [e'uro] *m.* Euro
Europa [eu'ropa] *f.* Europa
european [euro'pean] *m.*, **europeană** [euro'peanê] *f.* Europäer, Europäerin
♂/○ **european** [euro'pean], ♀ **europeană** [euro'peanê] europäisch
evolua [ewolu'a] <evoluez, am evoluat> sich entwickeln
evoluţie [ewo'luzie] *f.* Entwicklung
excursie [eks'kurßie] *f.* Ausflug
expeditor [ekspedi'tor] *m.*, **expeditoare** [ekspedi'toare] *f.* Absender, Absenderin
explica [ekspli'ka] <explic, am explicat> erklären

expilcaţie [ekspli'kazie] *f.* Erklärung, da o explicaţie [da o ekspli'kazie] etw. erklären
expresie [eks'preßie] *f.* *(Wort)* Ausdruck

F

fabrica [fabri'ka] <fabric, am fabricat> herstellen
fabrică ['fabrikê] *f.* Fabrik
face ['fatßche] <fac, am făcut> machen, tun, face faţă ['fatßche 'fazê] zurechtkommen, Nu se face! [nu ße 'fatßche] Das tut man nicht!
factură [fak'turê] *f.* Rechnung
Pl. **fals** *Pl.* ['falß], ♀ **falsă** ['falßê] falsch
♂/o **familiar** [famili'ar], ♀ **familiară** [famili'arê] vertraut
familie [fa'milie] *f.* Familie
farfurie [farfu'rie] *f.* Teller, farfurie de supă [farfu'rie de 'ßupê] Suppenteller, farfurie cu supă [farfu'rie ku 'ßupê] Teller Suppe
farfurioară [farfuri'oarê] *f.* Untertasse
farmacie [farma'tßchie] *f.* Apotheke, la farmacie [la farma'tßchie] in der Apotheke
fâşie [fî'ßchie] *f.* Streifen, Schnipsel
fată ['fatê] *f.* Mädchen
faţă ['fazê] *f.* Gesicht, Seite, de faţă [de 'fazê] anwesend, în faţă [în 'fazê] vorn, faţă în faţă ['fazê în 'fazê] gegenüber
fax [faks] *n.* Fax
faxa [fa'ksa] <faxez, am faxat> faxen
făină [fê'inê] *f.* Mehl
fără ['fêrê] ohne, fără plumb ['fêrê 'plumb] bleifrei, fără să ['fêrê ßê] ohne dass
febră ['febrê] *f.* Fieber, febră mare ['febrê 'mare] hohes Fieber
februarie [febru'arie] *m.* Februar
felicita [felitßchi'ta] <felicit, am felicitat> gratulieren
felicitare [felitßchi'tare] *f.* Gratulation, Postkarte
fel [fel] *n.* Art und Weise, la fel [la fel] identisch, Gang, fel principal [fel printßchi'pal] Hauptgang
femeie [fe'meie] *f.* Frau
♂/o **feminin** [femi'nin], ♀ **feminină** [femi'ninê] weiblich
fereastră [fe'reaßtrê] *f.* Fenster, la fereastră [la fe'reaßtrê] am Fenster
feribot [feri'bot] *n.* Fähre
fericire [feri'tßchire] *f.* Glück, din fericire [din feri'tßchire] glücklicherweise
♂/o **fericit** [feri'tßchit], ♀ **fericită** [feri'tßchitê] glücklich
fermoar [fermo'ar] *n.* Reißverschluss
fi [fi] <sunt, am fost> sein
ficat [fi'kat] *m.* Leber
fiecare [fie'kare] jeder, jede, jedes
fierbe ['fierbe] <fierb, am fiert> kochen
fierbinte [fier'binte] heiß
fiică [fi'ikê] *f.* Tochter
fiindcă [fi'indkê] weil

fiinţă [fi'inzê] *f.* Mensch, fiinţă umană [fi'inzê u'manê] menschliches Wesen
film ['film] *n.* Film
firmă ['firmê] *f.* Firma
fiu [fiu̯] *m.* Sohn
♂/o **flămând** [flê'mînd], ♀ **flămândă** [flê'mîndê] hungrig
floare [flo̯are] *f.* Blume, floare de colţ [flo̯are de kolz] Edelweiß
florărie [florê'rie] *f.* Blumenladen
fluier ['flui̯er] *n.* Flöte
fluture ['fluture] *n.* Schmetterling
foame ['fo̯ame] *f.* Hunger, a-i fi foame [ai̯ fi 'fo̯ame] <mi-e foame, mi-a fost foame> Hunger haben
foarfecă ['fo̯arfekê] *f.* Schere
foarte [fo̯arte] sehr, Foarte bine! [fo̯arte bine] Sehr gut!
foc [fok] *n.* Feuer, pericol de foc [pe'rikol de foc] Feuergefahr, Ai un foc? [ai̯ un fok] Hast du Feuer?
folosi [folo'ßi] <folosesc, am folosit> benutzen, a se folosi de cineva [a ße folo'ßi de] <mă folosesc, m-am folosit> von jdm profitieren
forma [for'ma] <formez, am format> *(am Telefon)* wählen, a se forma [a ße for'ma] <mă formez, m-am format> werden, sich entwickeln
formă ['formê] Form, de formă [de 'formê] förmlich, în formă [în 'formê] leistungsfähig
formular [formu'lar] *n.* Formular
fotbal ['fotbal] *n.* Fußball
fotografia [fotografi'a] <fotografiez, am fotografiat> fotografieren
fotografie [fotogra'fie] *f.* Foto
fotoliu [fo'toliu̯] *n.* Sessel
frâna [frî'na] <frânez, am frânat> bremsen
frână ['frînê] *f.* Bremse, frână de mână ['frînê de 'mînê] Handbremse, frână de motor ['frînê de mo'tor] Motorbremse
♂/o **francez** [fran'tßches], ♀ **franceză** [fran'tßchesê] französisch, în franceză [în fran'tßchesê] auf französisch
frânghie [frîn'gie] *f.* Seil
frate ['frate] *m.* Bruder
frâu [frîu̯] *n.* Zügel
frigider [fridschi'der] *n.* Kühlschrank
frişcă ['frißchê] *f.* Sahne
fruct ['frukt] *n.* Frucht
♂/o **frumos** [fru'moß], ♀ **frumoasă** [fru'mo̯aßê] schön
fuma [fu'ma] <fumez, am fumat> rauchen, Vă rugăm nu fumaţi! [wê rugêm nu fu'mazi] Bitte nicht rauchen!
fumător [fumê'tor] *m.*, **fumătoare** [fumê'to̯are] *f.* Raucher, Raucherin, fumători [fumê'tori] *m. Pl.* Raum für Raucher, nefumători [neumê'tori] *m. Pl.* Raum für Nichtraucher
funicular [funiku'lar] *n.* Seilbahn
fura [fu'ra] <fur, am furat> stehlen
furculiţă [furku'lizê] *f.* Gabel
furnică [fur'nikê] *f.* Ameise

furtun [fur'tun] *n.* Schlauch
furtună [fur'tunê] *f.* Sturm, pe furtună [pe fur'tunê] im Sturm
fustă ['fußtê] *f.* Rock

G

♂/o galben ['galben], **♀ galbenă** ['galbenê] gelb
gară ['garê] *f.* Bahnhof, gara mare ['gara 'mare] Hauptbahnhof, la gară [la 'garê] am Bahnhof
garaj [ga'rasch] *n.* Garage, Werkstatt
gât [gît] *n.* Hals
♂/o gălăgios [gêlêdschi'oß], **♀ gălăgioasă** [gêlêdschi'oaßê] laut
găti [gê'ti] <gătesc, am gătit> kochen
geantă ['dscheantê] *f.* Felge, Tasche, geantă de voiaj ['dscheantê de wo'iasch] Reisetasche
german [dscher'man] *m.*, **germană** [dscher'manê] *f.* Deutscher, Deutsche
♂/o german [dscher'man], **♀ germană** [dscher'manê] deutsch
♂/o german elvețian [dscher'man elwezi'an], **♀ germană elvețiană** [dscher'manê elwezi'anê] schweizerdeutsch
Germania [dscher'mania] *f.* Deutschland
gheață ['geazê] *f.* Eis, cub de gheață [kub de 'geazê] Eiswürfel
gheretă [ge'retê] *f.* Kiosk
ghid [gid] *m./f.* Reiseführer, Reiseführerin
ghidon [gi'don] *n.* Lenkrad
gol [gol] *n.* Tor, Treffer
♂/o gol [gol], **♀ goală** ['goalê] leer, nackt
golf [golf] *n.* Golf, teren de golf [te'ren de 'golf] Golfplatz
grad [grad] *n.* Grad
gram [gram] *n.* Gramm
♂/o gras ['graß], **♀ grasă** ['graßê] dick, fett
grădinar [grêdi'nar] *m.*, **grădinăreasă** [grêdinê'reasê] *f.* Gärtner, Gärtnerin
grădină [grê'dinê] *f.* Garten, grădină publică [grê'dinê publikê] Park
grădiniță [grêdi'nizê] *f.* Kindergarten, Gärtchen
greață ['greazê] *f.* Übelkeit
greșeală [gre'ßchealê] *f.* Fehler, din greșeală [din gre'ßchealê] aus Versehen
♂/o greu ['greu], **♀ grea** ['grea] schwer, cu greu [ku 'greu] kaum, schwerlich, la greu [la 'greu] schwierige Situation
greutate [gre|u'tate] *f.* Gewicht, Schwierigkeit
gri [gri] grau
♂/o gros ['groß], **♀ groasă** ['groaßê] dick
gunoi [gu'noi] *n.* Müll
gură ['gurê] *f.* Mund, gură de apă ['gurê de apê] Schluck Wasser, gură de canal ['gurê de kanal] Kanaldeckelöffnung

gust [gußt] *n.* Geschmack, de bun gust [de bun gust] von gutem Geschmack

♂/○ **gustos** [guß'toß], ♀ **gustoasă** [guß'to̯aßê] lecker

guvern [gu'vern] *n.* Regierung

H

hai! [hai̯] komm!

han [han] *n.* Gasthof

handicapat [handika'pat] *m.*, **handicapată** [handika'patê] *f.* Behinderter, Behinderte, pentru handicapaţi [pentru handika'pazi] behindertengerecht

♂/○ **handicapat** [handika'pat], ♀ **handicapată** [handika'patê] behindert

hartă ['hartê] *f.* (Land)karte

hârtie [hîr'tie] *f.* Papier, hârtie igienică [hîr'tie i'dschi̯enikê] Toilettenpapier

hepatită [hepa'titê] *f.* Hepatitis

hipodrom [hipo'drom] *n.* Pferderennbahn

homosexual [homoßeksu'al] homosexuell

hostel [hoß'tel] *n.* Jugendherberge

hotărî [hotê'rî] <hotărăsc, am hotărât> entscheiden

hotărâre [hotê'rîre] *f.* Entscheidung

hotel [ho'tel] *n.* Hotel

hrană ['hranê] Nahrungsmittel

I

ianuarie [i̯anu'arie] *m.* Januar

iarbă [i̯arbê] *f.* Gras, la iarbă verde [la i̯arbê werde] Picknick

iarnă ['i̯arnê] *f.* Winter

iată [i̯atê] sieh mal an, auf einmal

iaurt [i̯a'urt] *n.* Joghurt

idee [i'dee] *f.* Idee, idee genială [i'dee dscheni'alê] fantastische Idee, n-am idee [nam i'dee] keine Ahnung

ied [i̯ed] *m.* Zicklein

♂/○ **ieftin** ['i̯eftin], ♀ **ieftină** ['i̯eftinê] billig, preiswert

ieftinătură [i̯eftinê'turê] billig, schäbig

ieftini [i̯efti'ni] <ieftinesc, am ieftinit> verbilligen, a se ieftini [a ße i̯efti'ni] <se ieftineşte, s-a ieftinit> billiger werden

iepure ['i̯epure] *m.* Hase, Kaninchen

ieri [i̯eri] gestern, de ieri [de i̯eri] von gestern

ieşire [i̯e'ßchire] *f.* Ausfahrt, Ausgang, Ausstieg

♂/○ **ilegal** [ile'gal], ♀ **ilegală** ilegal

imagina [imadschi'na] a-şi imagina ['aßchi imadschi'na] <îmi imaginez, mi-am imaginat> sich vorstellen

imediat [imedi'at] gleich, sofort

impermeabil [imperme'abil] *n.* Regenmantel

♂/○ **impermeabil** [imperme'abil], ♀ **impermeabilă** [imperme'abilê] wasserdicht

impresie [im'preßie] *f.* Eindruck

imprimantă [impri'mantê] *f.* Drucker

indicator [indika'tor] *n.* Schild

♂/o **indiferent** [indife'rent], ♀ **indiferentă** [indife'rentê] gleichgültig, a-i fi indiferent [ai fi indife'rent] <mi-e indiferent, mi-a fost indiferent> jdm gleichgültig sein

infirmier [infirmi'er] *m.*, **infirmieră** [infirmi'erê] *f.* Krankenpfleger, Krankenpflegerin

informație [infor'mazie] *f.* Auskunft, Information, birou de informații [bi'rou de infor'mazii] Informationsstelle

injecție [in'schekzie] *f.* Spritze

insectă [in'ßektê] *f.* Insekt, înțepătură de insectă [înzepêturê de in'ßektê] Insektenstich

insolație [inso'lazie] *f.* Sonnenstich

insulă ['inßulê] *f.* Insel

insulină [inßu'linê] *f.* Insulin

♂/o **interesant** [intere'ßant], ♀ **interesantă** [intere'ßantê] interessant

internet [inter'net] *n.* Internet, acces la internet [aktßches la inter'net] *n.* Internetzugang

♂/o **interzis** [inter'siß], ♀ **interzisă** [inter'sißê] verboten

intrare [in'trare] *f.* Eingang, Intrarea interzisă! [in'trarea inter'sißê] Zugang verboten!

♂/o **invers** ['inverß], ♀ **inversă** ['inverßê] zurück, umgekehrt

invita [inwi'ta] <invit, am invitat> einladen

invitație [inwi'tazie] *f.* Einladung

iubi [iu'bi] <iubesc, am iubit> lieben

iubit [iu'bit] *m.*, **iubită** [iu'bitê] *f.* Geliebter, Geliebte

iulie ['iulie] *m.* Juli

iunie ['iunie] *m.* Juni

iute ['iute] scharf, schnell

îmbrăcăminte [îmbrêkê'minte] *f.* Kleidung

împacheta [împake'ta] <împachetez, am împachetat> packen, einpacken

împărți [împêr'zi] <împart, am înpărțit> teilen, aufteilen

împinge [îm'pißndsche] <împing, am împins> schieben, anschieben, drücken

împotriva [împo'triwa] gegen, Nu am nimic împotrivă. [nu am ni'mik împo'triwê] Ich habe nichts dagegen.

împreună [împre'unê] zusammen

în [în] in, innerhalb, în jurul [în 'schurul] um, rund um

înainte [îna'inte] geradeaus, vorwärts; drept înainte [drept îna'inte] geradeaus; tot înainte [tot îna'inte] immer geradeaus; damals, davor; înainte de [îna'inte de] vor; mai înainte [mai îna'inte] zuerst

♂/o **înalt** [î'nalt], ♀ **înaltă** [î'naltê] groß, hoch

înapoi [îna'poi] zurück, da înapoi [da îna'poi] <dau înapoi, am dat înapoi> zurückgeben

înălțime [înêl'zime] *f.* Größe, Höhe, la înălțime [la înêl'zime] den Erwartungen entsprechend

înăuntru [înê'untru] drinnen

înăuntrul [înê'untrul] innen
încasa [înka'ßa] <încasez, am încasat> einlösen, einnehmen
încă ['înkê] noch, încă odată ['înkê o'datê] noch einmal, încă nu ['înkê nu] noch nicht
încălța [înkêl'za] <încalț, am încălțat> Schuhe anziehen, a se încălța [a ße înkêl'za] <mă încalț, m-am încălțat> sich die Schuhe anziehen
încărca [înkêr'ka] <încarc, am încărcat> laden
încărcător [înkêrkê'tor] *n.* Ladegerät
începe [în'tßchepe] <încep, am început> anfangen, beginnen
început [întßche'put] *n.* Anfang
încerca [întßcher'ka] <încerc, am încercat> probieren, versuchen
încet [în'tßchet] langsam, leise
înceta [întßche'ta] aufhören
închide [în'kide] <închid, am închis> schließen
închiria [înkiri'a] <închiriez, am închiriat> mieten, de închiriat [de înkiri'at] zu vermieten
♂/o **închis** [în'kiß], ♀ **închisă** [în'kißê] dunkel, geschlossen, gesperrt
închisoare [înki'ßoare] *f.* Gefängnis
♂/o **înfundat** [înfun'dat], ♀ **înfundată** [înfun'datê] verstopft, geschlossen, nur von einer Seite zugänglich
înghețată [înge'zatê] *f.* (Speise)eis
îngheț [în'gez] *n.* Frost
înghiți [îngi'zi] <înghit, am înghițit> schlucken
îngropa [îngro'pa] <îngrop, am îngropat> aufgeben, begraben, beerdigen
♂/o **îngust** [în'gußt], ♀ **îngustă** [în'gußtê] schmal, beschränkt
înota [îno'ta] <înot, am înotat> schwimmen
însărcinat [înßêrtßchi'nat] *m.*, **însărcinată** [înßêrtßchi'natê] *f.* Beauftrager, Beauftragte, Notar, Notarin
♀ **însărcinată** [înßêrtßchi'natê] schwanger
însemna [înßem'na] <însemn, am însemnat> bedeuten, zeichnen, înseamnă că … [în'ßeamnê kê] das bedeutet, dass …
însorit [înßo'rit] sonnig
întâlni [întîl'ni] <întâlnesc, am întâlnit> treffen, a se întâlni [a ße întîl'ni] sich treffen
întâlnire [întîl'nire] *f.* Treffen, Date
♂/o **întâi** [întîi], ♀ **întâia** [întîia] erster, erste, erstes
întârzia [întîrsi'a] sich verspäten
întoarce [în'toartßche] umdrehen, a se întoarce [a ße în'toartßche] <mă întorc, m-am întors> zurückkehren
înțelege [înzel'edsche] <înțeleg, am înțeles> verstehen
înțepa [înze'pa] <înțep, am înțepat> stechen
între ['între] zwischen, între noi ['între noi] unter uns

întreba [între'ba] <întreb, am întrebat> fragen
întrebare [între'bare] *f.* Frage
întrerupere [între'rupere] *f.* Aufenthalt, Zwischenstopp, Unterbrechung
întuneric [întu'nerik] *n.* Dunkelheit
învăța [înwê'za] <învăț, am învățat> lernen

J

jachetă [scha'ketê] *f.* Jacke
jeanși ['dschinßchi] *m. Pl.* Jeans
jefui [sche'fui] <jefuiesc, am jefuit> rauben
jerseu [scher'seu] *n.* Strickjacke
jigni [schig'ni] <jignesc, am jignit> beleidigen
jilț [schilz] *n.* Hochstuhl
joi ['schoi] *f.* Donnerstag
♂/○ **jos** [schoß], ♀ **joasă** [schoaßê] *(Temperatur)* niedrig
jos [schoß] unten, herunter, herab, pe jos [pe schoß] zu Fuß
juca [schu'ka] <joc, am jucat> spielen, a se juca [a ße schu'ka] <mă joc, m-am jucat> spielen
judecător [schudekê'tor] *m.*, **judecătoare** [schudekê'toare] *f.* Richter, Richterin
jumătate [schumê'tate] *f.* Hälfte
jumătate [schumê'tate] halber, halbe, halbes
jurnal [schur'nal] *n.* Tagebuch

K

katamaran [katama'ran] *n.* Katamaran
ketchup ['ketßchap] *n.* Ketchup
kilogram [kilo'gram] *n.* Kilogramm
kilometru [kilo'metru] *m.* Kilometer

L

la [la] an, auf, in, nach, pe la [pe la] ungefähr
lac [lak] *n.* See
lacăt ['lakêt] *n.* Schloss
lacrimă ['lakrimê] *f.* Träne
lactate [lak'tate] *f. Pl.* Milchprodukte
landou [lan'dou] *n.* *(für Babys, zum Darin-Liegen)* Kinderwagen
lângă ['lîngê] neben, daneben
lapte ['lapte] *n.* Milch
♂/○ **lat** [lat], ♀ **lată** ['latê] breit
laxativ [laksatiw] *n.* Abführmittel
lămâie [lê'mîie] *f.* Zitrone
lăptucă [lêp'tukê] *f.* Salat, Lattich
lățime [lê'zime] *f.* Breite
lega [le'ga] <leg, am legat> verbinden, binden, fesseln
♂/○ **legal** [le'gal], ♀ **legală** [le'galê] legal
legătură [legê'turê] *f.* *(auf Reisen)* Anschluss, în legătură cu [în legê'turê ku] bezüglich, in Bezug auf
legume [le'gume] *f. Pl.* Gemüse
lenjerie [lensche'rie] *f.* Wäsche, lenjerie de corp [lensche'rie de korp] Unterwäsche, Dessous
♂/○ **lent** [lent], ♀ **lentă** ['lentê] langsam
lentilă [len'tilê] *f.* Linse
lesă ['leßê] *f.* Leine

♂/○ **lesbian** [lesbi'an], ♀ **lesbiană** [lesbi'anê] lesbisch
♂/○ **liber** ['liber], ♀ **liberă** ['liberê] frei
lichior [li'ki̯or] *n.* Likör
lila ['lila] lila
limbaj [lim'basch] *n.* Sprache
limbă ['limbê] *f.* Sprache, Zunge
limonadă [limo'nadê] *f.* Limonade
lingură ['lingurê] *f.* Löffel
linguriță [lingu'rizê] *f.* kleiner Löffel, Teelöffel
♂/○ **liniștit** [linißch'tit], ♀ **liniștită** [linißchi'titê] ruhig
linte ['linte] *f.* Linse
lipsă ['lipßê] *f.* Mangel, Fehlen, din lipsă de [din 'lipßê de] aus Mangel an
lipsi [lip'ßi] <lipsesc, am lipsit> fehlen, lipsit de [lipßit de] ohne
literă ['literê] *f.* Buchstabe
litru ['litru] *m.* Liter
lîngă ['lîngê] bei, pe lângă [pe 'lîngê] zu
loc [lok] *n.* Ort, Platz, Sitz, Stelle, locul nașterii ['lokul 'naßchteri̯i] Geburtsort, de loc [de lok] gar nicht, pe loc [pe lok] auf der Stelle, în loc de [în lok de] anstelle (von)
localitate [lokali'tate] *f.* Ortschaft
locui [loku'i] <locuiesc, am locuit> wohnen
locuință [loku'inzê] *f.* Wohnung, locuință cu chirie [loku'inzê ku ki'rie] Mietwohnung
logodnic [lo'godnik] *m.*, **logodnică** [lo'godnikê] *f.* Verlobter, Verlobte
lor [lor] ihr, ihre, *(mit Genitivartikel: m./n. Sing.)* al lor [al lor] ihrer, ihres, *(f. Sing.)* a lor [a lor] ihre, *(m. Pl.)* ai lor [ai̯ lor] ihre, *(n./f. Pl.)* ale lor ['ale lor] ihre
loțiune [lozi'une] *f.* Lotion
lua [lu'a] <iau, am luat> abholen, nehmen
lucru ['lukru] *n.* Ding, la lucru [la 'lukru] in der Arbeit, avea de lucru [awe̯a de 'lukru] <am de lucru, am avut de lucru> zu tun haben
lui [lu̯i] sein, seine, *(mit Genitivartikel: m./n. Sing.)* al lui [al lu̯i] seiner, seines, *(f. Sing.)* a lui [a lu̯i] seine, *(m. Pl.)* ai lui [ai̯ lu̯i] seine, *(f./n. Pl.)* ale lui ['ale lu̯i] seine
lumină [lu'minê] *f.* Licht
lună ['lunê] *f.* Mond, Monat
♂/○ **lung** [lung], ♀ **lungă** ['lungê] lang
lungime [lun'dschime] *f.* Länge
luni ['luni] *f.* Montag, de luni [de 'luni] von Montag an
lupta [lup'ta] <lupt, am luptat> kämpfen

M

magazin [maga'sin] *n.* Geschäft, Laden, Illustrierte, magazin universal [maga'sin uniwer'ßal] Kaufhaus
mai [mai̯] *m.* Mai
mai [mai̯] noch, mai bine [mai̯ bine] besser, mai demult [mai̯ de'mult] früher

mâine ['mîine] morgen, de mâine ['de 'mîine] von Morgen an, Pe mâine! [pe 'mîine] Bis Morgen!
maioneză [maio'nesê] *f.* Mayonnaise
maiou [maiou] *n.* Unterhemd
mamă ['mamê] *f.* Mutter, mama mare ['mama 'mare] Oma, mamă vitregă ['mamê 'witregê] Stiefmutter
mână ['mînê] *f.* Hand, da mâna [da 'mîna] <dau mâna, am dat mâna> Hände schütteln
mânca [mîn'ka] <mănânc, am mâncat> essen
mâncare [mîn'kare] *f.* Essen, Gericht, mâncare gătită [mîn'kare gê'titê] zubereitetes Essen, mâncare semi-preparată [mîn'kare ßemiprepa'ratê] Fertiggericht
mâncărime [mînkê'rime] *f.* Jucken
mare ['mare] *f.* Meer
mare ['mare] groß
marmeladă [marme'ladê] *f.* Marmelade
maro [ma'ro] braun
marți ['marzi] *f.* Dienstag
martie ['martie] *m.* März
masaj [ma'ßasch] *n.* Massage
masă ['maßê] *f.* Tisch, la masă [la 'maßê] am Tisch, Mahlzeit, masă caldă ['maßê kaldê] warmes Essen
♂/o masculin [maßku'lin], **♀ masculină** [maßku'linê] männlich
mașină [ma'ßchinê] *f.* Auto, Maschine
masiv muntos [ma'ßiw mun'toß] *n.* Gebirgsmassiv
♂/o mat [mat], **♀ mată** ['matê] matt, glanzlos
maus [maus] (Computer)maus
mă [mê] mich
măcelar [mêtßche'lar] *m.*, **măcelăreasă** [mêtßchelê'reasê] *f.* Fleischer, Fleischerin; Metzger, Metzgerin
măcelărie [mêtßchelê'rie] *f.* Fleischerei
mănușă [mê'nußchê] *f.* Handschuh
măr [mêr] *n.* Apfel
măr [mêr] *m.* Apfelbaum
mărime [mê'rime] *f.* Größe
mărunt [mê'runt] *m.* Wechselgeld
♂/o mărunt [mê'runt], **♀ măruntă** [mê'runtê] klein
mărunțiș [mêrun'zißch] *n.* Kleingeld
măsură [mê'ßurê] *f.* Maß
mătase [mê'taße] *f.* Seide
mătreață [mê'treazê] *f.* Schuppen
mătușă [mê'tußchê] *f.* Tante
medic ['medik] *m.* Arzt, Ärztin
medicină [medi'tßchinê] *f.* Medizin, medicină naturistă [medit'ßchinê natu'rißtê] Naturheilkunde
meduză [me'dusê] *f.* Qualle
melc [melk] *m.* Schnecke
meniu [me'niu] *n.* Karte, Speisekarte, *(einer Software, mehrgängiges Gericht)* Menü
menstruație [menßtru'azie] *f.* Menstruation
mereu [me'reu] immer

merge ['merdsche] <merg, am mers> gehen, laufen, fahren, Merge! ['merdsche] Es geht!

mesaj [me'ßasch] *n.* Nachricht

metal [me'tal] *n.* Metal

metrou [me'trou] *n.* U-Bahn

metru ['metru] *m.* Maß, Meter, metru pătrat ['metru pê'trat] Quadratmeter, la metru [la 'metru] meterweise

♂/○ **meu** [meu], ♀ **mea** [mea] mein, meine, *(mit Genitivartikel: m./n. Sing.)* al meu [al meu] meiner, meines, *(f. Sing.)* a mea [a mea] meine, *(m. Pl.)* ai mei [ai mei] meine, *(n./f. Pl.)* ale mele ['ale 'mele] meine

♂/○ **mic** [mik], ♀ **mică** [mikê] klein

mic dejun [mik de'schun] *n.* Frühstück

miercuri ['mierkuri] *f.* Mittwoch

miere [miere] *f.* Honig

migrenă [mi'grenê] *f.* Migräne

mine ['mine] mich

minge ['mindsche] *f.* Ball, la minge [la 'mindsche] am Ball

♂/○ **minunat** [minu'nat], ♀ **minunată** [minu'natê] wunderbar

minus ['minuß] minus

minut [mi'nut] *n.* Minute, la minut [la mi'nut] schnell vorbereitet, pe minut [pe mi'nut] pro Minute, un minut [un mi'nut] ein Augenblick

mirosi [miro'ßi] <miros, am mirosit> riechen

mobil [mo'bil] *n.* Handy

♂/○ **mobil** [mo'bil], ♀ **mobilă** [mo'bilê] beweglich

mobilă ['mobilê] *f.* Möbel

modă ['modê] *f.* Mode, la modă [la modê] modisch

moment [mo'ment] *n.* Moment, Zeitpunkt, Un moment! [un mo'ment] Einen Augenblick!, în acest moment [în a'tßchest mo'ment] in diesem Augenblick

monedă [mo'nedê] *f.* Münze, Währung

morcov ['morkow] *m.* Karotte

♂/○ **mort** ['mort], ♀ **moartă** ['moartê] tot

moschee [moß'kee] *f.* Moschee

mostră ['moßtrê] *f.* Muster, Probe

motocicletă [mototßchi'kletê] *f.* Motorrad

motor [mo'tor] *n.* Motor

mult [mult] lange

♂/○ **mult** [mult], ♀ **multă** ['multê] viel, mai mult [mai mult] mehr

mulți ['mulzi] *m. Pl.*, **multe** ['multe] *f. Pl.* viele

mulțumire [mulzu'mire] Dank, Zufriedenheit

mulțumesc [mulzu'meßk] danke

mulțumi [mulz'umi] <mulțumesc, am mulțumit> danken

♂/○ **mulțumit** [mulzu'mit], ♀ **mulțumită** [mulzu'mitê] zufrieden

muncă ['munkê] *f.* Arbeit

munci [mun'tßchi] <muncesc, am muncit> arbeiten

munte ['munte] *m.* Berg, la munte [la 'munte] in den Bergen

♂/○ **murdar** [mur'dar], ♀ **murdară** [mur'darê] schmutzig

muri [mu'ri] <mor, am murit> sterben

musafir [mußa'fir] *m.* Gast

muştar [mu'ßchtar] *n.* Senf

musulman [mußul'man] *m.*, **musulmană** [mußul'manê] *f.* Muslim, Muslima

♂/○ **musulman** [mußul'man], ♀ **musulmană** [mußul'manê] muslimisch

muzică ['musikê] *f.* Musik

N

nas [naß] *n.* Nase, a-i curge nasul [ai 'kurdsche 'naßul] <îmi curge nasul, mi-a curs nasul> jdm läuft die Nase, avea nas bun [a'wea naß bun] <am nas bun, am avut nas bun> einen guten Riecher haben

naţionalitate [nazionali'tate] *f.* Nationalität

naşte ['naßchte] <nasc, am născut> gebären

natură [na'turê] *f.* Natur, natură moartă [na'turê 'moartê] Stillleben

♂/○ **născut** [nêß'kut], ♀ **născută** [nêß'kutê] geboren

ne [ne] uns

neamţ ['neamz] *m.*, **nemţoaică** [nem'zoaicê] *f.* Deutscher, Deutsche

♂/○ **nebun** [ne'bun], ♀ **nebună** [ne'bunê] verrückt

♂/○ **necăsătorit** [nekêßêto'rit], ♀ **necăsătorită** [nekêßêto'ritê] ledig

♂/○ **necesar** [netßche'ßar], ♀ **necesară** [netßche'ßarê] nötig

♂/○ **necondimentat** [nekondimen'tat], ♀ **necondimentată** [nekondimen'tatê] mild

nefumător [nefumê'tor] *m.*, **nefumătoare** [nefumê'toare] *f.* Nichtraucher, Nichtraucherin

nega [ne'ga] <neg, am negat> leugnen

♂/○ **negru** ['negru], ♀ **neagră** ['neagrê] schwarz

nespus de [neß'puß de] unbeschreiblich

nevoie [ne'woie] *f.* Bedarf, Bedürfnis, avea nevoie [a'wea ne'woie] <am nevoie, am avut nevoie> brauchen

niciodată [nitßchio'datê] nie

♂/○ **niciunul** [nitßchi'unul], ♀ **niciuna** [nitßchi'una] *(Pronomen)* keiner, keine, keines

nimic [ni'mik] nichts

nisip [ni'ßip] *n.* Sand

noapte ['noapte] *f.* Abend, Nacht, Noapte bună! ['noapte bunê] Gute Nacht!, noapte albă ['noapte 'albê] schlaflose Nacht

noaptea ['noaptea] nachts, noaptea târziu ['noaptea tîr'siu] spät in der Nacht

noi [noi] wir, und

noiembrie [no'iembrie] *m.* November

nord ['nord] *n.* Norden, la nord ['nord] im Norden, la nord de ... [la 'nord de] nördlich von ...

♂/○ normal [nor'mal], **♀ normală** [nor'malê] normal

normă întreagă ['normê în'treagê] *f.* Vollzeit

noroc [no'rok] *n.* Glück

noroc! [no'rok] prost!

♂/○ norocos [noro'koß], **♀ norocoasă** [noro'koaßê] glücklich

♂/○ nostru ['noßtru], **♀ noastră** ['noaßtrê] unser, unsere, *(mit Genitivartikel: m./n. Sing.)* al nostru [al 'noßtru] unserer, unseres, *(f. Sing.)* a noastră [a 'noaßtrê] unsere, *(m. Pl.)* ai noștri [ai 'noßchtri] unsere, *(n./f. Pl.)* ale noastre ['ale 'noaßtre] unsere

♂/○ nou ['nou], **♀ nouă** ['nouê] neu

nouă ['nouê] uns

nu [nu] nein, nicht

nucă [nukê] *f.* Nuss

număr ['numêr] *n.* Zahl

număr ['numêr] *n.* Nummer, număr al camerei ['numêr al 'kamerei] Zimmernummer

nume ['nume] *n.* Name

O

oală [oalê] *f.* Topf

oameni ['oameni] *m. Pl.* Leute, Menschen

oaspete ['oaßpete] *m./f.* Gast

obicei [obi'tßchei] *n.* Gewohnheit, Tradition, de obicei [obi'tßchei] normalerweise

♂/○ obosit [obo'ßit], **♀ obosită** [obo'ßitê] müde

ocazie [o'kasie] *f.* Gelegenheit, Anlass

ocean [o'tßchean] *n.* Ozean

ochi ['oki] *m.* Auge

ochelari [oke'lari] *m. Pl.* Brille

ocol [o'kol] *n.* Umweg

octombrie [ok'tombrie] *m.* Oktober

♂/○ ocupat [oku'pat], **♀ ocupată** [oku'patê] besetzt, beschäftigt

oferi [ofe'ri] <ofer, am oferit> anbieten

ofertă [o'fertê] *f.* Angebot, în ofertă [în o'fertê] im Angebot

oglindă [o'glindê] *f.* Spiegel

ojă ['oschê] *f.* Nagellack

om ['om] *m.* Mensch

omletă [om'letê] *f.* Omelett

opera [ope'ra] <operez, am operat> operieren

operație [ope'razie] *f.* Operation

operă ['operê] *f.* Oper, Kunstwerk, Werke

opinie [o'pinie] *f.* Meinung

opri [o'pri] <opresc, am oprit> halten, a se opri [a ße o'pri] <mă opresc, m-am oprit> stehen bleiben

opt [opt] acht

optician ['optitßchi'an] *m.*, **opticiană** ['optitßchi'anê] *f.* Optiker, Optikerin

orar [o'rar] *n.* Fahrplan, Öffnungszeiten

oraş [o'raßch] *n.* Stadt, din oraş [din o'raßch] von der Stadt, în oraş [în o'raßch] in der Stadt

oră ['orê] *f.* Stunde, Uhrzeit, acum o oră [akum o orê] vor einer Stunde

♂/○ **orb** [orb], ♀ **oarbă** ['oarbê] blind

ordona [ordo'na] <ordonez, am ordonat> befehlen

ordin ['ordin] *n.* Befehl, Anweisung

ordine ['ordine] *f.* Ordnung

orez [o'res] *n.* Reis

♂/○ **oribil** [o'ribil], ♀ **oribilă** [o'ribilê] entsetzlich, scheußlich

orient [ori'ent] *n.* Morgenland

origine [o'ridschine] *f.* Herkunft

os [oß] *n.* Knochen

♂/○ **otrăvitor** [otrêwi'tor], ♀ **otrăvitoare** [otrêwi'toare] giftig

oţet [o'zet] *n.* Essig

ou [ou] *n.* Ei, ou moale [ou 'moale] weich gekochtes Ei, ou ochi [ou 'oki] Spiegelei

oxigen [oksi'dschen] *n.* Sauerstoff

P

pace ['patßche] *f.* Frieden, da pace [da 'patßche] <dau pace, am dat pace> in Ruhe lassen, Frieden geben, în pace [în 'patßche] in Ruhe

pachet [pa'ket] *n.* Päckchen, Packung, Paket

pacient [patßchi'ent] *m.*, **pacientă** [patßchi'entê] *f.* Patient, Patientin

pagină ['padschinê] *f.* Seite

pagubă ['pagubê] *f.* Schaden, Nachteil

pahar [pa'har] *n.* Glas

păcat [pê'kat] *n.* Sünde, din păcate [din pê'kate] leider, Păcat! [pê'kat] Schade!

pâine [pîine] *f.* Brot, pâine cu cereale [pîine ku tßchere'ale] Brot mit Körnern, pâine neagră ['pîine neagrê] Schwarzbrot, pâine proaspătă ['pîine 'proaßpêtê] frisches Brot

pâiniţă [pîi'nizê] *f.* Brötchen

palat [pa'lat] *n.* Palast

palton [pal'ton] *n.* Mantel

până ['pînê] bis, până la ['pînê la] bis zu

pansament [panßa'ment] *n.* Verband

pantaloni [panta'loni] *m. Pl.* Hose

pantă ['pantê] *f.* Hang, în pantă [în 'pantê] steil

pantof [pan'tof] *m.* Schuh, pantofi de damă [pan'tofi de 'damê] Damenschuhe, pantofi bărbăteşti [pan'tofi bêrbê'teßchti] Männerschuhe

parapantă [para'pantê] *f.* Gleitschirmfliegen

pârâu [pî'rîu] *n.* Bach

pară ['parê] *f.* Birne

parbriz [par'bris] *n.* Windschutzscheibe

parc [park] *n.* Park, parc de distracţie ['park de diß'trakzie] Vergnügungspark

parca [par'ka] <parchez, am parcat> parken

parcare [par'kare] *f.* Parkplatz
parfum [par'fum] *n.* Parfum
parlament [parla'ment] *n.* Parlament
parte ['parte] *f.* Stück, Teil, în parte [în 'parte] teilweise, La o parte! [la o 'parte] Zur Seite!
partener [parte'ner] *m.*, **parteneră** [parte'nerê] *f.* Partner, Partnerin
parter [par'ter] *n.* Erdgeschoss, la parter [la par'ter] im Erdgeschoss
partid [par'tid] *n.* Partei
pas [paß] *m.* Schritt
pastilă [paß'tilê] *f.* Pille
pașaport [paßcha'port] *n.* Pass, Reisepass
pat [pat] *n.* Bett, la pat [la pat] krank
pauză ['pausê] *f.* Pause, fără pauză [fêrê 'pausê] ununterbrochen
păduchi [pê'duki] *m. Pl.* Läuse
pădure [pê'dure] *f.* Wald, la pădure [la pê'dure] Ausflug im Wald
păianjen [pê'ianschen] *n.* Spinne
păpușă [pê'pußchê] *f.* Puppe
păr ['pêr] *m.* Haar, Birnbaum
părea [pê'rea] <par, am părut> scheinen, wirken, aussehen
părinți [pê'rinzi] *m. Pl.* Eltern, la părinți [la pê'rinzi] bei den Eltern
păstra [pêß'tra] <păstrez, am păstrat> behalten, aufbewahren
pătură ['pêturê] *f.* Decke, pătură de aer ['pêturê de 'aer] Luftschicht

pe [pe] auf, an, pe la [pe la] um, je, pro
pedală [pe'dalê] *f.* Pedal
pelerină [pele'rinê] *f.* Regenmantel
penis ['peniß] *n.* Penis
pensionar [penßio'nar] *m.*, **pensionară** [penßio'narê] *f.* Rentner, Rentnerin
pensiune [penßi'unê] *f.* *(für Gäste)* Pension, pensiune completă [penßi'une kom'pletê] Vollpension
pentru ['pentru] für, pentru ce ['pentru tßche] warum, Pentru puțin! ['pentru pu'zin] Gerne!
pepene ['pepene] *m.* Melone
pereche [pe'reke] *f.* Paar
permis [per'miß] *n.* Genehmigungsbescheid
permite [per'mite] <permit, am permis> erlauben
pernă ['pernê] *f.* Kissen, pernă de scaun ['pernê de ßkaun] Sitzkissen
peron [pe'ron] *n.* Bahnsteig
pește ['peßchte] *m.* Fisch
peșteră ['peßchterê] *f.* Höhle
petrecere [pe'tretßchere] *f.* Party
piață [pi'azê] *f.* Markt, Platz, piață de mașini [pi'azê de ma'ßchini] *f.* Automarkt im Freien
piatră ['piatrê] *f.* Stein
picior [pi'tßchior] *n.* Bein, Fuß, în picioare [în pi'tßchioare] im Stehen
pictură [pik'turê] *f.* *(gemalt)* Bild
piele ['piele] *f.* Haut, Leder

piept [pi̯ept] *n.* Brust, piept de gâscă [pi̯ept de 'gîßkê] *n.* Gänsebrust

pieptăn ['pi̯eptên] *m.* Kamm

pieptăna ['pi̯eptêna] <pieptăn, am pieptănat> kämmen, a se pieptăna [a ße 'pi̯eptêna] <mă pieptăn, m-am pieptănat> sich kämmen

pierde ['pi̯erde] <pierd, am pierdut> verlieren, a se pierde [a ße 'pi̯erde] <mă pierd, m-am pierdut> unbemerkt bleiben

piesă ['pi̯eßê] *f.* Teil, piesă de schimb ['pi̯eßê de 'ßkimb] Ersatzteil, Stück, piesă de teatru ['pi̯eßê de te̯atru] Theaterstück

ping-pong [ping pong] *n.* Tischtennis

pipă ['pipê] *f.* Pfeife

piper [pi'per] *n.* Pfeffer

piscină [piß'tßchinê] *f.* Schwimmbad, piscină gonflabilă [piß'tßchinê gon'flabilê] Planschbecken

pisică [pi'ßikê] *f.* Katze

pivniță ['piwnizê] *f.* Keller

pix [piks] *n.* Kugelschreiber

plajă ['plaschê] *f.* Strand, Badestrand

plăcea [plê'tßche̯a] <place, plăcut> mögen, a-i plăcea [ai̯ plê'tßche̯a] <îmi place, mi-a plăcut> jdm gefallen

plăcintă [plê'tßchintê] *f.* (Blech)kuchen, plăcintă cu mere [plê'tßchintê ku 'mere] Apfelkuchen, plăcintă de casă [plê'tßchintê de 'kaßê] hausgemachter Blechkuchen

plângere ['plîndschere] *f.* Beschwerde, Anzeige, Klage

plantă ['plantê] *f.* Pflanze

plasă ['plaßê] *f.* Tüte, Netz

plastic ['plaßtik] *n.* Plastik

Pl. **plat** *Pl.* [plat], ♀ **plată** ['platê] flach, ohne Sprudel

plată ['platê] *f.* Zahlung, Plata vă rog! ['plata] Die Rechnung, bitte!

plămân [plê'mîn] *m.* Lunge

plăti [plê'ti] <plătesc, am plătit> bezahlen, zahlen

pleca [ple'ka] <plec, am plecat> abfahren, gehen

plecare [ple'kare] *f.* Abfahrt

plimbare [plim'bare] *f.* Spaziergang

♂/○ plin ['plin], ♀ **plină** ['plinê] ausgebucht, voll, plin de [plin de] voll mit

ploaie ['plo̯ai̯e] *f.* Regen, ploaie torențială ['plo̯ai̯e torenzi'alê] Regenguss

ploșniță ['ploßchnizê] *f.* Kakerlake

ploua [plo'u̯a] <plouă, a plouat> regnen

plus [plus] plus, în plus [în pluß] zusätzlich

poartă [po̯artê] *f.* Tor, Pforte

poate ['po̯ate] vielleicht, se poate [ße 'po̯ate] möglicherweise

pod [pod] *n.* Brücke

poiană [po'i̯anê] *f.* Wiese

poimâine ['po̯imîi̯ne] übermorgen

pojar [po'schar] *n.* Masern

polen [po'len] *n.* Pollen

poliție [po'lizie] *f.* Polizei

polonic [polo'nik] *n.* Schöpflöffel
pompă ['pompê] *f.* Pumpe
porc [pork] *m.* Schwein
poreclă [po'reklê] *f.* Spitzname
port [port] *n.* Hafen
portocală [porto'kalê] *f.* Orange
♂/○ **portocaliu** [portoka'liu], ♀ **portocalie** [portoka'lie] orange
posibil [po'ßibil] möglich
post [poßt] *n.* Stelle
poștă ['poßchtê] *f.* Post
povesti [poweß'ti] <povestesc, am povestit> erzählen
poziție [po'sizie] *f.* *(Position)* Stelle
prânz ['prîns] *n.* Mittagessen
praz [pras] *n.* Lauch
prăjitură [prêschi'turê] *f.* Torte, Kuchen
prea ['prea] zu
♂/○ **precaut** [pre'kaut], ♀ **precaută** [pre'kautê] vorsichtig
precauție [prekau'zie] *f.* Vorsicht, Vorsorge, Vorkehrung
preda [dar 'klase] <predau, am predat> unterrichten, lehren; abgeben, aushändigen
prefera [prefe'ra] <prefer, am prefeart> vorziehen
prenume [pre'nume] *n.* Vorname
preș [preßch] *n.* Matte
preț ['prez] *n.* Preis
♂/○ **prețios** [prezi'oß], ♀ **prețioasă** [prezi'oaßê] wertvoll
prieten ['prieten] *m.*, **prietenă** ['prietenê] *f.* Freund, Freundin
primăvară ['primêwarê] *f.* Frühling
primi [pri'mi] <primesc, am primit> bekommen, erhalten
♂/○ **primul** ['primul], ♀ **prima** ['prima] erster, erste, erstes
prin ['prin] *(räumlich)* durch
prinde ['prinde] <prind, am prins> ergreifen, fangen
prînz [prîns] *n.* Mittagessen, Mittag
problemă [pro'blemê] *f.* Problem
procent [pro'tßchent] *n.* Prozent
produs *n.* Produkt, produse lactate [pro'duße lak'tate] Milchprodukte
profesie [pro'feßie] *f.* Beruf
program [pro'gram] *n.* Programm
propoziție [propo'sizie] *f.* Satz
proprietar [proprie'tar] *m.*, **proprietară** [proprie'tarê] *f.* Vermieter, Vermieterin; Besitzer, Besitzerin
♂/○ **propriu** ['propriu], ♀ **proprie** ['proprie] eigener, eigenes, eigene
prosop [pro'ßop] *n.* Handtuch
proteja [prote'scha] <protejez, am protejat> schützen
protesta [proteß'ta] <protestez, am protestat> protestieren
♂/○ **public** ['publik], ♀ **publică** ['publikê] öffentlich
pui [pui] *m.* Hähnchen, Huhn
pulovăr [pu'lowêr] *n.* Pullover
punct ['punkt] *n.* Punkt, Stelle
♂/○ **punctual** [punktu'al], ♀ **punctuală** [punktu'alê] pünktlich
pune ['pune] <pun, am pus> legen, stellen
pungă [pungê] *f.* Beutel, pungă de gheață [pungê de 'geazê] Eisbeutel
♂/○ **pur** ['pur], ♀ **pură** ['purê] rein

puşti ['pußchti] *m.* Junge
putea [puteạ] <pot, am putut> können
♂/○ puţin [pu'zin], **♀ puţină** [pu'zinê] wenig, mai puţin [mai pu'zin] weniger

R

rabie ['rabie] *f.* Tollwut
rachetă [ra'ketê] *f.* Schläger, Rakete
râde ['rîde] <râd, am râs> lachen
radio ['radio] *n.* Radio
raft [raft] *n.* Regal
rană ['ranê] *f.* Verletzung, rană gravă ['ranê 'grawê] ernsthafte Verletzung, rană la cap ['ranê la kap] Kopfverletzung
♂/○ rapid [ra'pid], **♀ rapidă** [ra'pidê] eilig, schnell
♂/○ rar [rar], **♀ rară** ['rarê] selten
râu [rîu] *n.* Fluss
răci [rê'tßchi] <răcesc, am răcit> (ab)kühlen, sich erkälten
rămâne [rê'mîne] <rămân, am rămas> bleiben
răspunde [rêß'punde] <răspund, am răspuns> antworten, verantworten
răspundere [rêß'pundere] *f.* Verantwortung
răspuns [rêß'punß] *n.* Antwort
♂/○ rău [rêu], **♀ rea** [rea] schlecht
război [rês'boi] *n.* Krieg
♂/○ realist [rea'lißt], **♀ realistă** [rea'lißtê] realistisch
rece ['retßche] *m./f.* kalt
recicla [retßchi'kla] <reciclez, am reciclat> recyceln
reclamaţie [rekla'mazie] *f.* Beschwerde, Reklamation
recomanda [rekoman'da] <recomand, am recomandat> empfehlen
recomandare [rekoman'dare] *f.* Empfehlung
reducere [re'dutßchere] *f.* Ermäßigung, Rabatt
regiune [redschi'une] *f.* Gegend, Region
regla [re'gla] <reglez, am reglat> einstellen
religie [re'lidschie] *f.* Religion
repara [repa'ra] <repar, am reparat> reparieren
reparatură [repara'turê] *f.* Reparatur
repede ['repede] schnell
restaurant [reßtau'rant] *n.* Restaurant
reţetă [re'zetê] *f.* Rezept
reţine [re'zine] <reţin, am reţinut> behalten, in Haft nehmen
returna [retur'na] <returnez, am returnat> zurückgeben
Revelion [reweli'on] *n.* Silvester
revistă [re'wißtê] *f.* Zeitschrift, revistă de modă [re'wißtê de 'modê] Modezeitschrift
rezerva [reser'wa] <rezerv, am rezervat> reservieren, buchen, rezerva o cameră [reser'wa o kamerê] ein Zimmer reservieren
rezervare [reser'ware] *f.* Buchung, Reservierung

rezervație [reser'wazie] *f.* Reservat
ridica [ridi'ka] *(Geld vom Konto)* abheben, ridica receptorul [ridi'ka retßchep'torul] <ridic, am ridicat> den Telefonhörer abheben
roată ['roatê] *f.* Rad, Reifen
robinet [robi'net] *n.* Wasserhahn
rochie ['rokie] *f.* Kleid, rochie de gală ['rokie de 'gală] Abendkleid
român [ro'mîn] *m.*, **româncă** [ro'mînkê] *f.* Rumäne, Rumänin
♂/○ **românesc** [romî'neßk], ♀ **românească** [romî'neaßkê] rumänisch
România [romî'nia] *f.* Rumänien
♂/○ **romantic** [ro'mantik], ♀ **romantică** [ro'mantikê] romantisch
rosé [ro'se] *n.* Rosé
roșie ['roßchie] *f.* Tomate
♂/○ **roșu** ['roßchu], ♀ **roșie** ['roßchie] rot
♂/○ **rotund** [ro'tund], ♀ **rotundă** [ro'tundê] rund
roz ['ros] rosa
rucsac ['rukßak] *n.* Rucksack
ruga [ru'ga] <rog, am rugat> bitten, a se ruga [a ße ru'ga] <mă rog, m-am rugat> beten
rugăminte [rugê'minte] *f.* Bitte
rugină [ru'dschinê] *f.* Rost
ruină ['ruinê] *f.* Ruine
ruj [rusch] *n.* Lippenstift
rulotă [ru'lotê] *f.* Wohnwagen
♂/○ **rupt** ['rupt], ♀ **ruptă** ['ruptê] gebrochen, zerissen, gerissen
rută ['rutê] *f.* Route

S

șa [ßcha] *f.* Sattel
șal [ßchal] *n.* Schal
salată [ßa'latê] *f.* Salat, salată de fructe [ßa'latê de 'frukte] Obstsalat, salată de roșii [ßa'latê de 'roßchii] Tomatensalat
salut [ßa'lut] *n.* Gruß, Salut! [ßa'lut] Grüß dich!
saluta [ßalu'ta] <salut, am salutat> grüßen
salva [ßal'wa] <salvez, am salvat> retten
salvamar [ßalwa'mar] *m.* Rettungsschwimmer, Rettungsschwimmerin
salvare [ßal'ware] *f.* Rettung, Rettungswagen
sâmbătă ['sîmbêtê] *f.* Samstag
șampanie [ßcham'panie] *f.* Sekt
șampon [ßcham'pon] *n.* Shampoo
sandală [ßan'dalê] *f.* Sandale(n)
sânge ['ßîndsche] *m.* Blut
șansă ['ßchanßê] *f.* Chance
sare ['ßare] *f.* Salz
șarpe ['ßcharpe] *m.* Schlange, șarpe veninos ['ßcharpe weni'noß] Giftschlange
sat [ßat] *n.* Dorf
sau [ßau] oder
♂/○ **său** [ßêu], ♀ **sa** [ßa] sein(e), ihr(e); *(mit Genitivartikel: m./n. Sing.)* al său [al ßêu] seiner, seines, ihrer, ihres; *(f. Sing.)* a sa [aßa] seine, ihre; *(m. Pl.)* ai săi [ai ßêi] seine, ihre; *(n./f. Pl.)* ale sale ['ale 'ßale] seine, ihre

saună ['ßaunê] *f.* Sauna
sănătate [ßênê'tate] *f.* Gesundheit
♂/○ **sănătos** [ßênê'toß], ♀ **sănătoasă** [ßênê'toasê] gesund
săptămână [ßêptê'mînê] *f.* Woche
săpun [ßê'pun] *n.* Seife
♂/○ **sărac** [ßê'rak], ♀ **săracă** [ßê'rakê] arm
♂/○ **sărat** [ßê'rat], ♀ **sărată** [ßê'ratê] salzig
sărbătoare [ßêrbê'toare] *f.* Feier
sări [ßê'ri] <sar, am sărit> springen
sărut [ßê'rut] *n.* Kuss
săruta [ßêru'ta] <sărut, am sărutat> küssen
♂/○ **sătul** [ßê'tul], ♀ **sătulă** [ßê'tulê] satt
său [ßêu] sein, seine
scară ['ßkarê] *f.* Treppe, scară rulantă ['ßkarê ru'lantê] Rolltreppe
scaun ['ßkaun] *n.* Stuhl
scăriță [ßkê'rizê] *f.* Steigbügel
schi [ßki] *n.* Ski
schimba [ßkim'ba] <schimb, am schimbat> umsteigen, umtauschen, wechseln, a se schimba [a ße ßkim'ba] <mă schimb, m-am schimbat> sich verändern, sich umziehen
școală ['ßchoalê] *f.* Schule
scobitoare [ßkobi'toare] *f.* Zahnstocher
scrie ['ßkrie] <scriu, am scris> schreiben
♂/○ **scris** [ßkriß], ♀ **scrisă** ['ßkrißê] schriftlich
scrisoare [ßkri'soare] *f.* Brief
sculptură [ßkulp'turê] *f.* Skulptur
♂/○ **scump** [ßkump], ♀ **scumpă** ['ßkumpê] teuer, niedlich
♂/○ **scurt** [ßkurt], ♀ **scurtă** ['ßkurtê] kurz
scutec ['ßkutek] *n.* Windel
scuză ['ßkusê] *f.* Entschuldigung, *(Höflichkeitsform)* Scuză-mă! ['ßkusêmê] Entschuldige!, Scuzați-mă! [ßku'sazimê] Entschuldigen Sie!
se [ße] *(Indefinitpronomen)* man, *(Reflexivpronomen)* sich
seară ['ßearê] *f.* *(früh)* Abend
secție ['ßekzie] *f.* Polizeiwache, Station
secundă [se'kundê] *f.* Sekunde
ședere [ßche'dere] *f.* Aufenthalt
șef [ßchef] *m.*, **șefă** [ßchefê] *f.* Chef, Chefin
seif [ßäif] *n.* Safe, *(für Wertsachen)* Schließfach
semafor [ßema'for] *n.* Ampel, la semafor [la ßema'for] bei der Ampel
semna [ßem'na] <semnez, am semnat> unterschreiben
semnătură [ßemnê'turê] *f.* Unterschrift
septembrie [sep'tembrie] *m.* September
șervet [ßer'wet] *n.* Serviette
șervețel [ßcherwe'zel] *n.* Serviette
sete ['ßete] *f.* Durst
sex [seks] *n.* Sex
șezut [ßche'zut] *n.* *(Fahrrad-, Motorradsattel)* Sattel, Gesäß
sfârșit [ßfîr'ßchit] *n.* Ende, Schluss

sfert [ßfert] *n.* *(vierter Teil von etw.)* Viertel
sfoară ['ßfo̯arê] *f.* Wäscheleine
și [ßchi] auch, und, și așa ['ßchi a'ßcha] sowieso
SIDA ['siđa] *f.* Aids
♂/○ sigur ['ßigur], **♀ sigură** ['ßigurê] sicher
♂/○ simplu ['ßimplu], **♀ simplă** ['ßimplê] einfach, *(Gewicht)* leicht
șină [ßchinê] *f.* *(Bahnhof)* Schiene
sine ['ßine] sich
♂/○ singur ['ßingur], **♀ singură** ['ßingurê] allein
șiret [ßchi'ret] *n.* Schnürsenkel
♂/○ șiret [ßchi'ret], **♀ șireată** [ßchi're̯atê] schlau
skateboard ['ßke̯itßbord] *n.* Skateboard
♂/○ slab [ßlab], **♀ slabă** [ßlabê] schlank, *(nicht kräftig)* schwach
slănină [ßlê'ninê] *f.* *(vom Schwein)* Speck
snorkeling ['ßnorkeling] face snorkeling ['fatßche 'ßnorkeling] <fac snorkeling, am făcut snorkeling> schnorcheln
snowboard [ßno̯u'bord] *n.* Snowboard
soare ['ßo̯are] *m.* Sonne, la soare [la 'ßo̯are] in der Sonne
șoarece ['ßcho̯aretßche] *m.* Maus
sobă ['ßobê] *f.* (Heiz)ofen
șobolan [ßchobo'lan] *m.* Ratte
socru ['ßokru] *m.*, **soacră** ['ßo̯akrê] *f.* Schwiegervater, Schwiegermutter
șofer [ßcho'fer] *m./f.* Fahrer, Fahrerin
soia ['ßo̯ia] *f.* Sojabohne
soldat [ßol'dat] *m./f.* Soldat, Soldatin
soluție [ßo'luzie] *f.* Lösung
solz [ßols] *m.* *(vom Fisch)* Schuppe
soră [ßorê] *f.* Schwester, soră medicală [ßorê medi'kalê] Krankenschwester
sos [ßoß] *n.* Soße
șosea [ßcho'ße̯a] *f.* (Land)straße, șosea națională [ßcho'ße̯a nazio'nalê] Bundesstraße
șosetă [ßcho'ßetê] *f.* Socke
sosi [ßo'ßi] <sosesc, am sosit> kommen, ankommen
sosire [ßo'ßire] *f.* Ankunft
soț ['soz] *m.*, **soție** [ßo'zie] *f.* Ehemann, Ehefrau
spanac [ßpa'nak] *n.* Spinat
spate ['ßpate] *n.* Rücken, în spate [în 'ßpate] dahinter, pe spatele [pe 'ßpatele] hinten
spațiu ['ßpaziu̯] *n.* *(verfügbarer Raum)* Platz, Raum
spălătorie [ßpêlêto'rie] *f.* Wäscherei
specialist [ßpetßchia'lißt] *m./f.* Spezialist, Spezialistin
specialitate [ßpetßchiali'tate] *f.* Spezialität
spectacol [ßpek'takol] *n.* Show
spirtoase [ßpir'to̯aße] *f. Pl.* Spirituosen
spital [ßpi'tal] *n.* Krankenhaus, spital de urgență [ßpi'tal de

ur'dschenzê] Notfällekrankenhaus

sport [ßport] *n.* Sport

sportiv [ßpor'tiw] *m.*, **sportivă** [ßpor'tiwê] *f.* Sportler, Sportlerin

♂/○ sportiv [ßpor'tiw], **♀ sportivă** [ßpor'tiwê] sportlich

sta ['ßta] <stau, am stat> *(in horizontaler Position)* sitzen, sta acasă ['ßta a'kaßê] zuhause bleiben, sta culcat ['ßta kul'kat] liegen

stadion [ßtadi'on] *n.* Stadion

stâncă ['ßtînkê] *f.* Fels

stație ['ßtazie] *f.* Haltestelle, Station, stație de autobuz ['ßtazie de auto'bus] Bushaltestelle

♂/○ stîng ['ßtîng], **♀ stângă** [ßtângê] linke, stânga ['ßtînga] links, la stânga [la 'ßtînga] (nach) links

stare civilă ['ßtare tßchi'wilê] *f.* Familienstand

statuie [ßta'tuie] *f.* Statue

ști [ßchti] <știu, am știut> kennen, können, wissen

sticlă [ß'tiklê] *f.* Flasche

stinge ['ßtindsche] <sting, am stins> ausmachen, löschen

stomac [ßto'mak] *n.* Magen

stradă ['ßtradê] *f.* Straße

♂/○ străin [ßtrê'in], **♀ străină** [ßtrê'inê] *(nicht vertraut, nicht zum eigenen Land oder Volk gehörig)* fremd

străluci [ßtrêlu'tßchi] <strălucesc, am strălucit> *(Sonne)* scheinen

♂/○ stricat [ßtri'kat], **♀ stricată** [ßtri'katê] kaputt, *(Fleisch, Obst, Gemüse)* schlecht, verdorben

striga [ßtri'ga] <strig, am strigat> schreien

strugure ['ßtrugure] *m.* Traube

student [ßtu'dent] *m.*, **studentă** [ßtu'dentê] *f.* Student, Studentin

sub [ßub] unter

suburbie [sub'urbie] *f.* Vorort

suc [ßuk] *n.* Saft

sud [ßud] *n.* Süden, la sud [la ßud] im Süden

sufragerie [ßufradsche'rie] *f.* Wohnzimmer

șuncă ['ßchunkê] *f.* Schinken

supă ['ßupê] *f.* Suppe, supa zilei ['ßupa 'silei] Tagessuppe

♂/○ superior [ßuperi'or], **♀ superioară** [ßuperi'oarê] besser, überlegen

supermarket [ßuper'market] *n.* Supermarkt

surâde [ßu'rîde] <surâd, am surâs> lächeln

♂/○ surd ['ßurd], **♀ surdă** ['ßurdê] taub

surprinde [ßur'prinde] <surprind, am surprins> überraschen

sus [ßuß] oben, în sus [în ßuß] nach oben

suvenir [ßuwe'nir] *n.* Souvenir

T

tablou [ta'blou] *n.* Bild

tacâm [ta'kîm] *n.* Gedeck

taior [ta'ior] *n.* Frauenkostüm

talpă ['talpê] *f.* Fußsohle, Schuhsohle
tampon [tam'pon] *n.* Tampon, Wattebausch, Puffer
tânăr ['tînêr] *m.*, **tânără** ['tînêrê] *f.* Jugendlicher, Jugendliche
♂/o **tânăr** ['tînêr], ♀ **tânără** ['tînêrê] jung
țară ['zarê] *f.* Land, Heimat, la țară [la 'zarê] auf dem Land
țăran [zê'ran] *m.*, **țărancă** [zê'rankê] *f.* Bauer, Bäuerin
♂/♀ **tare** ['tare] laut, stark
târg [tîrg] *n.* Messe
târziu [tîr'si̯u̯] spät, *(in der Zukunft)* mai târziu [ma̯i tîr'si̯u̯] später, prea târziu ['pre̯a tîr'si̯u̯] zu spät
tastatură [taßta'turê] *f.* Tastatur
tată ['tatê] *m.* Vater, tată vitreg ['tatê 'witreg] Stiefvater
taxă ['taksê] *f.* Abgabe, Gebühr, *(Abgabe)* taxă vamală ['taksê wa'malê] Zoll
taxi ['taksi] *n.* Taxi
tăia [tê'i̯a] <tai, am tăiat> *(mit einer Klinge)* schneiden, a se tăia [a ße tê'i̯a] sich schneiden
tăiței [tê̯i'ze̯i] *m. Pl.* Nudeln
♂/o **tău** [tê̯u̯], ♀ **ta** [ta] dein, deine; *(mit Genitivartikel: m./n. Sing.)* al tău [al tê̯u̯] deiner, deines; *(f. Sing.)* a ta [a ta] deine; *(m. Pl.)* ai tăi [a̯i tê̯i̯] deine; *(n./f. Pl.)* ale tale ['ale tale] deine
te [te] dich
teatru ['te̯atru] *n.* Theater
tehnică ['tehnikê] *f.* Technik
telefon [tele'fon] *n.* Telefon
telecabină [teleka'binê] *f.* Gondel
teleschi [tele'ßki] *n.* Skilift
televizor [telewi'sor] *n.* Fernsehen
templu ['templu] *n.* Tempel
teren [te'ren] *n.* Grundstück, Gelände, teren de golf [te'ren de 'golf] Golfplatz
termen ['termen] *n.* *(für ein Treffen, Ende einer Frist)* Termin
♂/o **terminat** [termi'nat], ♀ **terminată** [termi'natê] *(zeitlich: vorbei)* aus, fertig
tetanos [te'tanoß] *n.* Tetanus
tetină [te'tinê] *f.* *(für Babyfläschchen)* Sauger
tigaie [ti'gai̯e̯] *f.* Pfanne, la tigaie [la ti'gai̯e̯] frittiert
țigară [zi'garê] *f.* Zigarette
timbru ['timbru] *n.* Briefmarke, Porto
♂/o **timid** [ti'mid], ♀ **timidă** [ti'midê] schüchtern
timp [timp] *n.* Zeit, timp liber [timp 'liber] Freizeit, la timp [la timp] rechtzeitig
tine ['tine] tine ['tine] dich
ține ['zine] <țin, am ținut> halten
tipări [tipê'ri] <tipăresc, am tipărit> ausdrucken
tipăritură [tipêri'turê] *f.* *(auf Papier)* Ausdruck
tirbușon [tirbu'ßchon] *n.* Flaschenöffner, Korkenzieher
titlu ['titlu] *n.* Titel
țânțar [zîn'zar] *m.* Moskito
toaletă [toa'letê] *f.* Toilette, a-și face toaleta [aßchi 'fatßche

toa'leta] <îmi fac toaleta, mi-am făcut toaleta> sich herausputzen
toamnă ['toamnê] *f.* Herbst
tocmai ['tokmai] *(zeitlich)* gerade
tofu ['tofu] *n.* Tofu
tort [tort] *n.* Torte
♂/o tot [tot], **♀ toată** [toatê] ganz *Pl.* **♂ toți** ['tozi], *Pl.* **♀/o toate** ['toate] alle, *(als Pronomen)* jeder, jede
trabuc [tra'buk] *n.* Zigarre
trafic ['trafik] *n.* Verkehr
trandafir [tranda'fir] *m.* Rose
transfer [tranß'fer] *n.* Überweisung, Transfer
transfera [tranßfe'ra] <transfer, am transferat> überweisen, transferieren
transpira [tranßpi'ra] <transpir, am transpirat> schwitzen
transport [tranß'port] *n.* Transport
tramvai [tram'wai] *n.* Straßenbahn, merge cu tramvaiu ['merdsche ku tram'waiul] <merg cu tramvaiul, am mers cu tramvaiul> Straßenbahn fahren
traseu [tra'ßeu] *n.* *(Strecke)* Fahrt
trăi [trê'i] <trăiesc, am trăit> leben
trebui [trebu'i] <trebuie, a trebuit> müssen
trebuie ['trebuie] <trebuie, a trebuit> sollen
treime [tre'ime] *f.* Drittel
tren [tren] *n.* Bahn, Zug, tren rapid [tren ra'pid] Eilzug, tren regional [tren redschio'nal] Nahverkehrszug
tribunal [tribu'nal] *n.* *(Strafgericht)* Gericht
trimestru [tri'meßtru] *n.* Vierteljahr
trimite [tri'mite] <trimit, am trimit> senden
tu [tu] du
țuică ['zuikê] *f.* Schnaps
turn [turn] *n.* Turm
tuse ['tuße] *f.* Husten
tuși [tu'ßchi] <tușesc, am tușit> husten
tutun [tu'tun] *n.* Tabak

U

uita [ui'ta] <uit, am uitat> vergessen
ulei [u'lei] *n.* Öl, ulei de mașină [u'lei de maßchinê] Motoröl
♂/o ultimul ['ultimul], **♀ ultima** ['ultima] letzter, letzte, letztes
umăr ['umêr] *m.* Schulter
umbrelă [um'brelê] *f.* Regenschirm
♂/o umed ['umed], **♀ umedă** ['umedê] feucht
♂/o un [un], **♀ o** [o] ein, eine
unchi ['unki] *m.* Onkel
unde ['unde] wo, de unde [de 'unde] wovon
undeva [unde'wa] irgendwo, de undeva [de unde'wa] irgendwoher
unghie ['ungie] *f.* Nagel
unghieră [ungi'erê] *f.* Nagelknipser
unt [unt] *n.* Butter
urca [ur'ka] <urc, am urcat> einsteigen, *(auch figurativ)* steigen
ureche [u'reke] *f.* Ohr

♂/○ **urgent** [ur'dschent], ♀ **urgentă** [ur'dschentê] *(wichtig)* eilig

urgență [ur'dschenzê] *f.* Notfall, la urgență [la ur'dschenzê] Notaufnahme

urla [ur'la] <urlu, am urlat> *(vor Schmerzen oder aus Angst)* schreien

♂/○ **următorul** [urmê'torul], ♀ **următoarea** [urmê'torul] nächster, nächstes, nächste

ușă ['ußchê] *f.* Tür, la ușă [la 'ußchê] vor de Tür

usca [uß'ka] <usuc, am uscat> trocknen

♂/○ **ușor** [u'ßchor], ♀ **ușoară** [u'ßchoarê] *(Gewicht)* leicht

V

vacanță [wa'kantzê] *f.* Ferien

vagin [wa'dschin] *n.* Vagina

vagon [wa'gon] *n.* Wagon, vagon restaurant [wa'gon restau'rant] Speisewagen

♂/○ **valabil** [wa'labil], ♀ **valabilă** [wa'labilê] gültig

vale ['wale] *f.* Tal, în vale [în 'wale] im Tal

valiză [wa'lisê] *f.* Koffer

♂/○ **valoros** [walo'roß], ♀ **valoroasă** [walo'roaßê] wertvoll

vamă ['wamê] *f.* *(Behörde)* Zoll, la vamă [la 'wamê] beim Zoll

vânătoare [wînê'toare] *f.* Jagd, câine de vânătoare [kîine de wînê'toare] *m.* Jagdhund

♂/○ **vântos** [wîn'toß], ♀ **vântoasă** [wân'toaßă] windig

vapor [wa'por] *n.* Schiff

văr [wêr] *m.*, **vară** [warê] *f.* Cousin, Cousine

vară ['warê] *f.* Sommer, de vară [de 'warê] für Sommer, la vară [la 'warê] nächster Sommer

vârstă ['wîrßtê] *f.* Alter, în vârstă [în 'wîrßtê] alt

vâslă ['wîßlê] *f.* Ruder

vă [wê] euch

♂/○ **văduv** ['wêduw], ♀ **văduvă** ['wêduwê] verwitwet

Vă rog! [wê rog] Bitte!

vedea [we'dea] <văd, am văzut> sehen

vegetarian [wedschetari'an] *m.*, **vegetariană** [wedschetari'anê] *f.* Vegetarier, Vegetarierin

♂/○ **vegetarian** [wedschetari'an], ♀ **vegetariană** [wedschetari'anê] vegetarisch

velodrom [welo'drom] *n.* *(für Fahrräder)* Rennbahn

veni [we'ni] <vin, am venit> kommen

verde ['werde] *m./f.* grün

verifica [werifi'ka] <verific, am verificat> prüfen

vestă ['weßtê] *f.* Weste, vestă de salvare ['weßtê de ßal'ware] Rettungsweste

vest [weßt] *m.* Westen

vezică [we'sikê] *f.* Blase, vezică urinară [we'sikê uri'narê] Harnblase, vezică biliară [we'sikê bili'arê] Gallenblase

viață ['wiazê] *f.* Leben, în viață [în 'wiazê] lebend, pe viață [pe 'wiazê] lebenslang

vin [win] *n.* Wein, vin alb [win alb] Weißwein, vin de casă [win de 'kaßê] Hauswein, vin roșu [win 'roßchu] Rotwein, vin vechi [win weki] alter Wein

vineri ['wineri] *f.* Freitag, Vinerea Mare ['winerea 'mare] Karfreitag

♂/○ **vinovat** [wino'wat], ♀ **vinovată** [wino'watê] schuldig

viola [wio'la] <violez, am violat> vergewaltigen

viță ['wizê] *f.* Rebe

viză ['wisê] *f.* Visum

vizita [wisi'ta] <vizitez, am vizitat> besuchen

vizită ['wisitê] *f.* Besuch

vînt [wînt] *n.* Wind

voce [wo'tßche] *f.* Stimme

voi [woi] *(Personalpronomen)* ihr, *(Reflexivpronomen)* euch

vorbi [wor'bi] <vorbesc, am vorbit> sprechen

♂/○ **vostru** ['woßtru], ♀ **voastră** [w'oaßtrê] euer, eure, *(mit Genitivartikel: m./n. Sing.)* al vostru [al 'woßtru] eurer, eures, *(f. Sing.)* a voastră [a 'woaßtrê] eure, *(m. Pl.)* ai voștri [ai 'woßchtri] eure, *(n./f. Pl.)* ale voastre ['ale woaßtre] eure

Z

zaharină [saharinê] *f.* Süßstoff

zahăr ['sahêr] *n.* Zucker, fără zahăr ['fêrê 'sahêr] zuckerfrei

zăpadă [sê'padê] *f.* Schnee

zbor [sbor] *n.* Flug, zbor direct [sbor di'rekt] Direktflug

zbura [sbu'ra] <zbor, am zburat> abfliegen, fliegen

zi [si] *f.* Tag, O zi bună! [o si 'bunê] Einen schönen Tag!

zi de naștere ['si de 'naßchtere] *f.* Geburtstag

ziar [si'ar] *n.* Zeitung

♂/○ **zilnic** ['silnik], ♀ **zilnică** ['silnikê] täglich

zmeură [s'meurê] *f.* Himbeere

zonă ['sonê] *f.* Zone, Gebiet

Alles gepackt?

Gesundheit

Verbandszeug
Blasenpflaster
Tabletten (Schmerztabletten, Kohletabletten ...)
Andere wichtige Medikamente
Sonnenschutzmittel
Insektenschutzmittel
Ersatzbrille
Kontaktlinsen, Linsenflüssigkeit usw.
Sonnenbrille
Ohrstöpsel

Dokumente

Ausweise (Reisepass, intern. Führerschein, Visum)
Grüne Versicherungskarte
Auslandsreiseversicherung
Geld in der Landeswährung
Kreditkarte, Debitkarte

Elektronik

Handy
PDA
Fotoapparat, SD-Karte, Akku (Ladekabel, Ersatz SD-Karte, Ersatzakku)
Rasierapparat
Ladegeräte, Kabel und Adapter für alle elektronischen Geräte

Reiseinformationen

Hueber Sprachführer
Landkarten
Reiseführer

Wichtige Adressen
Wichtige Telefonnummern (z. B. die Hotline des Kreditkarteninstituts für Notfälle)
Schreibzeug
Reiseliteratur (Buch, Zeitung)

Körperpflege

Handtücher, Waschlappen
Shampoo
Conditioner
Seife
Spiegel
Rasierwasser
Rasierschaum
Rasierer und Klingen
Kamm, Haarbürste, Haargummis
Badeschlappen
Gesichts- und Körpercreme
Nagelschere, Nagefeile
Zahnbürste, Zahnpasta
Reinigungstabletten
Tampons, Binden
Wattestäbchen
Toilettenpapier
Taschentücher

Kleidung

Jacke, Mantel
Handschuhe
Halstuch, Schal
Pullover
T-Shirts
Hemden
Lange Hosen, kurze Hosen
Kleider
Röcke

Blusen
Sportkleidung
Unterwäsche (Unterhosen, Unterhemden, BHs)
Badehose, Badeanzug
Sonnenhut
Regenbekleidung
Schuhe (Sportschuhe, Wanderschuhe)

Fürs Zelten

Zelt
Heringe
Plane
Hammer
Spaten
Zeltlampe
Taschenlampe
Schlafsack
Isomatte
Strandmatte
Klappstuhl
Geschirr
Holzbrett
Besteck
Scharfes Messer
Regenschirm
Essgeschirr
Spülmittel
Geschirrtücher
Topfset
Gaskocher
Gaspatronen
Feuerzeug

Sonstiges

Regenschirm
Reisewaschmittel

Zahlen
Numere

S01	0	zero ['sero]
S02	1	unu ['unu]
S03	2	doi [doj]
S04	3	trei [trej]
S05	4	patru ['patru]
S06	5	cinci ['tßchintßchi]
S07	6	şase ['ßchaße]
S08	7	şapte ['ßchapte]
S09	8	opt [opt]
S10	9	nouă ['nouê]
S11	10	zece ['setßche]
S12	11	unsprezece ['unßpresetßche]
S13	12	doisprezece ['dojßpresetßche]
S14	13	treisprezece ['trejßpresetßche]
S15	14	paisprezece ['pajßpresetßche]
S16	15	cincisprezece ['tßchintßchißpresetßche]
S17	16	şaisprezece ['ßchajßpresetßche]
S18	17	şaptesprezece ['ßchapteßpresetßche]
S19	18	optsprezece ['optßpresetßche]

S20	19	nouăsprezece ['noużêßpresetßche]
S21	20	douăzeci [doużê'setßchi]
S22	21	douăuzeci și unu [doużê'setßchi ßchi 'unu]
S23	22	douăzeci și doi [doużê'setßchi ßchi doj]
S24	23	douăzeci și trei [doużê'setßchi ßchi trej]
S25	24	douăzeci și patru [doużê'setßchi ßchi 'patru]
S26	25	douăzeci și cinci [doużê'setßchi ßchi 'tßchintßchi]
S27	26	douăzeci și șase [doużê'setßchi ßchi 'ßchaße]
S28	27	douăzeci și șapte [doużê'setßchi ßchi 'ßchapte]
S29	28	douăzeci și opt [doużê'setßchi ßchi opt]
S30	29	douăzeci și nouă [doużê'setßchi ßchi noużê]
S31	30	treizeci [trej'setßchi]
S32	40	patruzeci [patru'setßchi]
S33	50	cincizeci [tßchintßchi'setßchi]
S34	60	șaizeci [ßchaj'setßchi]
S35	70	șaptezeci [tßchapte'setßchi]
S36	80	optzeci [opt'setßchi]
S37	90	nouăzeci [noużê'setßchi]
S38	100	o sută [o 'ßutê]
S39	1.000	o mie [o 'mije]
S40	1.000.000	un milion [un mili'on]